MARIA LUISE PREAN-BRUNI

GOTT HATTE EINEN SUPERGUTEN TAG, ALS ER DICH ERSCHUF

ERMUTIGUNGEN FÜR EIN GANZES JAHR

Für meinen Sohn Richard
12.06.1986–15.06.2016

Ich sterbe, aber meine Liebe zu euch stirbt nicht. Ich werde euch vom Himmel herab lieben, wie ich euch auf Erden geliebt habe.
Hiernoymus

SCM

Stiftung Christliche Medien

Der SCM R.Brockhaus ist ein Imprint der SCM Verlagsgruppe, die zur Gesellschaft der Stiftung Christliche Medien gehört, einer gemeinnützigen Stiftung, die sich für die Förderung und Verbreitung christlicher Bücher, Zeitschriften, Filme und Musik einsetzt.

6. Auflage 2022

Internet: www.scm-brockhaus.de; E-Mail: info@scm-verlag.de

Umschlaggestaltung: Grafikdesign Storch, Rosenheim
Titelbild: Foto: Mario Rabensteiner (Imst)
Satz: Kathrin Spiegelberg, Weil im Schönbuch
Druck und Bindung: Finidr s. r. o.
Gedruckt in Tschechien
ISBN 978-3-417-26786-0
Bestell-Nr. 226.786

VORWORT

von Georg und Irina Karl

Denn die ganze Schöpfung wartet sehnsüchtig auf jenen Tag, an dem Gott offenbar machen wird, wer wirklich zu seinen Kindern gehört.

Römer 8,19

Gott selbst sehnt sich danach, dass seine Söhne und Töchter erkennen, wer sie in Christus sind, und wozu er sie durch seinen einzigartigen, erstgeborenen Sohn befähigt hat.

Der Vater im Himmel hatte nicht kleinmütige, minderwertige oder unsichere Kinder im Sinn, als er den Menschen erschuf, sondern solche, die ihn in seiner ganzen Herrlichkeit und Macht hier auf dieser Erde repräsentieren! Kinder, die voller Liebe und Freude »im (göttlichen) Leben herrschen« (Römer 5,17) und andere so in Verbindung mit dieser wunderbaren Realität des neuen Lebens in Christus bringen.

Maria L. Prean zeigt uns durch ihren kühnen Glauben, ihre Liebe und ihre Beharrlichkeit, was es heißt, eine solche Tochter Gottes zu sein: Sie hat nicht nur viele Tausende Menschenleben für immer verändert und zum Herzen des Vaters geführt, sondern Gott hat ihr auch die Gabe gegeben, andere in ihrer unnachahmlichen Art zu ermutigen, selbst ein ebensolcher Lebensveränderer im eigenen Umfeld zu sein.

Maria ist wahrlich eine wandelnde Ermutigung für jeden, der mit ihr in Kontakt kommt, und es ist ein ganz besonderes Vorrecht für uns, sie zu unseren besten Freunden zählen zu dürfen.

Mit diesem Andachtsbuch für jeden Tag hat Gott jedem Leser nun eine Quelle täglicher Ermutigung und Offenbarung in die Hand gegeben, die dir helfen wird, dauerhaft in deine Bestimmung als Sohn bzw. Tochter Gottes hineinzuwachsen und darin aufzublühen!

Georg und Irina Karl
Glory Life Netzwerk
Filderstadt bei Stuttgart

VORWORT

von Christoph und Utta Häselbarth

Es ist bewundernswert zu lesen, wie Maria Prean sich entschieden hat, Gott in allem an die erste Stelle zu setzen und alles, was sie im Leben braucht, allein von ihm zu erwarten. Und Gott hat ihre Bitten und Erwartungen im Überfluss erfüllt.

Es geht nicht darum, Maria als eine Glaubensheldin zu bewundern, sondern von ihr zu lernen, wie man sein volles Vertrauen auf Jesus setzt, um dann ebenso starke Gebetserhörungen geschenkt zu bekommen, wie sie es erlebt hat.

Wenn ich großen Männern und Frauen Gottes begegne oder von ihnen höre und lese, stelle ich mir oft die Frage, was das Geheimnis ist, das ich von ihnen lernen kann.

Auf gesegneten Konferenzen, die wir mit Maria und Herbert Prean und mit dem Ehepaar Lilo und Geri Keller durchführen durften, habe ich besonders zwei Dinge bei Maria beobachtet und gelernt: Sie hat in jeden Schritt ihres Lebens, in jedes Problem und in jedes Bedürfnis Jesus einbezogen und konsequent alles ihm übergeben.

Sie hat zum Beispiel gesagt: »Jesus, du in mir hast keine Rückenprobleme, deshalb erwarte ich, dass meine Rückenschmerzen jetzt geheilt sind.« Und genauso hat sie es dann auch erlebt. So lebt sie mit Jesus sehr praktisch und lebensnah.

Dieser Lebensstil, in dem jede Schwäche und Begrenzung eine Gelegenheit für Jesus ist, sich durch sein Eingreifen zu verherrlichen, zieht sich als Ermutigung und Glaubensstärkung durch das ganze Buch. Am Ende des täglichen Lesens wirst du mit Sicherheit viel von Marias ermutigendem Lebensstil gelernt und in dein eigenes Leben übernommen haben.

Noch ein Zweites haben wir bei Maria beobachtet und von ihr gelernt. Sie bekam ständig wunderbare Dinge geschenkt, Kleider, Autos, Häuser und Ländereien in Uganda ... Wie kommt das? Was ist ihr Geheimnis?

Maria hat gelernt, ihre Hoffnung ganz auf Gnade zu setzen (1. Petrus 1,13), d. h., aus dem Gnadenstrom Gottes zu leben. Dabei geht es nicht um unsere Leistung, sondern zu glauben und zu erwarten, dass unser guter Vater im Himmel ein überreich schenkender Papa ist, der sich freut, die Herzenswünsche seiner Kinder zu erfüllen. Wir alle sollten lernen, aus Gottes Gnade zu leben.

Das Verinnerlichen der Aussagen dieses Buches wird dich dazu ermutigen, dich selbst auch an diesen Gnadenstrom göttlicher Geschenke anzuschließen. Auch werden wir angespornt, unser Leben noch einmal ganz neu auf Gottes Wort und auf Jesus auszurichten, der gesagt hat: *Doch wenn ihr mit mir verbunden bleibt und meine Worte in euch bleiben, könnt ihr bitten, um was ihr wollt, und es wird euch gewährt werden!* (Johannes 15,7).

Am Ende dieses Buches werden wir neu gelernt haben, dass das Leben aus Jesus sehr schön und erfüllend ist. Danke, Maria, du bist wirklich eine Glaubensheldin.

Christoph und Utta Häselbarth, Josua-Dienst, Strittmatt

JANUAR

1. JANUAR

So seid nun nicht besorgt, indem ihr sagt: Was sollen wir essen? Oder: Was sollen wir trinken? Oder: Was sollen wir anziehen? Denn nach diesem allen trachten die Nationen; denn euer himmlischer Vater weiß, dass ihr dies alles benötigt. Trachtet aber zuerst nach dem Reich Gottes und nach seiner Gerechtigkeit! Und dies alles wird euch hinzugefügt werden.

Matthäus 6,31-33 (ELB)

Was war der Kern der Botschaft Jesu Christi? Was war dem Sohn Gottes das Wichtigste hier auf Erden?

Die Antwort ist eigentlich ganz einfach: Er kam, um das Reich Gottes wieder auf die Erde zu bringen und uns die Möglichkeit zu geben, das zurückzuerobern, was wir verloren haben.

»Trachten« heißt auch »suchen«. Suchen kann ganz schön anstrengend sein. Bist du bereit, dich anzustrengen, vielleicht deine Komfortzone zu verlassen, dich auf Neues einzulassen, dein Denken auf allen Ebenen deines Lebens mit der Wahrheit zu erneuern, die dich frei macht?

Wenn du dazu ein »Ja« in deinem Herzen hast, dann ist dieses das richtige Andachtsbuch für dich und du wirst am Jahresende nicht mehr derselbe Mensch sein. Aber denke daran: Wenn du dich auf die Suche begeben willst, musst du dich aufmachen. Es wird dir nichts zufliegen, es hängt an dir.

Lass uns gemeinsam suchen und wiederfinden, was die ersten Menschen als Vertreter der gesamten Menschheit verloren haben!

2. JANUAR

Denn alles ist mir möglich durch Christus, der mir die Kraft gibt, die ich brauche.

Philipper 4,13

Seine Kraft ist die Liebe, die in dir wirkt. Und das ist die größte Kraft auf Erden. Wenn du erkennst, wie wertvoll du in Gottes Augen bist (er hat heute bereits alle deine Haare gezählt!) und dass er dich zuerst geliebt hat, wirst du beginnen, Gott zurückzulieben. Und das wird auch die Liebe zu dir selbst und anderen in dir freisetzen. Wenn das geschieht, ist Gott in dir am Werk.

Weil du dich siehst, wie Gott dich sieht, möchtest du diese wunderbare Person, die Gott zu seiner Ehre geschaffen hat, nicht mehr zerstören. Du wirst Stück für Stück erkennen, dass dein Körper der Tempel des Heiligen Geistes ist. Wenn du dich annimmst, wie Gott dich annimmt, dann wirst du dich so ehren, wie Gott dich ehrt – deinen Körper, deine Position hier auf der Welt als sein Botschafter. Und wenn du erkennst, dass du ein Liebesbrief Gottes an diese Welt bist, dann wirst du dich selbst nicht mehr verachten oder ablehnen. Du hast nicht das Recht, etwas zu erniedrigen, was Gott für wertvoll erachtet und hoch schätzt.

Wenn du verstanden hast, dass Gottes Geist in dir lebt und du ihn auf dieser Welt repräsentierst, dann verbessert sich deine Einstellung anderen gegenüber. Du weißt, dass du Teil von Gottes Plan bist, Menschen zu segnen, zu heilen, zu helfen und sie aufzubauen. Doch das geht nicht, wenn du nicht zuerst dich selbst so annimmst, wie Gott dich angenommen hat.

Fange heute mit dem Danken an und preise Gott für die wunderbare Idee, dich zu erschaffen. Du bist ein Geschenk für diese Welt!

3. JANUAR

Ihr werdet nicht sagen können: »Hier ist es!«, oder: »Es ist dort drüben!« Denn das Reich Gottes ist mitten unter euch.

Lukas 17,21

Ein bekannter Evangelist hat einmal gesagt: »Gib mir fünf Menschen, die Gott mehr lieben als alles andere und die Sünde mehr hassen als alles andere, und ich werde mit ihnen die Welt verändern.«

Gott sucht Menschen nicht nach ihren natürlichen Talenten und Begabungen aus. Er sucht nach Leuten, deren Herz ungeteilt ihm gehört und deren Vertrauen allein auf ihn ausgerichtet ist, damit er sein Reich in ihnen bauen kann.

Viele Jahre bat ich Gott darum, die Welt zu verändern, damit es mir endlich besser ging. Doch dann hat der Heilige Geist mich eines Tages gefragt, ob er bei mir mit dieser Veränderung beginnen dürfe. Aua! Mir war klar, dass das nicht angenehm werden würde, aber dass es mein Herz reinigen, erneuern, erquicken, stärken und mit ihm vereinigen würde. Also habe ich Ja gesagt.

Der Herr Jesus hat gesagt, dass das Reich Gottes in unserer Mitte ist, das heißt in jedem von uns. Wollen wir ihm erlauben, diese fundamentale Veränderung in uns zu beginnen, fortzusetzen und zu vollenden, auch wenn es manchmal sehr wehtut, weil der Herr Unheilsames, Zerstörerisches und Unheiliges – alles, was nicht mit seiner Liebe und Wahrheit übereinstimmt –, aus unserem Herzen herausholen muss?

Lass dich auf das größte Abenteuer deines Lebens ein, nämlich Jesus immer ähnlicher zu werden! Du wirst es nicht bereuen, denn das Ergebnis möchte niemand mehr missen, der diesen Weg eingeschlagen hat.

4. JANUAR

Ihr seht also, dass es unmöglich ist, ohne Glauben Gott zu gefallen. Wer zu ihm kommen möchte, muss glauben, dass Gott existiert und dass er die, die ihn aufrichtig suchen, belohnt.

Hebräer 11,6

Leider wird das Wort »glauben« häufig im Sinne von »nicht genau wissen« verstanden. Ein Pastor erkannte, dass auch ich so dachte und erzählte mir folgende Geschichte:

Ein Seiltänzer trainierte eine ganze Woche lang auf einem Seil zwischen zwei Hochhäusern in New York für seine Wochenendvorstellung. Ein älterer Herr beobachtete ihn eine Zeit lang und war sehr beeindruckt, wie sicher er sich auf dem Seil bewegte. Am letzten Tag des Trainings suchte der Pensionär den Seiltänzer auf und sagte voll Freude und Überzeugung: »Ich habe Sie die ganze Woche beobachtet. Sie sind auf dem Seil sicherer als ich auf der normalen Straße. Sie werden morgen eine wunderbare Vorstellung geben.«

Der Seiltänzer bedankte sich freundlich und meinte: »Ich habe mir überlegt, morgen einen Schubkarren über das Seil zu schieben. Würden Sie sich hineinsetzen?«

Der Mann lehnte dankend ab.

Am Abend der Vorstellung schob der Seiltänzer tatsächlich einen Schubkarren über das Seil, in dem ein junger Mann saß. Völlig entsetzt über diese Kühnheit, lief der Pensionär zu dem jungen Mann im Schubkarren, der heil am anderen Ende angekommen war, und fragte aufgeregt: »Hatten Sie nicht panische Angst?«

Der junge Mann lächelte und meinte gelassen: »Nein, überhaupt nicht!« Auf die Frage, warum nicht, meinte er: »Das war doch mein Vater!«

Vertraust du deinem himmlischen Vater, dass er dein Leben sicher führt, auch in Situationen, die dir unmöglich erscheinen?

Vielleicht möchtest du jetzt beten: »Geliebter Vater im Himmel, ich bitte dich: Öffne die Augen und Ohren meines Herzens, damit ich die Weite, Tiefe, Höhe, Breite und Länge deiner Liebe für mich erkenne und dir voll und ganz vertrauen lerne.«

5. JANUAR

Sorgt euch um nichts, sondern betet um alles. Sagt Gott, was ihr braucht, und dankt ihm. Ihr werdet Gottes Frieden erfahren, der größer ist, als unser menschlicher Verstand es je begreifen kann. Sein Friede wird eure Herzen und Gedanken im Glauben an Jesus Christus bewahren.

Philipper 4,6-7

Jahrelang war ich der Meinung, dass verantwortungsbewusste Menschen sich um alles Sorgen machen müssen, ja, dass sie sogar versuchen müssen, alle Probleme um sich herum zu lösen. Dabei ahnte ich nicht, dass hinter meiner Herzenshaltung Stolz und Unabhängigkeit von Gott steckte. Ich versuchte, selbst alles zu bewältigen, da ich Gott nicht zutraute, dass er groß und stark genug für alle meine Probleme ist. Es war ein langer Weg, bis ich meine Sorgen an Gott abgeben konnte. Eine Sache hat mir dabei sehr geholfen:

Eine Freundin schenkte mir ein Körbchen, auf dem EDJE-Box stand. EDJE steht für: »etwas, das Jesus erledigt«. Überrascht fragte ich sie, was ich damit machen sollte. Sie meinte: »Schreib einfach alle deine Sorgen sehr spezifisch auf Zettel und wirf sie in dieses kleine Körbchen, sozusagen symbolisch auf Jesus. Jeden Tag, wenn du an diesem Körbchen vorbeigehst, bitte Gott, sich deiner Anliegen anzunehmen, und danke ihm gleichzeitig, dass er all deine Probleme bereits in die Hand genommen hat und daran arbeitet.«

Vielleicht möchtest du dir auch eine Schachtel, ein Körbchen oder eine alte Vase als EDJE-Box umfunktionieren, um alle deine Sorgen auf den Herrn zu werfen?

6. JANUAR

Das ist die Botschaft dessen, der heilig und wahrhaftig ist und der den Schlüssel Davids hat. Was er öffnet, kann niemand schließen, und was er schließt, kann niemand öffnen.

Offenbarung 3,7

Wie oft versuchen wir, unser Leben zu »organisieren«, zu planen und unsere Ziele zu erreichen? Doch immer wieder enden unsere Pläne in Frustration und Enttäuschung. Wir haben die besten Absichten, strengen uns enorm an, investieren unser Bestes, fasten und beten vielleicht sogar, proklamieren die Verheißungen Gottes – und rennen schließlich doch gegen die Wand.

Gott hat den Überblick, er kennt das Ende von Anfang an, und seine Gedanken sind höher als unsere Gedanken. Alle seine Wege sind gut, richtig und heilsam und er weiß, was für uns auf lange Sicht das Beste ist. Erst wenn wir unseren Eigenwillen auf den Altar Gottes legen und zu dem festen Entschluss kommen »Nicht mein Wille, sondern dein Wille geschehe«, werden wir erkennen, dass Gottes Pläne immer besser als unsere Pläne sind. Wenn wir Gottes Willen zu unserem Willen machen, lässt er uns unseren Willen immer durchsetzen!

Vielleicht magst du beten? »Geliebter Vater, ich vertraue dir voll und ganz, dass du die richtigen Türen in meinem Leben öffnest und die falschen verschließt. Auch in Zeiten tiefster Ungewissheit vertraue ich auf deine Gnade, will deine Stimme hören und deinem Willen folgen.«

7. JANUAR

Jesus benutzte noch ein anderes Gleichnis: »Das Himmelreich ist wie ein Senfkorn, das auf ein Feld gesät wird.«

Matthäus 13,31

Vor Jahren hat mir eine Freundin gesagt, dass ich keinen großen Glauben brauche, sondern Glauben an den großen Gott! Das hat bei mir wie eine Bombe eingeschlagen. Seither vertraue ich in allem mit meinem Glauben, der die meiste Zeit so klein wie ein Senfkorn ist, meinem großen Gott, für den absolut nichts unmöglich ist.

Das Wort Gottes in Hebräer 11,6 hat mein Glaubensleben drastisch verändert und erneuert: *»Ihr seht also, dass es unmöglich ist, ohne Glauben Gott zu gefallen. Wer zu ihm kommen möchte, muss glauben, dass Gott existiert und dass er die, die ihn aufrichtig suchen, belohnt.«*

Alles, was Gott dir als Auftrag gibt, wird er auch bezahlen, und alles, was Gott anfängt, wird er vollenden. Du musst nur sicher sein, dass Gott dir den Auftrag, die Aufgabe auch wirklich gegeben hat.

8. JANUAR

Was immer auch geschieht, seid dankbar, denn das ist Gottes Wille für euch, die ihr Christus Jesus gehört.

1. Thessalonicher 5,18

Dankbarkeit ist eine Kraft, eine Einstellung, ein Lebensstil, eine gesegnete Art zu leben. Sie kann gelernt werden, sie wird uns nicht von an Geburt in den Schoß gelegt. Dankbarkeit wirkt wie ein Magnet und hält uns in der Gegenwart Gottes.

Dankbare Menschen sind zufrieden, freudig, sie konzentrieren sich auf den Segen, das Leben. Zwar sind sie nicht frei von Stress, Leid und Schwierigkeiten, aber die Dankbarkeit bringt sie in die Gegenwart Gottes und lässt sie dort bleiben, unabhängig von den Umständen.

David konnte mitten in der Wüste Psalm 23 schreiben – als er von Saul verfolgt wurde, der ihm nach dem Leben trachtete; als er von Versagern umgeben war, die sich ihm angeschlossen hatten; als er ohne Zuhause und Sicherheit umherzog. Er war voller dankbarem Vertrauen, weil sein Herz auf den Anfänger und Vollender seines Glaubens ausgerichtet war: Gott selbst.

»Der Herr ist mein Hirte, ich habe alles, was ich brauche. Er lässt mich in grünen Tälern ausruhen, er führt mich zum frischen Wasser« (Psalm 23,1-2).

9. JANUAR

Dann will ich dich auf der Harfe loben, denn du, mein Gott, bist deinen Verheißungen treu.

Psalm 71,22a

Schon oft habe ich in meinem Leben gesagt: »Herr, es wird spannend, wie du aus dieser Situation noch etwas Gutes machen kannst, aber du hast dich mit deinem Wort der Verheißung verpflichtet und ich vertraue dir voll und ganz.«

Ich wurde noch nie enttäuscht von den Antworten Gottes, obwohl ich manchmal ziemlich lange auf sie warten musste und in einigen Situationen immer noch warte! Dennoch will ich ihm danken und ihn loben!

Für welche Situationen kannst du Gott heute danken?

10. JANUAR

Fürchte dich nicht, denn ich bin bei dir.

Jesaja 43,5a

Das ist die Zusage Jesus Christi. Er ist allezeit mit dir, für dich! Er spricht dir zu: «In das Dunkel deiner Vergangenheit und in das Ungewisse deiner Zukunft, in den Segen deines Wohlwollens und in das Elend der Ohnmacht lege ich meine Zusage: Ich bin da!

In das Spiel deiner Gefühle und in den Ernst deiner Gedanken, in den Reichtum deines Schweigens und in die Armut deiner Sprache lege ich meine Zusage: Ich bin da!

In die Fülle deiner Aufgaben und in die Leere deiner Geschäftigkeit, in die Vielzahl deiner Fähigkeiten und in die Grenzen deiner Begabung lege ich meine Zusage: Ich bin da!«[1]

Wenn man sich allezeit und in allen Situationen dieses Bewusstsein erhält, dass uns die Gegenwart Gottes umgibt, dann gibt es immer nur die eine Frage: »Herr, was tust du in dieser Situation? Lass mich erkennen, wozu du das zugelassen hast und in welcher Form du die Lösung dafür sein willst.«

Bekenne dem Herrn, wo und wie du seine Gegenwart ganz besonders nötig hast, gerade heute, und sei dir gewiss: Er ist bei dir!

1 Autor unbekannt

11. JANUAR

Solange du lebst, wird sich niemand gegen dich behaupten können, denn ich will bei dir sein, wie ich bei Mose war. Ich werde dich nie verlassen und dich nicht aufgeben.

Josua 1,5

Niemals wirst du allein sein, Gott ist immer bei dir. Jesus spricht dir zu (Quelle unbekannt):

»In das Gelingen deiner Gespräche und in die Langeweile deines Betens, in die Freude deines Erfolges und in den Schmerz deines Versagens lege ich die Zusage: Ich bin da!

In das Glück deiner Begegnungen und in die Wunden deiner Sehnsucht, in das Wunder deiner Zuneigung und in das Leid deiner Ablehnung lege ich meine Zusage: Ich bin da!

In die Enge deines Alltags und in die Weite deiner Träume, in die Schwäche deines Verstandes und in die Kräfte deines Herzens lege ich meine Zusage: Ich bin da!«[2]

Klammere dich an Jesus, in jeder Situation, in jedem Moment deines Lebens. Er ist da!

---

2 Autor unbekannt

12. JANUAR

Jesus sagt: »Ich aber bin gekommen, um ihnen das Leben in ganzer Fülle zu schenken.«

Johannes 10,10b

Bei Umfragen in vielen Städten und in unterschiedlichen Ländern nach dem, was für die Menschen der Schlüssel zum Leben sei, kamen häufig Antworten wie diese:

- So schnell wie möglich viel Geld verdienen, um dann ausgesorgt zu haben.
- Politische Macht und möglichst viel Einfluss gewinnen.
- Die wahre Liebe finden.

Andere behaupteten, es gebe keinen Schlüssel zum Leben, alles sei reiner Zufall und geschehe ohne größeren Sinn.

Die Tatsache ist, dass die meisten Menschen den Schlüssel zum Leben nicht kennen. Darum leben sie in den Tag hinein oder haben sich falsche Ziele gesetzt. Ihr Leben ist tragisch und traurig, denn sie wissen nicht, wozu und warum sie auf dieser Erde sind. Sie haben keine Ahnung, wie sie sich selbst und ihre Zeit sinnvoll in der Welt einsetzen können. Ihre Existenz ist in gewisser Hinsicht ein »lebendiger Tod«, denn ein Leben ohne Sinn kann nicht wirklich als Leben bezeichnet werden.

Jesus hat uns etwas ganz anderes versprochen: Er möchte uns das Leben in Fülle schenken. Kannst du dazu Amen sagen? Trifft das in deinem Leben zu?

13. JANUAR

So spricht der Herr: »Verflucht sei, wer sich von mir abwendet und sich nur noch auf Menschen oder seine eigene Kraft verlässt. Der ist wie ein kümmerlicher Wacholderstrauch in der Wüste, der versucht, auf salzigem, unfruchtbarem Boden zu wachsen – er wird nicht viel Glück haben.«

Jeremia 17,5-6

Möchtest du so ein Leben leben? Menschen, die sich immer nach den Meinungen anderer richten, machen sich von anderen abhängig. Sie sind arm und wie ein Fähnlein im Winde. Doch nicht die Meinung der Menschen sollte für dich und mich ausschlaggebend sein, sondern die Meinung, die Gott von uns hat.

Bekenne Menschenfurcht als Sünde und empfange Vergebung, denn Jesus hat dafür am Kreuz bezahlt. Empfange Gottesfurcht und komm in den Strom der Liebe und des Segens Gottes, denn die Gottesfurcht ist der Anfang aller Weisheit.

14. JANUAR

Legt die komplette Waffenrüstung Gottes an, damit ihr allen hinterhältigen Angriffen des Teufels widerstehen könnt.
Epheser 6,11

Stell dir vor, du bist ein Eishockeyspieler: Wärst du bereit, ohne deine Schutzkleidung zu spielen? Als Bürger im Reich Gottes kannst du ohne deinen Schutzanzug genauso wenig gegen den Feind kämpfen. Diese Waffenrüstung ist zwar für das menschliche Auge unsichtbar, Gott jedoch sieht sie, ebenso wie Satan. Vielleicht hilft es dir, jedes Teil dieser Waffenrüstung bewusst anzuziehen und mit Gott darüber zu sprechen:

Danke ihm für den Gürtel der Wahrheit und bitte ihn, dir zu helfen, in allen Situationen mit dir selbst und mit anderen ehrlich zu sein.

Danke ihm für den Brustpanzer der Gerechtigkeit und bitte ihn, deine Gefühle zu bewahren und dir zu helfen, in allen Situationen das Richtige zu tun und zu sagen.

Danke Gott für die Stiefel des Evangeliums des Friedens und bitte ihn, dir seinen inneren Frieden zu bewahren und dir zu helfen, das Wort Gottes zu verkündigen, wann immer sich die Gelegenheit bietet.

Danke ihm für den Schild des Glaubens und vertraue darauf, dass Gott mit dir ist als dein Schutz und deine Hilfe.

Danke ihm für den Helm des Heils und bitte ihn, deine Gedanken zu schützen und dir die Gabe der Unterscheidung der Geister zu schenken.

Danke ihm für das zweischneidige Schwert, das Wort Gottes, und bitte ihn, dir im Umgang damit zu helfen. Versuche, dir jeden Tag Zeit für die Schrift zu nehmen. Zitiere eine Stelle, die dein Herz besonders angesprochen hat, auch im Verlauf des Tages immer wieder.

Und dann geh mutig voran! Der Feind soll vor dir zittern, nicht du vor ihm! In dir wohnt der Löwe von Juda, nicht der Angsthase!

15. JANUAR

Werdet stark durch den Herrn und durch die mächtige Kraft seiner Stärke! Legt die komplette Waffenrüstung Gottes an, damit ihr allen hinterhältigen Angriffen des Teufels widerstehen könnt. Denn wir kämpfen nicht gegen Menschen aus Fleisch und Blut, sondern gegen die bösen Mächte und Gewalten der unsichtbaren Welt, gegen jene Mächte der Finsternis, die diese Welt beherrschen, und gegen die bösen Geister in der Himmelswelt. Bedient euch der ganzen Waffenrüstung Gottes. Wenn es dann so weit ist, werdet ihr dem Bösen widerstehen können und noch aufrecht stehen, wenn ihr den Kampf gewonnen habt.

Epheser 6,10-13

Wir haben es nicht mit Fleisch und Blut in unserem Kampf hier auf Erden zu tun, denn dieser Kampf findet auf einer viel höheren Ebene statt. Wir müssen wissen, dass der Feind ein Lügner, ein Dieb und ein Mörder ist, dass sein Urteil zwar ausgesprochen, aber noch nicht voll und ganz vollstreckt ist. Er will immer noch seine Rechte geltend machen, die er bereits durch den Sieg Jesu verloren hat.

Nur wenn wir unsere Position in Christus erkennen, seine Kraft in und durch uns, werden wir fähig sein, selbst im Sieg zu wandeln und andere durch unsere Fürbitte aus den Fängen des Feindes zu befreien.

Deshalb ermutigt uns das Wort Gottes, stark im Herrn zu werden. Wir müssen unsere Rechte der neuen Verfassung des Reiches Gottes kennenlernen und darüber nachdenken, damit wir dem Feind erfolgreich widerstehen können. Nur wenn wir unter der Siegesfahne Jesu Christi durchs Leben gehen, können wir die faulen Tricks des Feindes durchschauen und ihn in die Flucht jagen. Denn jedes Knie wird sich beugen und jede Zunge wird bekennen, dass Jesus Christus der Herr ist!

16. JANUAR

Werdet stark durch den Herrn und durch die mächtige Kraft seiner Stärke!

Epheser 6,10

Wenn wir in den vier Evangelien über das Leben Jesu lesen, dann können wir sehen, dass auch er die Waffenrüstung Gottes angezogen hat – er ist uns das beste Vorbild.

Jesus legte den Brustpanzer der Gerechtigkeit an, indem er immer das tat, was richtig war. Er setzte den Schild des Glaubens ein, indem er den Verheißungen seines Vaters allezeit vertraute. Jesus nahm den Helm des Heils, indem er ständig darauf aus war, den Willen seines Vaters zu tun. Er gebrauchte den Gürtel der Wahrheit, indem er immer nur die Wahrheit sagte. Jesus ging in den Schuhen des Friedens, verkündigte überall die Frohe Botschaft des Reiches Gottes, indem er den Menschen zeigte, wie sie in Frieden mit Gott, den Mitmenschen und sich selbst leben können. Und er gebrauchte das zweischneidige Schwert des Geistes, indem er dem Feind mit der vollen Wahrheit des Wort Gottes »das Maul stopfte«.

17. JANUAR

Sorgt dafür, dass ihr fest steht, indem ihr euch mit dem Gürtel der Wahrheit und dem Panzer der Gerechtigkeit Gottes umgebt. Eure Füße sollen für die gute Botschaft eintreten, die den Frieden mit Gott verkündet. Setzt den Glauben als einen Schutzschild ein, um die feurigen Pfeile des Satans abzuwehren. Setzt den Helm eurer Rettung auf und nehmt das Wort Gottes, euer Schwert, das der Geist euch gibt.

Epheser 6,14-17

Wenn wir uns anschauen, wie sich Jesus in der Wüste verhalten hat, als der Teufel ihn nach vierzigtägigem Fasten versuchte (Matthäus 4,1-11), können wir Folgendes von ihm lernen: Er hat sich auf keinerlei Diskussionen mit dem Teufel eingelassen, sondern immer mit dem Wort Gottes geantwortet. Er sagte nur: »Es steht geschrieben«, und der Feind musste weichen. Danach traten die Engel herzu und dienten ihm.

Deshalb müssen auch wir das Wort Gottes, die Verfassung des neuen Reiches des Königs aller Könige kennen und mutig dem Feind entgegenhalten. Wir sollten jeden Tag die volle Waffenrüstung anziehen und mit dem zweischneidigen Schwert des Wortes Gottes alle Angriffe des Feindes zunichtemachen.

In Jesu Namen kannst du täglich alle Werke des Teufels, die er auf dich loslassen möchte, zerstören, annullieren und außer Kraft setzen. Öffne dich allein für das Wirken des Heiligen Geistes. Nimm deine Rechte als Bürger des Reiches Gottes in Anspruch – der Feind muss das respektieren!

18. JANUAR

Trotz all dem tragen wir einen überwältigenden Sieg davon durch Christus, der uns geliebt hat.

Römer 8,37

Jesus selbst ist unsere Waffenrüstung:

Er ist unsere Gerechtigkeit:

Gott allein hat es ermöglicht, dass ihr in Christus Jesus sein dürft. Er hat ihn zu unserer Weisheit gemacht. Durch ihn sind wir vor Gott gerecht gesprochen und unser Leben wird durch ihn geheiligt. Durch ihn sind wir erlöst (1. Korinther 1,30).

Er ist unser Heil:

Der Herr ist mein Licht und mein Heil – vor wem sollte ich mich fürchten? Der Herr beschützt mich vor Gefahr – vor wem sollte ich erschrecken (Psalm 27,1)?

Er ist unser Friede:

Denn Christus selbst brachte Frieden zwischen den Juden und den Menschen aus allen anderen Völkern, indem er uns zu einem einzigen Volk vereinte (Epheser 2,14).

Er ist unsere Wahrheit:

Jesus sagte zu ihm: »Ich bin der Weg, die Wahrheit und das Leben. Niemand kommt zum Vater außer durch mich« (Johannes 14,6).

Er ist das Wort Gottes:

Am Anfang war das Wort. Das Wort war bei Gott und das Wort war Gott (Johannes 1,1).

Wenn du dein Vertrauen auf den Herrn Jesus Christus setzt und sein Wort im Glauben aussprichst, wirst du weit mehr als ein Überwinder sein!

19. JANUAR

Nein, liebe Freunde, ich bin noch nicht alles, was ich sein sollte, aber ich setze meine ganze Kraft für dieses Ziel ein. Indem ich die Vergangenheit vergesse und auf das schaue, was vor mir liegt, versuche ich, das Rennen bis zum Ende durchzuhalten und den Preis zu gewinnen, für den Gott uns durch Christus Jesus bestimmt hat.

Philipper 3,13-14

Ich glaube, wir dienen einem hervorragenden Gott, und er hat uns nicht berufen, mittelmäßig zu sein. Wir sollen ihn auf dieser Welt durch ein exzellentes Leben repräsentieren, und das betrifft alle Bereiche unseres Alltags.

Einen faulen Menschen erkennt man daran, dass er alles immer »morgen« erledigen will, nicht heute, gleich, jetzt. Eine solche Person wird wahrscheinlich auf allen Ebenen des Lebens immer wieder Armut erleben; ein gewisser »Versagensgeruch« umgibt ihn. Gleichzeitig macht er alle anderen verantwortlich für seine Probleme. Er wünscht sich, dass sie etwas an seiner Lage verändern. Aber bloße Wünsche haben noch nie etwas verändert.

Wir sind aufgerufen, das Wort Gottes zu ergreifen und es Tag für Tag, Woche für Woche, Jahr für Jahr in allen Umständen anzuwenden und ihm zu vertrauen. Deshalb müssen wir lernen, nicht nur das zu tun, was sich gut anfühlt und wozu wir gerade Lust haben, sondern dem zu folgen, was das Wort Gottes sagt! Gehe nicht auf Konferenzen, ohne dass du die Absicht hast, dich wirklich zu verändern!

Eines ist sicher: Veränderung ist eine tägliche Sache. Wir sollen von Kraft zu Kraft, von Erkenntnis zu Erkenntnis, von Glauben zu Glauben, von Wunder zu Wunder gehen, und das braucht Veränderung, vor allem im Denken und Wollen.

Willst du dich einlassen auf einen Weg der tiefen inneren Herzensveränderung, die Leben freisetzt?

20. JANUAR

Faule Menschen werden schnell arm, fleißige Menschen jedoch werden reich.

Sprüche 10,4

Dieses Wort gilt nicht nur für unsere Hände und die Arbeit. Fleiß bzw. Faulheit ist eine Herzenshaltung; beides hat Auswirkungen auf allen Ebenen unseres Lebens.

Es gibt leider keine »magische Formel«, die deine Probleme verschwinden lässt! Wenn du Bereiche in deinem Leben entdeckst, die sich verändern sollen, dann musst du dein Verhalten, deine Einstellung ändern. Wir alle haben Gebiete, wo wir noch »faul« sind. Vielleicht sind wir an unserer Arbeitsstelle fleißig, doch geistlich gesehen faul. Vielleicht sind wir geistlich feurig, aber unser Haus ist ein Chaos.

Mittelmäßigkeit heißt, im Strom der Mehrheit zu schwimmen. Man denkt, dass man im Vergleich mit anderen gar nicht so schlecht abschneidet; alle anderen machen doch auch, was man selbst macht. Ich bin überzeugt: Mit so einer Einstellung wird man nie befriedigt und erfüllt sein. Das ändert sich erst, wenn man anfängt, sein Bestes zu geben.

Willst du mittelmäßig oder herausragend sein? Die Entscheidung, wie du sein möchtest, liegt bei dir. Wenn du dich entscheidest, hervorragend zu werden, dann schenkt Gott das Wollen und Gelingen dazu.

21. JANUAR

Wir loben Gott, den Vater von Jesus Christus, unserem Herrn, der uns durch Christus mit dem geistlichen Segen in der himmlischen Welt reich beschenkt hat.

Epheser 1,3

Die größten Segnungen erleben diejenigen, die ein hervorragendes Leben leben. Denn solche Menschen tun das Richtige, auch im Dunkeln, wenn niemand schaut, denn sie haben die Offenbarung, dass Gott alles sieht! Sie leben bewusst in seiner Gegenwart.

Wenn du einen fruchtbaren Dienst, ein fruchtbares Leben, eine gesegnete Familie haben willst, dann musst du dich nach Integrität und Exzellenz ausstrecken. Exzellenz heißt dabei nicht Perfektion, sondern einfach, das Beste zu geben, was man jeweils geben kann. Allerdings will nicht jeder ein ausgezeichnetes Leben führen, wir alle möchten jedoch die Ergebnisse eines ausgezeichneten Lebens sehen. Das geht nur, wenn wir bereit sind, uns verändern zu lassen.

Entscheide dich für ein hervorragendes Leben und du wirst dein Leben lieben!

22. JANUAR

Keine Strafe ist angenehm, und während wir sie erleiden, ist sie immer schmerzlich! Doch danach werden diejenigen, die auf diese Weise geformt werden, inneren Frieden und ein Leben in der Gerechtigkeit gewinnen.

Hebräer 12,11

Du wirst entdecken, dass zu einem hervorragenden Leben auch Disziplin gehört. Wenn du auf einem bestimmten Gebiet in deinem Leben Veränderung sehen möchtest, dann hole dir Weisheit aus dem Wort Gottes. Dort findest du Prinzipien, die du in bestimmten Situationen immer und immer wieder anwenden kannst. Wenn du entschieden genug bist, dann kommt eine reiche Ernte und gute Frucht!

Alles in meinem Leben kann sich verändern, außer Gott! Er wird sich nie verändern. Ich kann mich verändern, meine Familie, meine Finanzen, meine Kinder, mein Denken, meinen Dienst, meine Ehe.

Ernähre dich vom Wort Gottes, nimm dir Zeit, dich an seinem Wort zu stärken. Nur so wirst du Antworten haben, wenn der Feind dich bedrängt.

23. JANUAR

Lasst uns mit Dank vor ihn hintreten! Lasst uns Loblieder auf ihn anstimmen.

Psalm 95,2

Zieh das Lobpreiskleid an, anstatt das Kleid der Schwere, des Klagens und Jammerns! Danken schützt vor Wanken und Loben zieht nach oben! Deshalb fang an, in allen Situationen zu danken, fang an zu singen, zu loben! Dieses Kleid musst du bewusst anziehen, es wird sich dir nicht einfach so umlegen.

Viele Jahre lang habe ich mein Haus mit lautem Lobpreis gefüllt und dazu getanzt und gesungen. Ich habe erlebt, wie sich dadurch die ganze Atmosphäre um mich herum verändert hat, wie die spürbare Gegenwart Gottes gekommen ist.

Willst du in deinem Denken und Wollen immer mehr von Gott bestimmt werden, dann fang an, den Verheißungen Gottes mehr zu vertrauen als deinen Erfahrungen und Gefühlen! Entscheide, dich, dich voll und ganz auf Gott und sein Wort zu verlassen!

24. JANUAR

Er stand vom Tisch auf, zog sein Obergewand aus, band sich ein Handtuch um die Hüften und goss Wasser in eine Schale. Dann begann er, seinen Jüngern die Füße zu waschen und sie mit dem Handtuch abzutrocknen, das er sich umgebunden hatte.

Johannes 13,4-5

Am Ende seines Lebens strahlt Jesu Liebe heller und heller. Den Jüngern, mit denen er schon drei Jahre verbracht hat, wird immer stärker bewusst, dass es noch um viel mehr geht, als sie bislang erahnt haben.

Beim letzten Abendmahl wäscht ihnen Jesus die Füße, was normalerweise nur ein Haussklave machte. Er zeigt ihnen damit, dass echte Liebe sich im Dienen offenbart.

Selbst die niedrigsten Aufgaben kann man mit Liebe, Freude und Hingabe machen. Auch wir können die kleinsten und unscheinbarsten Tätigkeiten zu einem Lobpreis machen, wenn wir Jesus damit die Ehre geben. Eine Freundin von mir bügelt immer Träume und Visionen in die Bettwäsche ihrer Familie. Wenn wir die Wohnung putzen, können wir gleichzeitig die Atmosphäre säubern, indem wir die Räume mit Lobpreismusik füllen oder in Sprachen singen. Werde kreativ in allem, was du tust, und erlaube Jesus, durch dich bei allen Tätigkeiten das Reich Gottes zu bauen.

25. JANUAR

Der Mensch urteilt nach dem, was er sieht, doch der Herr sieht ins Herz.

1. Samuel 16,7

Wenn du mit Gott sprichst, dann mach dir vorher bewusst, dass du in die Gegenwart dessen kommst, für den nichts unmöglich ist. Er liebt dich, so wie du bist, aber weil er dich liebt, lässt er dich nicht, so wie du bist. Jede Begegnung mit Gott wird mehr von seinem Leben in dir freisetzen. Komm mit Freude und großer Erwartung, denn er ist ein segnender, liebender, barmherziger Gott, der allerdings nicht tolerant ist. Sünde bleibt Sünde. Sie ist aber kein Problem mehr für ihn, denn Jesus hat dafür am Kreuz bezahlt. Wir müssen die Sünde nur bekennen, loslassen und umkehren, also eine 180-Grad-Wende vollziehen.

Manchmal bin ich so erschöpft, dass ich einfach nur darum bitte, mich in des Vaters Schoß hineinkuscheln und meinen Kopf an seine Brust legen zu dürfen. Dann bin ich einfach nur still und atme die Liebe, die Größe, die Wärme Gottes ein und alles Schwere aus.

Wenn das Leben schwierig wird, dann ist mein häufigstes Gebet einfach nur: «Jesus!« Und schon spüre ich seine Gegenwart, mein Herz kommt zur Ruhe und in tiefe Gemeinschaft und Kommunikation mit Gott.

Gott sieht dein Herz! Komm einfach zu ihm und erzähle ihm ehrlich, wie es dir geht. Er wird dich immer mit offenen Armen aufnehmen.

26. JANUAR

Dein Reich komme bald. Dein Wille erfülle sich hier auf der Erde genauso wie im Himmel.

Matthäus 6,10

Wenn du betest, ist es wichtig, dass nicht nur du sprichst, sondern dass du offen für das Reden Gottes bist, bereit, ihm nachzufolgen. Viele Menschen bringen Gott ihre Pläne und Wünsche und erwarten dann, dass er ihnen nachfolgt!

Ich gehörte auch vor vielen Jahren zu dieser Gruppe. Schließlich habe ich jedoch erkannt, dass Gott das Sagen in meinem Leben hat, dass ich ihm gehöre und dass er mein König ist. Er hat die einfallsreichsten Ideen und weiß am besten, was für jedes einzelne Königskind das Beste ist. Unsere Perspektive ist oft so begrenzt, unser Horizont so klein, aber Gottes Wege sind viel höher als unsere Wege und seine Gedanken viel höher als unsere Gedanken. Wenn wir uns mit den Plänen Gottes eins machen, wird uns das vor vielen Fehlentscheidungen bewahren. Er wird unser Leben ruhig und sicher führen.

Wenn man es genau nimmt, dann sind wir als Bürger des Reiches Gottes berufen, den Himmel auf die Erde zu bringen und Licht zu sein, wo immer wir sind. In unserer Gegenwart soll sich die Dunkelheit ganz von selbst auflösen – das ist das Wesen des Lichtes.

Bist du entschieden, im Licht des Herrn zu wandeln und selbst Licht in einer dunklen und verwirrten Welt zu sein?

27. JANUAR

Aber unsere Heimat ist der Himmel, wo Jesus Christus, der Herr, lebt.

Philipper 3,20a

Warst du schon einmal verliebt? Und hast du auch Liebesbriefe bekommen? Wie oft hast du sie gelesen? Vielleicht so oft, dass du sie schon fast auswendig konntest? Hast du auch versucht, zwischen den Zeilen herauszulesen, was der/die Geliebte vielleicht noch sagen wollte?

Mir erging es so. Die Worte der Liebesbriefe meines Mannes sind tief in mein Herz gesunken und unsere Verbindung ist mit jedem Brief inniger und intimer geworden.

Genauso soll es mit dem Wort Gottes sein. Es ist sein Liebesbrief an uns. Je mehr seine Worte in unserem Herzen Raum bekommen, umso enger wird unsere Verbindung zu ihm werden und wir werden seine Wünsche für uns entdecken, genau wie den Traum, den er für unser Leben hat. Auf diese Weise werden wir zu Menschen, die zwar noch auf dieser Erde wandeln, aber ihre Heimat fest im Himmel verankert haben. Schließlich lernen wir sogar, auf unsere Probleme herunterzuschauen!!

28. JANUAR

Freut euch auf alles, was Gott für euch bereithält. Seid geduldig, wenn ihr schwere Zeiten durchmacht, und hört niemals auf zu beten.

Römer 12,12

Wenn man einen Menschen liebt, dann ist es ein tiefes Herzensbedürfnis, sein Innerstes mit dem anderen zu teilen. Wenn wir Gott lieben, dann wollen wir ihm ebenfalls alles mitteilen, das Gute wie das Schlechte. Es erscheint uns nicht als Anstrengung, als Pflicht, sondern es ist ein tiefes Verlangen unseres Herzens, mit ihm in einer transparenten, ehrlichen und aufrichtigen Weise zu kommunizieren. Liebe und Dankbarkeit verlangen nach Austausch

Komm schon am Morgen in die Gegenwart Gottes und danke ihm für alles. Das ist für mich immer der beste Tagesbeginn. Bewahre dir dann den ganzen Tag über einen dankbaren Geist. Und bete viel und oft ganz spontan. Das kannst du beim Autofahren machen, beim Bügeln, beim Spazierengehen, beim Sport etc.

Oft wache ich in der Nacht auf und »es« singt und betet in mir! Dann höre ich dem Geist in mir zu, wie er den Herrn lobt und preist. Darüber freue ich mich ganz besonders.

Beten hat kein Schema – genauso wie das Liebesgeflüster zweier Liebender kein Schema hat. Es fließt einfach aus dem Herzen.

29. JANUAR

Doch wenn der Geist der Wahrheit kommt, wird er euch in alle Wahrheit leiten. Er wird nicht seine eigenen Anschauungen vertreten, sondern wird euch sagen, was er gehört hat. Er wird euch von dem erzählen, was kommt. Er wird mich verherrlichen, indem er euch alles offenbart, was er von mir empfängt. Alles, was der Vater hat, gehört mir; das habe ich gemeint, als ich sagte, dass der Geist euch alles offenbaren wird, was er von mir empfängt.

Johannes 16,13-15

Für viele Menschen ist Gebet eine Einbahnstraße. Sie bringen ihre Anliegen vor oder lesen vorgeschriebene Gebete ab, sagen dann Amen und hauen ab! Gebet ist jedoch ein Gespräch mit einem Gegenüber, und da ist es wichtig, dass wir lernen hinzuhören und Gott Raum geben, zu uns zu sprechen, in unsere Situationen hineinzusprechen. Auf die Stimme des Heiligen Geistes zu hören, ist oft viel wichtiger als unser Reden.

Frauen sagt man manchmal nach, dass sie reden müssen, um sich denken zu hören! Oft empfinde ich meine Gebete ein wenig so. Wenn ich mit Gott rede, fällt mir »plötzlich« die Antwort, die Lösung, der nächste Schritt ein. Das sind jedoch nicht meine Gedanken, sondern die Eingebungen des Heiligen Geistes. Und wenn ich mich dann auf das im Herzen »Gehörte« einlasse, danach handle und tue, was der Heilige Geist mir geoffenbart hat, dann staune ich immer wieder über die Ergebnisse.

Im Werk von »Vision für Afrika« durften wir in den letzten zwölf Jahren über hundert Gebäude bauen – Schulen, Kinderhäuser, Kindergärten, Kliniken etc. – und jedes Haus hat mir der

Heilige Geist im Traum oder in einer Vision gezeigt. Alle sind schön geworden, werden genutzt und sind zu einhundert Prozent bezahlt, ohne irgendwelche Schulden. Ich staune selbst immer wieder mit großer Dankbarkeit, wie der Heilige Geist uns in so praktischen Dingen ganz klar und verständlich führt und leitet.

Lass dich ein auf eine herzliche und dauerhafte Liebesbeziehung mit Gott!

30. JANUAR

Leidet jemand von euch? Dann soll er beten.

Jakobus 5,13a

Gott spricht dir zu: »Heute werde ich mich um all deine Probleme kümmern, aber bitte vergiss nicht: Ich brauche dazu deine Hilfe. Sollte es geschehen, dass der Feind dich in eine Situation bringt, mit der du nicht fertigwirst, versuch erst gar nicht, das Problem selbst zu lösen, sondern sei so gut und wirf das Problem auf mich. Ich werde mich zur rechten Zeit darum kümmern – zu meiner Zeit, nicht dann, wenn du meinst, es wäre richtig. Wenn du dein Problem einmal auf mich geworfen hast, dann halte nicht länger daran fest und versuche auch nicht, es wieder selbst in die Hand zu nehmen. Jedes Festhalten und jeder Versuch, es wiederzubekommen, wird die Lösung deines Problems nur verzögern. Wenn du meinst, das Problem selbst bewältigen zu können, komm bitte dennoch im Gebet zuerst zu mir, damit du dir sicher sein kannst, auch die richtige Lösung zu haben. Da ich weder schlafe noch raste, ist es nicht notwendig, dass du deinen Schlaf versäumst. Bleib ruhig mein Kind! Ich bin jederzeit nur ein Gebet weit entfernt, wenn du mich brauchst.

Dein dich liebender Vater!«

31. JANUAR

Wer gern redet, muss die Folgen tragen, denn die Zunge kann töten oder Leben spenden.

Sprüche 18,21

Die meisten Menschen sind sich nicht bewusst, welche Macht Worte in ihrem eigenen und im Leben anderer haben. Mit unserer Zunge bewirken wir Leben oder Tod und deshalb ist sie das mächtigste Organ unseres Seins.

Wenn du anfängst, über dich selbst und andere Positives auszusprechen, wirst du sehen, wie wohltuend die Ergebnisse für dich und dein Leben sein werden.

Lass uns eine Liste der Dinge erstellen, die wir nie wieder über unserem Leben aussprechen wollen! Sie könnte beginnen mit: Nie wieder werde ich Flüche oder Unglück über meinem Leben aussprechen, denn »*Christus hat uns vom Fluch des Gesetzes gerettet; am Kreuz nahm er den Fluch auf sich. Denn in der Schrift heißt es: »Verflucht ist jeder, der an einem Holz hängt.« Durch die Tat von Jesus Christus hat Gott allen Völkern den Segen geschenkt, den er Abraham zugesagt hatte. So empfangen wir den Heiligen Geist durch den Glauben, wie Gott es versprochen hat*« (Galater 3,13-14).

FEBRUAR

1. FEBRUAR

Diese Antwort verwunderte sie sehr.

Markus 12,17b

Gott hat immer die besten Antworten:

Ich bat Gott, meinen Schmerz wegzunehmen. Er sagte: »Nein, ich nehme dir den Schmerz nicht weg, du musst ihn loslassen.«

Ich bat Gott, mir Geduld zu geben. Er sagte: »Nein, Geduld ist ein Nebenprodukt von schweren Zeiten. Geduld wird nicht gegeben, sondern erworben.«

Ich bat Gott, mir Glückseligkeit zu schenken. Er sagte: »Nein, ich gebe dir Segnungen. Glücklich zu sein, ist deine Entscheidung.«

Ich bat Gott, mir Leid zu ersparen. Er sagte: »Nein, Leiden bringt dich näher zu mir und zieht dich weg von weltlichen Dingen.«

Ich bat Gott, mir alles zu geben, damit ich das Leben genießen kann. Er sagte: »Nein, ich gebe dir Leben, sodass du alles genießen kannst.«

Ich bat Gott, mir zu helfen, andere so zu lieben, wie er mich liebt. Er sagte: »Aha, jetzt hast du endlich die richtige Idee!«

2. FEBRUAR

Überlass dem Herrn die Führung deines Lebens und vertraue auf ihn, er wird es richtig machen.

Psalm 37,5

Je länger ich lebe und mit dem Herrn gehe (es sind inzwischen schon 70 Jahre!), umso mehr bin ich überzeugt, dass die Wege des Herrn die besten und gerechtesten sind. Sie schenken uns wirklich Erfüllung und einen Frieden, den die Welt nicht geben und nicht nehmen kann.

Vor Jahren habe ich gebetet, dass der Herr mit mir machen kann, was er will, wie er es will, wo er will, wann er will. Ich habe ihm außerdem die volle Erlaubnis gegeben, dass er mich klein und sich groß machen darf. Das ist immer wieder geschehen und ich kann nur staunen und von Herzen danken, wie er meine Wege geordnet hat. Ich ging durchs Wasser, durch Feuer, durch intensive Prüfungen, aber er war immer da und seine Gnade war immer genug. Ich komme aus dem Staunen über die Führung Gottes nicht heraus, je älter ich werde und je bewusster ich die Hand Gottes in meinem Leben erkenne.

Glaube nur, dass seine Pläne die besten sind und er genau weiß, was er dir zumuten darf, um das Beste in dir freizusetzen. Dein himmlischer Vater wird das gute Werk in dir vollenden, das er begonnen hat. Vertraue ihm allezeit, was gleichzeitig bedeutet, dass du allezeit an seine Güte, Liebe und Vorsehung glaubst.

3. FEBRUAR

Die von ihm Hilfe erhoffen, werden vor Freude strahlen, und sie werden nicht vor Scham erröten.

Psalm 34,6

Du dienst einem hervorragenden, majestätischen, großen und liebevollen, barmherzigen, allgegenwärtigen und allwissenden Gott! Er hat dich mit Gaben und Talenten gesegnet. Weihe sie ihm und setze sie bei jeder Gelegenheit ein. Es gibt keine Ausreden, es nicht zu tun; beklage dich nicht, wenn sich in deinem Leben dann wenig tut.

Wie lebst du, wie viel bist du bereit, zu investieren? Gott möchte, dass wir endlich aufstehen, auf ihn schauen und den Auftrag wahrnehmen, den er uns gegeben hat, nämlich die Welt zu beeinflussen und nicht von der Welt beeinflusst zu werden. Wir sollen das Licht in der Welt sein, damit die Dunkelheit flieht, und das Salz der Erde, damit andere um uns herum durstig werden.

Ich garantiere dir, es ist nie zu spät, damit zu beginnen. Du kannst dich in jedem Alter entscheiden, dich zu verändern. Es ist immer möglich, ein hervorragendes Leben zu beginnen.

Fang an, die Wahrheit des Wortes Gottes in deinem Herzen zu glauben und mit deinem Munde zu bekennen. Die Antwort für dein Leben liegt direkt »vor deiner Nase«! Doch allein in der Bibel zu lesen, ist zu wenig. Wir müssen auch tun, was sie sagt, dann werden wir Ergebnisse sehen.

Für die meisten von uns ist das Problem, dass zwischen uns und dem großartigen Sieg ein Hindernis liegt: Wir tun noch nicht das, von dem wir eigentlich wissen, dass wir es tun sollten! Tust du es?

4. FEBRUAR

Der HERR ist mein Licht und mein Heil; vor wem sollte ich mich fürchten? Der HERR ist meines Lebens Kraft; vor wem sollte mir grauen?

Psalm 27,1 (LUT)

Kennst du die Kraft Gottes, die in dir lebt? Der Geist des Gottes, der allmächtig und allwissend ist, der dieses Universum geschaffen hat, der dich so liebt, dass er sein Allerliebstes als Lösegeld für dich hingegeben hat, lebt in dir. Deshalb können wir mit Kühnheit über unserem Leben aussprechen:

»Ich bekenne, dass der Herr die Kraft meines Lebens ist, und weil ich fest im Glauben mit Gott verbunden bin, lasse ich mich nicht irremachen. Mein Gott ist größer und stärker als alle meine Probleme. Mein Gott ist liebevoller als alle Ablehnung. Mein Gott ist und hat die Lösung in jeder Situation meines Lebens.«

5. FEBRUAR

Darum sage ich euch: Sorgt euch nicht um euer tägliches Leben – darum, ob ihr genug zu essen, zu trinken und anzuziehen habt. Besteht das Leben nicht aus mehr als nur aus Essen und Kleidung? Schaut die Vögel an. Sie müssen weder säen noch ernten noch Vorräte ansammeln, denn euer himmlischer Vater sorgt für sie. Und ihr seid ihm doch viel wichtiger als sie. Können all eure Sorgen euer Leben auch nur um einen einzigen Augenblick verlängern? Nein.

Matthäus 6,25-27

Vor mehr als 2000 Jahren hat Jesus Christus, der größte und beste Lehrer aller Zeiten, uns ermahnt, das wir uns weniger sorgen sollen. Die gesamte Aufmerksamkeit dieser Welt scheint sich um die materiellen Bedürfnisse des Menschen zu drehen. Ganz gleich, ob wir arm oder reich sind, wir streben immer danach, mehr zu bekommen: Essen, Wasser, Kleidung, Häuser, Autos, Reisen, Rücklagen, Sicherheit … die Liste ist lang.

Viele Menschen investieren ihre gesamte Zeit und alle Kräfte, um materiellen Reichtum zu erwerben. Sie messen ihr Leben an dem, was sie »angesammelt« haben und nicht daran, wer und was sie in Jesus Christus sind.

Wie ist das in deinem Leben? Worin erkennst du deinen Wert?

6. FEBRUAR

Singt miteinander Psalmen und Lobgesänge und geistliche Lieder, und in euren Herzen wird Musik sein zum Lob Gottes. Und dankt Gott, dem Vater, zu jeder Zeit für alles im Namen unseres Herrn Jesus Christus.

Epheser 5,19-20

Vor einigen Jahren hatten wir ein großes Problem mit einem Mitarbeiter in unserem Werk in Uganda. Wir wussten nicht, wie wir es lösen sollten. Als ich mit einem meiner engsten Mitarbeiter und meiner Tochter im Auto saß, sang meine damals dreijährige Angel aus voller Lautstärke immer wieder: »Unser Gott ist ein mächtiger Gott. Er herrscht vom Himmel herab mit Weisheit, Liebe und Macht. Unser Gott ist ein mächtiger Gott!«

Nachdem wir das Lied mindestens dreißigmal gehört hatten und uns kaum darauf konzentrieren konnten, wie wir das Problem mit diesem Mitarbeiter lösen sollten, bat ich Angel, doch bitte ein anderes Lied zu singen. Sie meinte aber nur sehr ernst: »Bitte, Mama, lass mich dieses Lied fertigsingen!«

Als sie dann weitersang, wurde meinem Mitarbeiter und mir plötzlich bewusst, dass Gott durch dieses 3-jährige Kind auf dem Rücksitz zu uns sprechen wollte. Wir konnten nur schmunzeln und Gott die Situation überlassen, die er dann auf eine Weise gelöst hat, wie wir es uns nie hätten vorstellen können.

Gott sei Dank! Er ist auch groß und stark und liebevoll genug für deine Situation. Vertraue und glaube nur und preise den Herrn!

7. FEBRUAR

Herr, zeige mir den richtigen Weg, damit ich nach deiner Wahrheit lebe! Gib mir das Verlangen ins Herz, dich zu ehren.

Psalm 86,11

Wir werden versagen, wenn wir in einer selbst gebastelten Bestimmung erfolgreich sein wollen.

Erfolg allein ist nicht genug. Es geht um Erfolg in dem, was Gott für uns vorbereitet hat.

Ehrlichkeit allein ist nicht genug, denn wir können im Leben ehrlich voll daneben liegen.

Treue allein ist nicht genug, denn wir können dem falschen Glauben treu sein.

Hingabe allein ist nicht genug, denn wir können uns der falschen Sache hingeben.

Sind wir erfolgreich in dem, was der Herr nie für uns vorgesehen hat, sind wir letztlich Versager. Wenn ein Kind von der Schule kommt und, statt seine Hausaufgaben zu machen, den Boden zu putzen beginnt, und zwar mit ganzer Hingabe, war diese Hingabe doch daneben, denn es war nicht seine Aufgabe!

Lebst du in deiner von Gott gegebenen Bestimmung?

8. FEBRUAR

Freu dich am Herrn, und er wird dir geben, was dein Herz wünscht.

Psalm 37,4

Ein großer Baum liebt den Abendhimmel mit seinen vielen, vielen Sternen. Die Sterne funkeln wie kostbare Edelsteine. Aus diesem Grund wünscht sich der Baum, dass aus seinem Holz eine Schatzkiste gemacht wird, wenn er gefällt wird. In ihr soll der wertvollste Schatz dieser Welt liegen.

Doch leider wird aus dem Baum keine Schatzkiste, sondern eine Futterkrippe. In einem einsamen Stall steht sie; Esel und Ochse fressen aus ihr. Doch eines Nachts legen Maria und Josef den neugeborenen Jesus in die Krippe. Sie sagen zu ihrem Kind: »Jesus, du bist unser größter Schatz. Du bist unser Augenstern und wir lieben dich von ganzem Herzen.«

Auf diese Weise ist der Traum dieses Baumes doch noch in Erfüllung gegangen. Denn der wertvollste Schatz der ganzen Welt liegt in der Futterkrippe. Es ist Gottes Sohn, der kleine Jesus!

Was ist dein größter Traum?

9. FEBRUAR

Mein Wunsch ist es, Christus zu erkennen und die mächtige Kraft, die ihn von den Toten auferweckte, am eigenen Leib zu erfahren. Ich möchte lernen, was es heißt, mit ihm zu leiden, indem ich an seinem Tod teilhabe.

Philipper 3,10

Ein anderer wunderschöner Baum hat auch einen Herzenstraum. Er liebt die Sonne mit ihren hellen, warmen Strahlen und streckt ihr seine Zweige weit entgegen. Das möchte er sein Leben lang tun und deshalb wünscht er sich, dass aus ihm der größte Baum der Welt wird. Wenn die Menschen ihn anschauen, werden sie staunen. Sie schauen an seinem Stamm hinauf bis in den Himmel. Dann werden sie die Sonne sehen und an Gott denken, der die ganze Welt liebt.

Doch eines Tages wird der Baum umgehauen; aus seinem Holz werden schwere Balken gesägt. An einem Freitagmorgen werden sie dann gebraucht. Menschen kommen und zimmern daraus ein Kreuz.

Jesus, der Sohn Gottes, trägt es. Er wird daran geschlagen und stirbt. Aber am Ostermorgen steht er von den Toten auf.

Was wie das Ende des Traumes aussieht, ist seine Erfüllung. Der Baum wird zwar nicht zum größten Baum der Welt, aber aus seinem Holz wird das größte Zeichen der Welt: das Kreuz. Es erinnert uns an Jesus und zeigt uns, wie sehr Gott uns liebt.

Könnte sich auch dein Traum ganz anders erfüllen, als du denkst?

10. FEBRUAR

Denn im Reich Gottes ist nicht entscheidend, was man isst oder trinkt, sondern dass man ein Leben führt in Gerechtigkeit und Frieden und in der Freude im Heiligen Geist. Wenn du Christus so dienst, wirst du Gott Freude machen und die Anerkennung der Menschen gewinnen.

Römer 14,17-18

Es gibt eine wunderbare Verheißung für die, die im richtigen Verhältnis mit Gott leben: Sie werden auch von den Menschen anerkannt werden.

Es sollte immer unser Hauptanliegen sein, Gott wohlgefällig zu leben, nicht in der Furcht vor Menschen. Denn das, was wir fürchten, dem dienen wir. Die Gottesfurcht (Ehrfurcht vor Gott) ist der Anfang aller Weisheit.

Wenn wir so leben, dass Gott Freude daran hat, werden uns die Menschen nicht immer lieben, aber sie werden uns respektieren. Sie werden in uns Qualitäten entdecken, die sie bewundern und für richtig halten, besonders, wenn wir die Liebe Gottes und seine Wahrheit durch uns »fließen« lassen.

Don Bosco, ein wahrer Mann Gottes, der im Mittelalter in Italien lebte und sich besonders um Straßenkinder kümmerte, sagte einmal: »Gutes tun, fröhlich sein und die Spatzen pfeifen lassen.« Diese Aussage hat mir schon oft in schwierigen Situation geholfen, nicht aufzugeben, weiter Gutes zu tun, meine Freude im Herrn zu suchen und mich nicht um die Meinungen der Menschen zu kümmern.

Wichtig ist, was Gott von uns denkt!

11. FEBRUAR

Ich danke dir, dass du mich so herrlich und ausgezeichnet gemacht hast!

Psalm 139,14a

Das sind die Worte Davids. Und zu seiner Zeit hat die Wissenschaft noch lange nicht so viel von der Herrlichkeit Gottes »verstanden«, wie es heute der Fall ist. Und doch stehen wir noch vor so vielen Rätseln!

Wenn wir nur das Wunderwerk des menschlichen Körpers betrachten, kommen wir aus dem Staunen nicht heraus. Jede Form des geschaffenen Lebens basiert auf Zellen, jeder menschliche Körper, jede Pflanze, jedes Tier. Jeder lebende Organismus setzt sich aus vielen Milliarden solcher unterschiedlicher Zellen zusammen, die verschiedene Aufgaben erfüllen, wachsen und letztendlich sterben.

Die Zellen, die für das natürliche Auge nicht mehr sichtbar sind, bestehen aus noch kleineren Bestandteilen, den Molekülen, und diese wiederum bestehen aus Elementen und darin sind noch kleinere Elemente, die Atome.

Ganz gleich, ob die Wissenschaft die kleinsten Teilchen der Schöpfung erforscht oder die Ausdehnung der Galaxien – wir kommen aus dem Staunen nicht heraus.

Kannst du wie David Gott loben, weil er dich und alles, was dich umgibt, so herrlich gemacht hat?

12. FEBRUAR

Und ich bete, dass Christus durch den Glauben immer mehr in euren Herzen wohnt und ihr in der Liebe Gottes fest verwurzelt und gegründet seid.

Epheser 3,17

Was ist der tiefste Sinn meines Lebens? Wofür lebe ich? Ich lebe für die Liebe. Liebe ist Gott und Gott ist Liebe. Ich lebe, um von ihm geliebt zu werden und ihn zu lieben, danach mich selbst und meinen Nächsten wie mich selbst – meinen Ehepartner, meine Kinder, meinen Vater, meine Mutter, meinen Bruder, meine Schwester, meine Verwandten, meine Nachbarn, meine Arbeitskollegen, die Geschwister in der Gemeinde, alle meine Mitmenschen.

Darin habe ich am meisten versagt, am meisten Mangel gehabt, zu wenig gegeben und ausgeteilt: in der Liebe! Dafür brauche ich die meiste Vergebung!

Die Liebe soll aufrichtig sein, ehrlich, herzlich. Gleicht unser Leben einem heranwachsenden Baum, dann soll der Boden, in dem wir wurzeln, die Liebe sein. Die Liebe ist geduldig, sie ist gütig; die Liebe prahlt nicht und verachtet andere nicht. Liebe verletzt nicht den Anstand und sucht nicht den eigenen Vorteil, sie vergibt und ist nicht nachtragend. Sie freut sich nicht über die Ungerechtigkeit, sondern freut sich, wenn die Wahrheit siegt. Liebe erträgt alles, sie vertraut, sie glaubt, sie verliert nie die Hoffnung und hält durch bis zum Ende. Die Liebe wird niemals vergehen (siehe 1. Korinther 13).

Strecke dich heute nach der Liebe aus!

13. FEBRUAR

Gott ist Liebe, und wer in der Liebe lebt, der lebt in Gott und Gott lebt in ihm.

1. Johannes 4,16b

Die Sonne wird irgendwann ihren Schein verlieren; das Erdöl wird zur Neige gehen; das mit Arbeit und Schweiß erbaute Haus wird alt und muss abgerissen werden; Dinge, die ich liebevoll sammelte und aufbewahrte, wird keiner mehr haben wollen; was ich mit Kunstfertigkeit und Geschick anfertigte, wird alt und kommt auf den Sperrmüll, auch die Möbel und Kleider.

Bleiben wird allein die Liebe. Jedes gute freundliche Wort, jedes Lächeln, alle Liebe und Zuwendung, die ich verschenkte, werden bleiben und Frucht bringen. Die Liebe ist wie ein Samenkorn, das im Herzen anderer aufgehen und wachsen kann, bis schließlich neue Samen der Liebe gesät werden. Ein wunderbarer Kreislauf! Die Liebe hat einen Dominoeffekt – ein Stein stößt den nächsten um, im positiven Sinn. Was ich säe, werde ich und werden auch andere nach mir ernten!

Willst du heute den ersten Dominostein umstoßen?

14. FEBRUAR

Alles an dir ist schön, meine Freundin, und kein Makel ist an dir.

Hoheslied 4,7 (ELB)

Als ich diese Schriftstelle zum ersten Mal las, musste ich vor Ergriffenheit weinen. Ich konnte mir nicht vorstellen, dass Gott mich je so sehen könnte. War ich wirklich wertvoll für ihn?

Nach und nach wurde mir jedoch bewusst, was es Gott gekostet hat, mich zu erlösen. Er war bereit, sein Bestes für mich zu opfern, seinen einzigen Sohn Jesus Christus. Das Blut seines Sohnes ist das Lösegeld für meine Schuld, und das ist ein einzigartiger Preis. Er hätte diesen Preis nie für einen »Niemand« bezahlt. Es zeigt mir, dass ich »Jemand« bin.

Vielleicht bewertest du dein Leben immer noch aufgrund deiner Vergangenheit, deiner Verfehlungen, deiner Irrwege und siehst dich als unwürdig. Und du glaubst, du kannst die wunderbaren Verheißungen und Segnungen Gottes niemals in Anspruch nehmen. Aber denke daran, Jesus Christus starb einzig und alleine, um Sünder zu retten. Gottes Vergebung kommt nur jenen zu, die erkennen, dass sie sie brauchen. Seine Erlösung gilt nur den Verlorenen.

Wenn du über den Preis nachdenkst, den Gott für dich bezahlt hat, dann kannst du von Herzen und mit voller Überzeugung sagen: »Ich muss für Gott wichtig und wertvoll sein!«

15. FEBRUAR

Habe deine Lust am HERRN; der wird dir geben, was dein Herz wünscht.

Psalm 37,4 (LUT)

Als ich diese Worte Gottes zum ersten Mal las, kamen mir viele Fragen und verschiedene Gedanken: Kann man an Gott Lust haben? Ziehen wir ihn da nicht auf unsere Ebene herab? Passt das Wort »Lust« überhaupt mit seiner Größe und Heiligkeit zusammen?

Bis dahin hatte ich immer nur Angst vor Gott gehabt und war auf sicherer Distanz geblieben. Ich war der Meinung, dass er wegnehmen wolle, ein Spaßverderber wäre. Es ging ihm nur um Heiligung und Buße, das war so langweilig. Alles, was mir bisher im Leben Lust verschafft hatte, sollte ich jetzt nicht mehr tun. Ich fragte mich: Wenn ich meine Lust am Herrn habe, verliere ich dann nicht meine Identität?

Kennst du solche Gedanken? Es sind alles Lügen des Feindes. Das Wort Gottes redet von einem Gott, der da ist, der lebendig ist, der erfahrbar ist. Gott ist ein Gott zum Verlieben.

Willst du diesen Gott, der gnädig, gütig, geduldig, langmütig, sanftmütig, stark und voller Erbarmen und Liebe ist, persönlich kennenlernen? Dann bitte ihn darum, sich dir neu zu offenbaren. Am besten gleich jetzt.

16. FEBRUAR

Gott, du bist mein Gott; dich suche ich von ganzem Herzen. Meine Seele dürstet nach dir, mein ganzer Leib sehnt sich nach dir in diesem dürren, trockenen Land, in dem es kein Wasser gibt.

Psalm 63,2

Bei »Lust« wird auch die Seele stark in Schwingung gebracht. Die Lust am Herrn ist ein ganzheitliches Angebot. Wer sie einmal erfahren hat, wird fortan nur noch nach Gott schreien, weil er weiß, dass ihn die Angebote der Welt nicht mehr sättigen können.

Viele sagen sich, Gott ist unsichtbar, wie kann er uns da etwas geben. Ja, das stimmt, aber er ist nicht abwesend und hat viele Wege, uns zu erreichen. Wir erfahren ihn in seinem Frieden, in der Freude, die er gibt, und in der Wahrnehmung seiner wohltuenden Gegenwart.

In der Beziehung zu Gott spielt die Wahrheit eine noch größere Rolle als in der Beziehung mit Menschen. Wir brauchen echte Wahrhaftigkeit unsererseits, um Gottes Reden und seinen Charakter wahrzunehmen. Wir brauchen Zeit, die wir bewusst mit dem Herrn verbringen.

Die »Lust« am Herrn kommt nicht einfach über uns, sondern entwickelt sich dann, wenn wir viel Zeit mit ihm verbringen, ganz ehrlich werden und ihn in alle Lebensbereiche einbeziehen.

17. FEBRUAR

Ich bete, dass mein Herz hell erleuchtet werde, damit ich die wunderbare Zukunft, zu der er mich berufen hat, begreife und erkenne, welch reiches und herrliches Erbe er den Gläubigen geschenkt hat. Ich bete, dass ich erkennen kann, wie übermächtig groß seine Kraft ist, mit der er in uns, die wir an ihn glauben, wirkt.

Nach Epheser 1,18-19a

Mach diese Worte zu deinem täglichen Gebet und du wirst sehen, wie sich deine Wahrnehmung seiner Liebe und Hingabe und Treue und Verbindlichkeit für dich verändern wird. Denn wer Gott nicht nur im Verstand, sondern im Herzen erkennt, muss sich in ihn verlieben.

Wenn im Wort Gottes von unserer Beziehung zum Herrn die Rede ist, finden wir häufig Wörter wie Lust, Wonne, Freude, Verlangen, Durst, Begierde, Hunger! Lust ist eine gesteigerte Form von Freude und Befriedigung, es spricht von der Beziehung zweier Verliebter! Das hat nichts zu tun mit einem »Schwarmgeist«, sondern mit einer intensiven, ganzheitlichen Liebesbeziehung.

Erst wenn wir die Liebe Gottes erkennen, die er für uns hat, und ihr wirklich trauen, können wir mit ganzem Herzen darauf reagieren.

18. FEBRUAR

Wie mit köstlichen Speisen, so machst du mich glücklich, dich will ich loben und preisen.

Psalm 63,6

»Anbeten« hat laut Wörterbuch folgende verwandte Begriffe: innig lieben, verehren, tief bewundern, schwärmen für, hochschätzen, huldigen, groß machen, respektieren, Referenz erweisen, ehren, achten. Es kann sogar heißen »vernarrt in jemanden sein, sich niederwerfen«. Das griechische Wort, »proskuneo« bedeutet wörtlich »küssen, wie ein Hund die Hand seines Herrn leckt«.

Gott sehnt sich danach, dass du und ich diese seine Liebe erfahren, sie fühlen und hören! Sie ist die Basis für alles im (Glaubens-)Leben. Es gibt zwei Ebenen der Anbetung Gottes:

1. Wir beten an, weil er anbetungswürdig ist; dabei spielt es keine Rolle, in welcher Gemütsverfassung wir uns gerade befinden. Es ist ein Gehorsamsakt, den Gott segnet und durch den wir Frieden und Freude finden.

2. Wir beten an, weil wir von ihm begeistert sind, weil unser Herz vor Freude überquillt und wir überwältigt und überrascht sind von seinem Wirken und seiner Gnade.

Schreib doch einen Liebesbrief an deinen himmlischen Vater und spare nicht mit Superlativen! Es wird dein Herz zum Schwingen bringen!

19. FEBRUAR

Ich halte mich nah zu dir, denn deine rechte Hand hält mich sicher.

Psalm 63,9

Wer in der Lust des Herrn lebt, der:

- ist völlig auf ihn bezogen.
- denkt in allem zuerst: Was sagt Jesus dazu? Wie würde sich Jesus in der Situation verhalten, in der ich gerade bin?
- kennt keine anderen Lüste.
- ist absolut treu.
- ist ein »Lüstling Gottes!«
- lebt unter der Gnade, der unverdienten Liebe Gottes.
- fließt im Strom seiner Liebe.
- ist in seinen Gedanken, Gefühlen und seinem Willen voll von Gott.

Wer hat, dem soll gegeben werden! Wer viel hat, das Beste und Schönste und Befriedigendste – Gott selbst –, dem soll noch mehr gegeben werden. Was wollen wir da noch mehr? Das ist nicht übergeistlich, sondern es sollte die ganz normale, alltägliche Erfahrung für ein Kind Gottes sein. Lass dich ergreifen von seiner Liebe!

20. FEBRUAR

Was verursacht die Kriege und Streitigkeiten unter euch? Sind es nicht die vielen Begierden, die in euch kämpfen? Ihr begehrt und habt nichts; ihr schmiedet Pläne und tötet und bekommt nichts. Ihr seid neidisch auf das, was andere haben, und könnt es nicht bekommen; also kämpft und streitet ihr, um es ihnen wegzunehmen. Doch euch fehlt das, was ihr so gerne wollt, weil ihr Gott nicht darum bittet. Und selbst wenn ihr darum bittet, bekommt ihr es nicht, weil ihr aus falschen Gründen bittet und nur euer Vergnügen sucht.

Jakobus 4,1-3

Wir können von negativer, zerstörerischer »Lust« dominiert werden. Wenn wir uns in der Welt umsehen, die Zeitungen lesen, die Fernsehberichte hören, dann wird uns diese falsche »Besetzung«, unter der die meisten Menschen leiden, stark bewusst.

Können wir auch uns selbst in diesen Worten des Jakobus entdecken? Wenn ja, dann bring die Sünde vor den Herrn. Sünde ist für Gott kein Problem. Er hat schon dafür bezahlt. Nur wenn wir sie nicht loslassen, bekennen, ans Licht bringen, dann wird es ein Problem, denn dann tragen wir selbst die Konsequenzen unseres Fehlverhaltens. Sünde bedeutet, dass wir das Ziel verfehlen. Wollen wir das?

Werde ehrlich vor Gott. Er wartet mit offenen Armen auf dich, um dir alle »Zielverfehlungen« abzunehmen und dich zu einem »Volltreffer« im Reich Gottes zu machen, der in voller Versöhnung mit Gott, sich selbst und allen Mitmenschen lebt.

Warum betest du jetzt nicht gleich? »Herr, zeig mir bitte, wo in meinem Herzen noch schlechte Wege sind, damit ich sie dir übergeben und in das Licht deiner Liebe und deines Friedens durchbrechen kann.«

21. FEBRUAR

Segne mich doch und erweitere mein Gebiet! Sei bei mir in allem, was ich tue, und bewahre mich vor allem Kummer und Schmerz!

1. Chronik 4,10

Bist du bereit, dich auf Veränderung in deinem Leben einzulassen – in deiner Familie, in deiner Ehe, in deinem Wirkungsbereich?

Bete wie Jabez: »Herr, erweitere mein Gebiet (der Liebe, des Glaubens, des Vertrauens, der Autorität, der Fruchtbarkeit, der Freundschaften, der Geduld, der Kraft, der Gesundheit an Geist, Seele und Körper, deiner Vision für mich, der Freude, meines Gebetslebens, des Gehorsams etc.)!« Wie immer unsere Situation auch aussehen mag, wir können es machen wie Jabez. Er änderte seine Herzenshaltung, indem er zum Gott Israels betete, ihn anrief. Auch du kannst das tun. In Jeremia 33,3 gibt Gott uns die Verheißung: »Ruf mich, dann will ich dir antworten und will dir gewaltige und unglaubliche Dinge zeigen, von denen du noch nie gehört hast.«

Lass dir vom Heiligen Geist zeigen, welches Gebiet in deinem Leben Erweiterung braucht und bitte dann Gott darum. »Sei bei mir in allem, was ich tue.«

Je mehr der Herr unser Gebiet erweitert, umso mehr brauchen wir seine Gnade, seine Versorgung, seine Liebe, seine Vollmacht, seine Kraft, seine Weisheit etc. Der Mensch, dessen Herz Gott sucht, erfährt, dass Gott nötig zu haben nichts ist, dessen man sich schämen müsste. Es ist kein Mangel, sondern die richtige Ausgangsbasis für alles und befreit von vielen unnötigen Bedürfnissen.

Du wirst staunen, wie der Herr sein Reich und seine Herrlichkeit in dir, durch dich und um dich herum ausbreiten wird.

22. FEBRUAR

Wirklich gut handelt ihr, wenn ihr dem königlichen Gebot unseres Herrn gehorcht, wie es in der Schrift steht: »Liebe deinen Nächsten wie dich selbst.«

Jakobus 2,8

Viele Menschen verstehen dieses Wort falsch und interpretieren es so: »Liebe deinen Nächsten statt dich selbst!« Das war jahrelang mein Problem. Ich wollte andere lieben, habe mich aber selbst nicht geliebt. Und gleichzeitig habe ich von anderen erwartet, dass sie mir diese Liebe geben und mich glücklich machen. Doch so ein Leben steht auf einem sehr wackeligen Fundament.

Später hat eine Frau mit einem sehr geringen Selbstwertgefühl einmal zu mir gesagt: »Maria, ich liebe dich!«, und meine umgehende Antwort lautete: »Bitte nicht!«

Sehr überrascht fragte sie mich, warum ich darauf so ablehnend reagierte, und ich erwiderte: »Wenn du mich so liebst, wie du dich selbst liebst, dann geht es mir schlecht!«

Das war ein Schock für sie, aber gleichzeitig eine sehr heilsame Erkenntnis.

Liebst du dich selbst? Nimmst du dich an, so wie Jesus Christus dich annimmt? Hast du dir und anderen vergeben, so wie Jesus dir bereits vergeben hat?

Im Hohelied der Liebe 4,7 steht: *»Alles an dir ist schön, meine Freundin, und kein Makel ist an dir«* (ELB).

Diese Schriftstelle gilt auch für dich! Lass diese Worte in dein Herz sinken und mische diese Wahrheit mit ganz viel Glauben in deinem Herzen. Gott kann nicht lügen!

23. FEBRUAR

Ich gebiete euch, einander genauso zu lieben, wie ich euch liebe. Die größte Liebe beweist der, der sein Leben für die Freunde hingibt. Ihr seid meine Freunde, wenn ihr tut, was ich euch auftrage.

Johannes 15,12-14

Wahre Liebe ist nicht von Gefühlen abhängig! Liebe ist nicht in erster Linie ein Gefühl, aber sie kann starke Gefühle bewirken. Liebe ist vor allem eine Entscheidung. Wäre es nicht so, würde uns Gott in seinem Wort keine so klaren Anweisungen geben wie: »Liebe Gott, deinen Herrn, von ganzem Herzen …« (Markus 12,30), oder: »Liebe deinen Nächsten wie dich selbst« (Matthäus 19,19).

Solche Gebote setzen voraus, dass es an uns liegt – an unserer Entscheidung –, sie zu befolgen. Gefühle kann man nämlich nicht mit einem Gebot verordnen.

Liebe ist also immer eine Entscheidung, und sie zeigt sich in unserem Tun. Dabei beweist sie sich gerade dann, wenn es Probleme gibt. Lieben bedeutet, einer Person das zu geben, was sie braucht, und nicht das, was sie verdient hat. So lebt es uns Gott in jedem Fall vor. Er gibt uns, was wir wirklich brauchen, und das nennt die Bibel Gnade – unverdiente Liebe, Liebe ohne Grund.

Kannst du diese unverdiente Liebe von deinem himmlischen Vater auch in deinem Leben erkennen und ihm dafür von ganzem Herzen danken?

24. FEBRUAR

Aber es reicht nicht, nur auf die Botschaft zu hören – ihr müsst auch danach handeln! Sonst betrügt ihr euch nur selbst.

Jakobus 1,22

Wie oft kommt uns der Gedanke, dass wir jemanden anrufen sollen, um ihn zu ermutigen, oder jemanden besuchen, der krank im Bett liegt, oder einen Brief schreiben, der schon lange überfällig ist. Meist bleibt es jedoch bei den guten Vorsätzen. Wir laufen dann Gefahr, uns etwas vorzumachen.

Wir alle müssen uns die Frage stellen, für wen wir unser Leben leben wollen. Für uns selbst oder für Gott und unsere Mitmenschen?

Wenn wir uns im Herzen dazu entscheiden, unser Leben für Gott und andere Menschen zu leben, dann hat er uns verheißen, dass er uns das Wollen und das Gelingen schenken wird (Philipper 2,13). Gott liebt es geradezu, Menschen für das Wichtigste zu befähigen, das es im Leben gibt: für die Liebe, die die Kraft zur Tat findet.

25. FEBRUAR

Prüft, was dem Herrn wohlgefällig ist.

Epheser 5,10 (LUT)

Meine Familie und ich haben uns für dieses Jahr bewusst vorgenommen, jeden Tag etwas überraschend Liebes und Gutes für jemanden zu tun, außerdem etwas, was uns selbst Freude bereitet, und schließlich noch etwas, von dem wir wissen, dass wir es tun sollten, auch wenn wir keine Lust dazu haben. Wir sind überrascht, wie gut es bisher gelaufen ist und wie glücklich wir abends auf den vergangenen Tag zurückblicken können. Wir danken dann Gott für die Liebe, die geflossen ist.

Versuch es doch auch!

26. FEBRUAR

Da wir von so vielen Zeugen umgeben sind, die ein Leben durch den Glauben geführt haben, wollen wir jede Last ablegen, die uns behindert, besonders die Sünde, in die wir uns so leicht verstricken. Wir wollen den Wettlauf bis zum Ende durchhalten, für den wir bestimmt sind. Dies tun wir, indem wir unsere Augen auf Jesus gerichtet halten, von dem unser Glaube vom Anfang bis zum Ende abhängt. Er war bereit, den Tod der Schande am Kreuz zu sterben, weil er wusste, welche Freude ihn danach erwartete. Nun sitzt er an der rechten Seite von Gottes Thron im Himmel!

Hebräer 12,1-2

Wir sind umgeben von vielen Zeugen: den Heiligen, die uns vorausgegangen sind und die den Siegeskranz schon errungen haben. Ein Leben mit Jesus bedeutet nicht, dass wir ohne Schwierigkeiten, ohne Versuchungen, ohne Versagen durchs Leben gehen, aber es bedeutet, dass wir unsere Augen auf Jesus Christus heften dürfen, den Anfänger und Vollender unseres Glaubens, und dass wir wieder aufstehen können, wenn wir gefallen sind. Die Heiligen vor uns ermutigen uns durch ihr Vorbild dazu, weiterzumachen und nicht aufzugeben.

Ein Leben mit Jesus ist kein 100 Meter-Sprint, sondern ein Marathon, und deshalb sind diese Ermutigungen wichtig. Auch läuft kein Marathonläufer mit Rucksack und Koffer oder mit Stöckelschuhen, langem Rock und Hut. Er entledigt sich allem, was die Geschwindigkeit oder Energie bremsen könnte, und läuft ohne Proviant, weil er weiß, dass er auf dem Weg versorgt wird.

So sollen auch wir alles ablegen, was uns hindert, den Weg mit Jesus zu gehen.

Bitte den Herrn, dass er dir zeigt, was du noch ablegen oder loslassen solltest, damit dein Lauf leichter wird!

27. FEBRUAR

Doch ich danke Gott, der uns, die wir zu Christus gehören, immer in seinem Triumphzug mitführt. Wo immer wir jetzt auch hinkommen, setzt er uns ein, um anderen vom Herrn zu erzählen und die gute Botschaft zu verbreiten wie einen wohlriechenden Duft.

2. Korinther 2,14

Ich glaube, unser größtes Problem ist, dass wir unsere Situationen mit unseren irdischen Augen, mit unseren Erfahrungswerten betrachten und nicht mit den Augen Gottes – wie er uns sieht und wer er in uns ist.

Ich rate dir, deine Probleme und Nöte zuerst vor den Vater im Himmel zu bringen. Und dann sage deinen Problemen, wie groß dein Gott ist. Du wirst sehen, wie die Nöte und Probleme zu schrumpfen beginnen.

Nie wieder werde ich die Herrschaft Satans oder Niederlage über meinem Leben aussprechen, denn Gott lässt mich in Jesus Christus triumphieren. Der, der in dir und mir wohnt, ist größer als der, der in der Welt ist.

28. FEBRUAR

Deshalb orientiert euch nicht am Verhalten und an den Gewohnheiten dieser Welt, sondern lasst euch von Gott durch Veränderung eurer Denkweise in neue Menschen verwandeln. Dann werdet ihr wissen, was Gott von euch will: Es ist das, was gut ist und ihn freut und seinem Willen vollkommen entspricht.

Römer 12,2

Ein alter und weiser Indianerhäuptling sitzt eines Abends mit einem seiner Enkelsöhne am Lagerfeuer beisammen und erzählt ihm von seinen Erfahrungen:

»Im Leben eines jeden Menschen gibt es zwei innere Wölfe, die ständig miteinander ringen und kämpfen. Der eine Wolf ist böse. Er arbeitet mit Trennung, Angst, Schuld, Verleugnung, Unterdrückung, Zwietracht, Eifersucht, Neid, Gier, Habsucht, Überheblichkeit, Feindschaft und Hass.

Der andere Wolf ist gut. Er nutzt Verbindung, Vertrauen, Offenheit, Liebe, Wohlwollen, Güte, Verständnis, Mitgefühl, Freundschaft, Friede, Rücksicht, Gelassenheit, Wahrhaftigkeit, Hoffnung und Freude.«

Der Enkel schaut nachdenklich in die züngelnden Flammen des auflodernden Feuers. Nach einer langen Weile fragt er seinen Großvater:

»Und welcher der beiden Wölfe wird gewinnen?«

»Letztendlich wird der gewinnen, den du am häufigsten fütterst!«

Entscheide dich jeden Tag neu dafür, den richtigen Wolf zu füttern.

MÄRZ

1. MÄRZ

Das bedeutet aber, wer mit Christus lebt, wird ein neuer Mensch. Er ist nicht mehr derselbe, denn sein altes Leben ist vorbei. Ein neues Leben hat begonnen!

2. Korinther 5,17

Das Blut Jesu wäscht uns rein von aller Sünde und reinigt und erneuert uns durch und durch. Nichts anderes kann unser Leben so verändern. Wenn du einmal begriffen hast, wie kostbar das Blut Jesu Christi für dein Leben ist, wirst du nie mehr derselbe Mensch sein. Das Blut Jesu wird in dir Sieg, Vollmacht und Freiheit von Sünde, Schuld und Schande freisetzen. Du wirst beginnen, die Liebe und Vergebung des Vaters zu erkennen wie noch nie zuvor.

Meditiere die Bibelstellen der nächsten Tage und mische sie mit tiefem Glauben in deinem Herzen. Du wirst echte Veränderung in deinem Leben erfahren! Ich lade dich ein, folgendes Gebet zu sprechen: »Herr Jesus Christus, ich bitte dich, öffne die Augen und Ohren meines Herzens, damit ich voll und ganz erkenne, was du mir alles so teuer erkauft hast mit deinem Blut.«

2. MÄRZ

Da fingen die Leute an zu streiten. »Wie kann dieser Mann uns sein Fleisch zu essen geben?«, fragten sie. Deshalb sagte Jesus noch einmal: »Ich sage euch: Wenn ihr das Fleisch des Menschensohnes nicht esst und sein Blut nicht trinkt, könnt ihr das ewige Leben nicht in euch haben. Wer aber mein Fleisch isst und mein Blut trinkt, hat das ewige Leben, und ich werde ihn am letzten Tag auferwecken. Denn mein Fleisch ist die wahre Nahrung und mein Blut der wahre Trank. Wer mein Fleisch isst und mein Blut trinkt, bleibt in mir und ich in ihm. Ich lebe durch die Macht des lebendigen Vaters, der mich gesandt hat, und ebenso werden alle, die an mir teilhaben, durch mich leben. Dies ist das Brot, das vom Himmel herabkommt. Wer dieses Brot isst, wird ewig leben und nicht sterben wie eure Vorfahren, die das Manna aßen.«

Johannes 6,52-58

Diese Worte Gottes sind so klar, dass ich nichts hinzufügen muss. Denke über sie nach, und dann lade ich dich ein zu beten: »Geliebter Vater, ich danke dir, dass durch den Tod deines Sohnes der Tod nicht mehr über mich herrschen kann. Ich werde in Ewigkeit mit dir leben, weil Jesus mich mit seinem teuren Blut erkauft hat. Danke.«

3. MÄRZ

Während sie aßen, nahm Jesus einen Laib Brot, dankte und bat Gott um seinen Segen. Dann brach er ihn in Stücke und gab sie den Jüngern mit den Worten: »Nehmt und esst, denn das ist mein Leib.« Und dann nahm er einen Becher mit Wein und dankte Gott dafür. Er gab ihn seinen Jüngern und sagte: »Jeder von euch soll davon trinken, denn das ist mein Blut, das den Bund zwischen Gott und den Menschen besiegelt. Es wird vergossen, um die Sünden vieler Menschen zu vergeben.«

Matthäus 26,26-28

In diesen Versen geht es um das letzte Abendmahl, oder auch Herrenmahl, wie es manche nennen. Welch eine Verheißung gibt uns der Herr mit diesen Worten! Nehmen wir das Abendmahl bewusst als den Leib und das Blut Jesu ein? Oder sind es nur Symbole für uns? Ich weiß, dass es ganz unterschiedliche Auffassungen vom Abendmahl gibt; ich persönlich kann in diesen Worten Jesu nichts Symbolhaftes finden. Für mich sind sie unmissverständlich.

Warum betest du nicht? »Geliebter Vater, ich bin so dankbar, dass du mir alle meine Sünden aufgrund des vergossenen Blutes Jesu Christi vergibst. Ich bin frei von Schuld, Schande und Verdammnis. Von Herzen danke ich dir für diese Herzensgewissheit. Zeig mir immer mehr, was das Abendmahl wirklich bedeutet.«

4. MÄRZ

Das Blut soll ein Zeichen sein an den Häusern, in denen ihr seid: Wenn ich das Blut sehe, werde ich an euch vorübergehen und euch verschonen. Diese Todesplage wird euch nicht treffen, wenn ich Ägypten strafe.

2. Mose 12,13

Wir wissen aus dem Alten Testament, dass das Volk Israel vor dem Auszug aus Ägypten von Gott den Auftrag bekam, ein männliches, einjähriges Lamm ohne Fehler für die Großfamilie zu schlachten und sein Blut an die Türpfosten und die Oberschwelle zu streichen (das ergibt ein Kreuz!). In der Nacht wurden die Erstgeborenen der Ägypter getötet, aber kein Haus der Kinder Israels, auf denen das Blut an den Torpfosten zu sehen war, hat Schaden erlitten.

Eine Freundin von mir aus den USA hat ihren sechzehnjährigen Sohn, der schon mit dem Auto zur Schule fuhr, jeden Tag unter den Schutz des Blutes Jesu gestellt. Er hatte einen schweren Unfall, das Auto überschlug sich nicht nur einmal. Als das Auto, das auf dem Dach lag, geborgen wurde, war die Erde darunter mit Blut getränkt. Die Rettungsmannschaft war sich sicher, dass sie nur noch einen Toten finden würden. Doch der Sohn meiner Freundin kam ohne jeden Schaden davon. Die Mutter jubelte und pries den Herrn, dass Jesus ihren Sohn beschützt hatte.

»Geliebter Vater, ich stelle mich und alle meine Lieben unter den Schutz des Blutes Jesu und ich danke dir, dass sich uns nichts nähern darf, was uns verletzen oder Schaden zufügen kann.«

5. MÄRZ

Christus ist das Haupt der Gemeinde, und die Gemeinde ist sein Leib. Er ist der Anfang und als Erster von den Toten auferstanden, damit er in allem der Erste ist. Denn Gott wollte in seiner ganzen Fülle in Christus wohnen. Durch ihn hat er alles mit sich selbst versöhnt. Durch sein Blut am Kreuz schloss er Frieden mit allem, was im Himmel und auf der Erde ist.

Kolosser 1,18-20

Jesus Christus hat uns durch seinen stellvertretenden Tod mit dem Vater versöhnt, aber auch mit uns selbst und unseren Mitmenschen. Sein Blut schenkt uns Frieden. Nicht umsonst haben die Engel in Bethlehem schon bei seiner Geburt gesungen: *»Friede auf Erden für alle Menschen, an denen Gott Wohlgefallen hat«* (Lukas 2,14).

Welch eine Gnade, im Frieden, den die Welt nicht geben und nicht nehmen kann, mit Gott, mit sich selbst und mit den Mitmenschen zu leben!

Ich lade dich ein, folgendes Gebet zu sprechen: »Geliebter Vater, ich danke dir, dass ich durch das Blut Jesu Christi und seinen stellvertretenden Tod am Kreuz Frieden in meinem Herzen und in meinem Denken habe, der menschliches Verstehen übersteigt. Ich bekenne, dass das Blut Jesu mich reinigt von jedem Unfrieden, von jeder Unruhe und mich heilt, frei macht und zutiefst versöhnt, auf allen Ebenen meines Lebens.«

6. MÄRZ

Da Gottes Kinder Menschen aus Fleisch und Blut sind, wurde auch Jesus als Mensch geboren. Denn nur so konnte er durch seinen Tod die Macht des Teufels brechen, der Macht über den Tod hatte. Nur so konnte er die befreien, die ihr Leben lang Sklaven ihrer Angst vor dem Tod waren.

Hebräer 2,14-15

Viele Menschen werden von Todesangst geplagt und können deshalb kaum leben. Jesus Christus hat dem Teufel die Schlüssel des Todes abgenommen. Wenn Christen an das Ende ihres Lebens kommen, dann sterben sie eigentlich nicht (sie sehen den Tod nicht, denn Satan ist der Tod), sie wechseln nur ihr Zuhause.

Ich durfte das beim Heimgehen meines Mannes Herbert erkennen. Er wurde von Jesus selbst in seine ewige Heimat abgeholt; zurück blieb nur eine leere Hülle, die wieder zur Erde wurde, von der sie gemacht war. Wer an Jesus Christus glaubt, wird leben, auch wenn er stirbt.

»Geliebter Vater, ich danke dir, dass durch das Blut Jesu der Teufel keine Macht mehr über mich hat. Ich entscheide mich, in der Vollmacht und Autorität zu wandeln, die mir durch das vergossene Blut Jesu zustehen, und will dem Feind in meinem Leben keinen Raum mehr geben.«

7. MÄRZ

So ist Christus nun der Hohe Priester für all das Gute geworden, das gekommen ist. Er hat das große, vollkommene Heiligtum im Himmel betreten, das nicht von Menschen erbaut wurde und nicht Teil dieser Schöpfung ist. Ein einziges Mal brachte er Blut in jenes Allerheiligste, aber nicht das Blut von Böcken und Kälbern, sondern sein eigenes Blut, durch das er uns die Rettung brachte, die für alle Zeiten gilt. Früher konnte die Besprengung mit dem Blut von Böcken und Stieren oder mit der Asche einer jungen Kuh den Körper des Menschen von ritueller Unreinheit reinigen. Wie viel mehr kann dann das Blut des Christus bewirken, denn durch die Kraft von Gottes ewigem Geist brachte Christus sich selbst Gott als vollkommenes Opfer für unsere Sünden dar. Er befreit unser Gewissen, indem er uns freispricht von unseren Taten, für die wir den Tod verdienen. Nun können wir dem lebendigen Gott dienen.

Hebräer 9,11-14

Wenn man einmal überlegt, wie viele Tiere während der Zeit des Alten Testaments geopfert wurden, wie viel Blut da durch die Jahrhunderte geflossen ist – ein wahrer Strom. Gott musste dem Menschen vor Augen führen, dass der Sünde Sold der Tod ist und dass Sünde nur durch Blut bezahlt werden kann. Bereits im Paradies musste er zwei Lämmer schlachten, um die Nacktheit von Adam und Eva zu bedecken. Ihr eigener Versuch, sich mit Feigenblättern zu bedecken, schlug völlig fehl. Wie dankbar dürfen wir für Jesu Blut sein, das uns von aller Schuld reinwäscht!

»Geliebter Vater, ich danke dir, dass das Blut Jesu mein Gewissen von toten Werken reinigt, damit ich dir, dem lebendigen Gott, mit einem reinen Herzen dienen kann. Ich will das Leben leben, das du für mich geplant und vorgesehen hast.«

8. MÄRZ

»Dies ist der neue Bund, den ich an jenem Tag mit dem Volk Israel schließen werde«, spricht der Herr: »Ich werde ihr Denken mit meinem Gesetz füllen, und ich werde es in ihr Herz schreiben.« Und er fügt hinzu: »Und ich werde nie wieder an ihr Unrecht und ihre Sünden denken.« Wenn Sünden vergeben worden sind, ist es nicht mehr notwendig, Opfer zu bringen. Deshalb, liebe Freunde, können wir jetzt zuversichtlich in das Allerheiligste des Himmels hineingehen, denn das Blut von Jesus hat uns den Weg geöffnet. Das ist der neue, lebendige Weg durch den Vorhang, den Christus durch seinen Tod für uns eröffnet hat. Da wir also einen großen Hohen Priester haben, der über das Volk Gottes eingesetzt ist, wollen wir mit aufrichtigem Herzen in die Gegenwart Gottes treten und ihm ganz und gar vertrauen.

Hebräer 10,16-22a

Wenn der Hohepriester im Alten Testament das Allerheiligste betrat, dann hatte er Glöckchen an seinem Leinengewand; sein Bein war mit einem Seil versehen, denn es war sehr gefährlich, in die Gegenwart Gottes zu treten. Wenn die Priester die Glöckchen nicht mehr hörten, wussten sie, dass der Hohepriester Gericht erlebt hatte und konnten ihn am Bein wieder herausziehen – tot.

Wie gesegnet sind wir, dass wir durch das Blut Jesu zuversichtlich und ohne Angst in die Gegenwart Gottes kommen dürfen!

»Geliebter Vater, ich danke dir für die Zuversicht, die ich durch das Blut Jesu bekommen habe. Ich entscheide mich, in der

Kühnheit eines Löwen die Botschaft Jesu zu verkündigen und voller Vertrauen in das Blut Jesu ein freimütiger Verkündiger des Reiches Gottes zu sein.«

9. MÄRZ

Er wurde verachtet und von den Menschen abgelehnt – ein Mann der Schmerzen, mit Krankheit vertraut, jemand, vor dem man sein Gesicht verbirgt. Er war verachtet und bedeutete uns nichts. Dennoch: Er nahm unsere Krankheiten auf sich und trug unsere Schmerzen. Und wir dachten, er wäre von Gott geächtet, geschlagen und erniedrigt! Doch wegen unserer Vergehen wurde er durchbohrt, wegen unserer Übertretungen zerschlagen. Er wurde gestraft, damit wir Frieden haben. Durch seine Wunden wurden wir geheilt! Wir alle gingen in die Irre wie Schafe. Jeder ging seinen eigenen Weg. Doch ihn ließ der Herr die Schuld von uns allen treffen.

Jesaja 53,3-6

Jesus trug aus Liebe zu uns alle Schuld, alle Schmach, allen Schmerz, alle Verachtung, alle Verleumdung, alle Ablehnung und alle Verlassenheit. Er nahm alle unsere Krankheiten und alle unsere Schwächen und Niedergeschlagenheit auf sich, um uns durch und durch zu heilen, uns alle Lasten von Geist, Seele und Leib zu nehmen und uns dafür sein Auferstehungsleben zu schenken, das alles schon überwunden hat.

»Mein geliebter Vater, ich bin überwältigt von deiner Liebe zu mir. Durch das Blut Jesu leide ich nicht mehr unter der Last meiner Vergangenheit oder Gegenwart. Jesus hat allen Schmerz und alle Schmach für mich getragen und ich widerstehe der Versuchung, weiterhin in meinen Schmerzen zu verharren. Stattdessen kleide ich mich in Lob und Dank und werde dich in allen Situationen loben und preisen.«

10. MÄRZ

Sie haben ihn durch das Blut des Lammes besiegt und dadurch, dass sie an der Botschaft Gottes festhielten und bereit waren zu sterben.

Offenbarung 12,11

Wir müssen wissen, dass der Teufel sehr wütend ist, weil er alles, was er im Paradies geglaubt hat, gewonnen zu haben, durch den stellvertretenden Tod des zweiten Adams, Jesus, wieder verloren hat. Jesus hat in vollkommener Einheit und vollkommenem Gehorsam gegenüber dem Vater alles zurückgekauft – mit seinem eigenen Blut. Deshalb möchte der Teufel nun möglichst viele davon abhalten, sich ganz und gar Jesus anzuvertrauen. Aber durch das Blut Jesu sind wir Überwinder. Wir können uns freimütig zu ihm bekennen, seinem Wort und seinen Verheißungen mehr vertrauen als unseren Erfahrungen, was es uns auch kosten mag.

»Geliebter Vater, ich danke dir, dass ich durch das Blut Jesu den Sieg in allen Situation in meinem Leben habe und alle Attacken des Feindes überwinden kann. Ich werde mich von negativen Umständen nicht besiegen lassen und bin gewiss, dass alles zum Besten in meinem Leben zusammenwirken wird.«

11. MÄRZ

Wer dagegen auf das Gesetz vertraut, um vor Gott gerecht zu werden, steht unter einem Fluch. In der Schrift heißt es: »Verflucht ist jeder, der nicht alle Gebote beachtet und befolgt, die im Buch des Gesetzes geschrieben stehen.« Deshalb ist klar, dass niemand je durch das Gesetz vor Gott gerecht gesprochen wird. Denn die Schrift sagt: »Durch den Glauben hat ein Gerechter Leben.« Dagegen sagt die Schrift über den Weg des Gesetzes: »Wenn du durch das Gesetz Leben finden willst, musst du alle Gebote des Gesetzes erfüllen.« Doch Christus hat uns vom Fluch des Gesetzes gerettet; am Kreuz nahm er den Fluch auf sich. Denn in der Schrift heißt es: »Verflucht ist jeder, der an einem Holz hängt.«

Galater 3,10-13

Hast du schon einmal versucht, die Zehn Gebote vollkommen zu halten? Ich habe es und bin schon beim ersten Gebot jämmerlich gescheitert. Jesus hat uns zwei Gebote gegeben, die alle anderen beinhalten, nämlich Gott von ganzem Herzen, ganzer Seele, ganzer Kraft zu lieben und den Nächsten wie uns selbst. Doch auch das kann kein Mensch hinkriegen. Deshalb braucht jeder von uns Jesus Christus und sein Blut, das uns von allen »Zielverfehlungen« reinwäscht und somit den Fluch von uns nimmt, der damit verbunden ist.

»Mein geliebter Vater, ich danke dir für das Blut Jesu Christi, das mich aus allen Situationen meines Lebens, wo ich mich schuldig gemacht habe, herausgekauft hat. Jesus hat allen Fluch meines Lebens auf sich genommen. Ich darf im Sieg wandeln, in enger Beziehung mit Gott und den Menschen, im Frieden Gottes und in seiner vollen Versorgung, denn du hast versprochen, dass du alle meine Bedürfnisse befriedigen wirst gemäß deinem Reichtum in Herrlichkeit.«

12. MÄRZ

Jesus Christus wurde durch die Taufe im Wasser und durch sein Blut am Kreuz als Sohn Gottes offenbart – nicht nur durch Wasser, sondern durch Wasser und Blut.

1. Johannes 5,6a

Bete das folgende Gebet täglich und mische die Worte in deinem Herzen mit Glauben. Ich bin überzeugt, dass du dann immer mehr von der Vollmacht und Freiheit in Jesus Christus in deinem Leben erkennen wirst:

»Geliebter Vater, ich bekenne, dass ich durch das Blut Jesu Christi aus den Händen des Teufels gerissen wurde. Alle meine Sünden sind mir vergeben. Das Blut Jesu Christi reinigt mich von aller Schuld. Durch das Blut Jesu bin ich gerechtfertigt, rechtschaffen gemacht, als ob ich nie gesündigt hätte. Ich wurde geweiht, heilig gemacht, für Gott beiseitegesetzt.

Mein Leib ist der Tempel des Heiligen Geistes, erlöst, gereinigt, geheiligt – durch sein Blut. Ich gehöre dem Herrn Jesus Christus, dem Sohn Gottes, mit Leib, Seele und Geist, und sein Blut schützt mich vor allem Übel.

Dank seines Blutes hat Satan keine Gewalt mehr über mich und keinen Platz in mir. Ich widersage ihm entschieden – und erkläre mich zu seinem Feind. Ich befehle ihm, mich jetzt im Einklang mit dem Wort Gottes und im Namen Jesu zu verlassen.«

13. MÄRZ

Ich habe gelernt, mit dem zufrieden zu sein, was ich habe. Ob ich nun wenig oder viel habe, ich habe gelernt, mit jeder Situation fertig zu werden: Ich kann einen vollen oder einen leeren Magen haben, Überfluss erleben oder Mangel leiden.

Philipper 4,11b-12

Ein Jude kam zu seinem Rabbi und beklagte sich drüber, dass sie zu sechst in zwei kleinen Räumen wohnen mussten. Darauf riet ihm der Rabbi, noch die Ziege mit ins Haus zu nehmen. Er solle nach zwei Wochen wieder zu ihm kommen und ihm berichten.

Bei seinem zweiten Besuch jammerte der Jude noch mehr darüber, wie schlecht es ihnen ging. Darauf meinte der Rabbi, dass sie die Ziege wieder in den Stall zurückbringen sollten. Er sollte nach zwei Wochen nochmals wiederkommen und berichten, wie es ihnen jetzt erginge.

Gehorsam erfüllte der Jude den Auftrag und kam schließlich voller Dank und Zufriedenheit zum Rabbi. Das Leben ohne Ziege sei so gut! Er erzählte, wie schön und gemütlich ihr Zuhause sei und wie glücklich alle seien!

Nie wieder will ich Unzufriedenheit über meinem Leben aussprechen, denn ich habe gelernt, mich in jede Lage zu fügen!

14. MÄRZ

Gesegnet ist der Mann, der auf den Herrn vertraut und dessen Vertrauen der Herr ist! Er wird sein wie ein Baum, der am Wasser gepflanzt ist und am Bach seine Wurzeln ausstreckt und sich nicht fürchtet, wenn die Hitze kommt. Sein Laub ist grün, im Jahr der Dürre ist er unbekümmert, und er hört nicht auf, Frucht zu tragen.

Jeremia 17,7-8 (ELB)

Welche wundervollen Verheißungen! So wird es dem Gottesfürchtigen ergehen! Wir müssen uns nur auf den Herrn verlassen.

Jemand, der unbedingt wissen wollte, welches wortwörtlich der zentralste Vers der Bibel ist, also welcher genau in der Mitte steht, hat entdeckt, dass es das Wort aus Psalm 118,8 ist: »Es ist besser, auf den Herrn zu vertrauen, als sein Vertrauen auf Menschen zu setzen!«

Wenn das der zentralste Vers im Wort Gottes ist, dann lasst es uns auch tun! In Sprüche 3,5-6 steht außerdem: »Vertraue von ganzem Herzen auf den Herrn und verlass dich nicht auf deinen Verstand. Denke an ihn, was immer du tust, dann wird er dir den richtigen Weg zeigen.«

15. MÄRZ

Daraufhin erwiderte Jesus: »Ich versichere euch: Der Sohn kann nichts aus sich heraus tun. Er tut nur, was er den Vater tun sieht. Was immer der Vater tut, das tut auch der Sohn.

Johannes 5,19

Wir halten uns permanent beschäftigt, aber ohne dabei wirklich effektiv zu sein. Das ist ein großer Fehler, denn nur weil wir viel zu tun haben, heißt das noch nicht, dass wir das Richtige und Wichtige tun!

Jesus war der effektivste Mensch, der je auf der Erde wandelte. Doch er tat nicht irgendetwas, sondern nur das, was er den Vater im Himmel tun sah. Wir beten im Vaterunser: »Dein Wille geschehe wie im Himmel so auf Erden!« – leben wir auch danach?

Fragen wir doch den himmlischen Vater, was er heute im Himmel tut und was er auf Erden getan haben möchte! Es ist eine Tragödie, wenn wir Zeit und Talente und Energie verschwenden, weil wir zwar irgendetwas tun, aber nicht das, was wir auch tun sollen!

Ich hörte von einem Seniorenheim, in dem die alten Frauen jeden Tag zum Stricken angeleitet wurden. Am Abend, wenn sie zu Bett gingen, wurde das Gestrickte wieder aufgetrennt, am nächsten Tag die gleiche Prozedur. Welch eine sinnlose Beschäftigung! Wir müssen lernen, effektiv zu leben, ohne im Dauerstress des Beschäftigtseins zu ersticken. Bitte den Herrn um Weisheit, damit du in deinem Leben wirklich etwas bewirkst.

16. MÄRZ

Wenn ihr für ihn lebt und das Reich Gottes zu eurem wichtigsten Anliegen macht, wird er euch jeden Tag geben, was ihr braucht.

Matthäus 6,33

Jesus fordert uns auf: »*Trachtet aber zuerst nach dem Reich Gottes*« (Matthäus 6,33; ELB). Wenn Jesus etwas an erste Stelle setzt, dann meint er es auch. Wie sehen deine Prioritäten im Leben aus? Was kommt zuerst?

Dein Beruf, das Geld, die finanzielle Absicherung, dein Ehepartner, deine Kinder, dein Sport, dein Ruf, deine Hobbys, deine Probleme, dein Erfolg? Oder ist es die Herrschaft Jesu in deinem Leben, der Wille Gottes, sein Reich, seine Gerechtigkeit?

Wir sind als Kinder Gottes aufgefordert, sein Reich zu suchen, nicht Wohlstand oder Wunder. Jesus kannte kein Wohlstandsevangelium! Dennoch ist Wohlstand im Reich Gottes normal, denn es ist im besten Interesse des Königs, dass es allen Königskindern gut geht und sie gesegnet sind. Welcher irdische Vater hat Freude, wenn seine Kinder dumm, krank und arm sind? Hoffentlich keiner! Und schon gar nicht der König aller Könige.

Glaub mir, wenn du deine Lust am Herrn hast, dann wird dein Leben »lustig« werden. Es wird zur Ruhe kommen und du wirst einen tiefen Frieden erleben, einen Frieden, den dir die Welt nicht geben und nicht nehmen kann. Gib dem König aller Könige und dem Reich Gottes alleroberste Priorität und du wirst wundervolle Überraschungen erleben! Du wirst aus dem Staunen nicht mehr herauskommen über die Liebe und Güte Gottes zu dir!

Warum nicht heute damit anfangen?

17. MÄRZ

Jesus zog durch die Städte und Dörfer der Umgebung. Er lehrte in den Synagogen und verkündete die Botschaft vom Reich Gottes. Und überall, wo er hinkam, heilte er Menschen von ihren Krankheiten und Leiden.

Matthäus 9,35

Um das Reich Gottes zu uns zu bringen, zog Jesus umher – er setzte sich in Bewegung! Er predigte nicht irgendeine Religion, sondern die frohe Botschaft, und er forderte uns auf, das Gleiche zu tun: »*Wenn ihr aber hingeht, predigt und sprecht: Das Reich der Himmel ist nahe gekommen*« (Matthäus 10,7; ELB).

Wo immer du bist, predige diese Botschaft: Das Königreich Gottes ist nahe! Für alle Probleme der Menschheit ist diese Nachricht die Lösung! Predige nicht zuerst die Wunder Jesu, sondern dass das Reich Gottes wirklich nahe ist! Wunder sind nämlich die natürliche Folge und der Beweis des Reiches Gottes.

Suche dieses Königreich Gottes von ganzem Herzen und du wirst es finden, eben weil es nahe ist. Nur die Menschen, die täglich ihr Herz voller Vertrauen ganz Gott zuwenden und sein Reich suchen, verstehen mehr und mehr die Geheimnisse dieses Reiches und gehen von Offenbarung zu Offenbarung, von Licht zu Licht und von Erkenntnis zu Erkenntnis.

Lies, studiere, meditiere das Wort Gottes! Nimm diesen Auftrag, zu suchen, ernst, und tu es nicht nur, wenn du Lust dazu hast. Dann wirst du ganz gewiss finden: die Wahrheit, die frei macht, die Liebe, die heilt, und das Leben, das erfüllt, Jesus Christus.

18. MÄRZ

Täuscht euch nicht! Macht euch klar, dass ihr Gott nicht einfach missachten könnt, ohne die Folgen zu tragen. Denn was ein Mensch sät, wird er auch ernten.

Galater 6,7

Vielen Menschen ist nicht bewusst, wie sehr sie ihr Schicksal beeinflussen können. Wir selbst entscheiden über die Ernte unseres Lebens. Jeden Tag säen wir Samen, gute und schlechte, und alle werden später einmal aufgehen und viel mehr erbringen, als wir ursprünglich in den Boden gelegt haben.

Ein Landwirt erwartet, dass alle Samen, die er sät, eine reiche Ernte bringen. Dabei sät er nur das aus, was er braucht. Wenn er Weizen sät, wird er keinen Roggen erwarten, sondern Weizen. Wenn er Kartoffeln setzt, wird er keine Karotten erwarten, sondern Kartoffeln. Wenn er einen Apfelbaum pflanzt, wird er keine Aprikosen erwarten, sondern Äpfel. Bei allem, was er tut, weiß er, dass eine Zeitspanne zwischen Saat und Ernte liegt, in der bewässert werden muss, damit die Pflanzen gedeihen.

Wie sieht es in deinem und meinem Leben aus? Ernten wir, was wir gesät haben?

»Heiliger Geist, öffne die Augen und Ohren meines Herzens und lass mich erkennen, wo ich schlechte Samen säe und wo gute. Hilf mir, eine gute Saat auszubringen.«

19. MÄRZ

Nein, ich werde euch nicht verwaist zurücklassen – ich werde zu euch kommen.

Johannes 14,18

In diesem Vers spricht Jesus zu seinen Jüngern, und die meisten dieser Jünger hatten Eltern. Sie sind nicht als Waisen aufgewachsen. Und doch sagt er: »Ich will euch nicht verwaist, also ohne Trost, ungeschützt und verloren, heimatlos, hilflos und einsam, zurücklassen.« Warum spricht Jesus so zu seinen Jüngern?

Jeder, der nicht die tiefe Liebesbeziehung zum Vater entdeckt hat, fühlt sich im Herzen als Waisenkind. Man hat den Eindruck, man könne sich auf niemanden verlassen, außer auf sich selbst. Man entwickelt alle möglichen Überlebensstrategien, um sich zu verteidigen, beschützen, versorgen, über Wasser zu halten. Ein Waisenkind hat immer den Eindruck, es sei niemand da, der für es sorgt. Es hat kein wirkliches Zuhause. Selbst wenn es ein schönes Haus besitzt, fühlt es sich heimatlos, ohne wirkliche Zugehörigkeit. Es weiß nicht, wer es wirklich ist. Es ist immer auf der Suche nach seinen Wurzeln, seiner wahren Identität. Seine Talente und Leistungen werden zu seinem Lebensfundament.

Jesus ist die Tür zum Vater, und nur er kann deine Lebensrealität grundlegend verändern. Er alleine kann deine Heimatlosigkeit in Geborgenheit verwandeln. Und genau aus diesem Grund sagt Jesus zu seinen Jüngern: »Ich will euch nicht als Waisen zurücklassen.«

Gibt es in deinem Herzen noch Anzeichen für eine »Waisenmentalität«?

20. MÄRZ

Jesus sagte zu ihm: »Ich bin der Weg, die Wahrheit und das Leben. Niemand kommt zum Vater außer durch mich. Wenn ihr erkannt habt, wer ich bin, dann habt ihr auch erkannt, wer mein Vater ist. Doch von nun an kennt ihr ihn und habt ihn gesehen!«

Johannes 14,6-7

Wenn wir uns »vaterlos« fühlen, dann hat das immer damit zu tun, dass wir nicht erkannt haben, wer Jesus wirklich ist. Denn hätten wir es, hätten wir auch den Vater erkannt. Jesus Christus und der Vater sind eins.

Ist es möglich, dass wir mit Jesus Christus leben, ihn lieben und ihn doch noch nicht in unseren Herzen erkannt haben? Ja, das glaube ich.

Wenn wir uns selbst und andere Christen beobachten, dann entdecken wir, wie viele von uns sich noch mit einer Waisenmentalität durchs Leben schlagen. Wir kämpfen um Anerkennung, um Wert, um standesgemäße Versorgung, um einen sicheren Platz im Leben, wir suchen nach Zugehörigkeit. Wir sind geplagt von Ängsten, fühlen uns alleine und einsam, missverstanden und ungeliebt, ungewollt. Wir suchen ein Zuhause.

Hast du deine Heimat in Gott wirklich gefunden?

21. MÄRZ

Jesus aber wusste, dass der Vater ihm uneingeschränkte Macht über alles gegeben hatte und dass er von Gott gekommen war und zu Gott zurückkehren würde.

Johannes 13,3

Ein weiteres Merkmal von einem Waisenkind ist, dass es sich immer als Opfer der Umstände fühlt, als Opfer seiner Vergangenheit und Herkunft. Es hat oft den Eindruck, dass die Welt, das Leben, die Menschen, ja sogar Gott ihn unfair und ungerecht behandeln, dass jeder ihn früher oder später fallen oder im Stich lässt. Menschen mit einer Waisenmentalität suchen immer die Schuld bei anderen und machen sie für ihren Zustand verantwortlich. Mit der Zeit werden sie bitter gegenüber Gott und Menschen.

Ich hatte auch sehr lange diese Waisenmentalität. In der Zeit schenkte mir jemand ein Buch mit dem Titel: »To be Happy and Joyful is a Choice!« (Deutsch: Glücklich und froh zu sein, ist eine Entscheidung!«) Der Titel allein hat mich lange abgeschreckt, das Buch zu lesen, denn diese Opfermentalität war mir zur Identität geworden. Ich erwartete von allen Menschen, dass sie mir helfen und mich verstehen und unterstützen sollten. Doch das ist eine falsche Identität. Es ist eine blanke Lüge!

Niemand hat so viel Ablehnung, Missverständnis und Leid erlebt wie Jesus Christus. Aber er lebte als Sohn und nicht als Opfer oder als Waise.

Wie ist das bei dir?

22. MÄRZ

»Denn ich weiß genau, welche Pläne ich für euch gefasst habe«, spricht der Herr. »Mein Plan ist, euch Heil zu geben und kein Leid. Ich gebe euch Zukunft und Hoffnung. Wenn ihr dann zu mir rufen werdet, will ich euch antworten; wenn ihr zu mir betet, will ich euch erhören. Wenn ihr mich sucht, werdet ihr mich finden; ja, wenn ihr ernsthaft, mit ganzem Herzen nach mir verlangt, werde ich mich von euch finden lassen«, spricht der Herr.

Jeremia 29,11-14a

Wenn wir nicht länger wie Waisen leben wollen, müssen wir Gott vertrauen. Sich auf jemanden zu verlassen, ist eine freiwillige Entscheidung. Die Basis dafür sind Liebe und Macht. Für Jesus waren die Liebe und Macht seines Vaters ausreichend.

Auch uns sind Gottes Liebe und Macht zugesprochen, zum Beispiel in den Versen oben aus Jeremia. Was für eine Verheißung!

Wir wissen, dass unser Vater, der König aller Könige, alles kann, mit Ausnahme von zwei Dingen: Er kann nicht lügen. Und er kann die nicht enttäuschen, die ihm von ganzem Herzen vertrauen.

Wage es ruhig, dein ganzes Vertrauen auf den Vater im Himmel zu setzen. Du wirst es nicht bereuen! Ich lebe schon viele Jahre in dieser liebevollen Vertrauensbeziehung und kann oft gar nicht glauben, welche Wege und Segnungen Gott für mich hat. Lass dich ein auf dieses Abenteuer der Liebe und des Vertrauens auf den himmlischen Vater!

»Gottes Liebe ist wie ein Ozean. Du kannst den Anfang sehen, aber nicht das Ende.« (Rick Warren)

23. MÄRZ

Wer großzügig gibt, wird dabei immer reicher; wer aber sparsamer ist, als er sein sollte, wird immer ärmer dabei.

Sprüche 11,24

Vor Jahren, als ich noch in den USA wohnte, war mein zehn Jahre alter VW Käfer in einem sehr schlechten Zustand und hatte viele Kilometer auf dem Tacho. Ich wusste, dass ein neues Auto die nächste Investition sein würde, die auf mich zukäme. Ich sparte und war zuversichtlich, dass der Autokauf nicht mehr in allzu weiter Ferne lag. Schon sehr früh habe ich gelernt, möglichst keine Schulden zu machen, und wurde von dem Wort geprägt: »Was ich nicht bezahlen kann, das brauche ich nicht!« Ich hielt mich immer fern von »Plastikgeld« (Kreditkarten), und das wurde ein Segen für mich.

Nachdem ich fast ein Viertel vom Kaufpreis des Autos angespart hatte, führte mich der Herr zu einem Ehepaar mit drei Kindern, das sich darauf vorbereitete, mit Wycliff als Bibelübersetzer in den fernen Osten zu gehen. Sie konnten jedoch nicht ausreisen, da ihnen das Geld für den Transport ihrer Sachen fehlte. Als ich das hörte, vernahm ich die leise Stimme des Herrn in meinem Herzen: »Maria, du hast das Geld, das du für den Autokauf angespart hast. Schenk es ihnen!« Ich war innerlich schockiert und unangenehm überrascht von dieser Herausforderung, in die mich der Herr da stellte.

Es brauchte einige Zeit, bis ich mich im blinden Glauben entschloss, der Stimme des Herrn zu gehorchen und mein Erspartes den Missionaren zu schenken. Zu meiner eigenen Überraschung füllte sich mein Herz mit großer Freude, was mir völlig unverständlich war. Ich konnte gar nicht glauben, dass ich mich so glücklich fühlte und darüber hinaus zuversichtlich war, dass der Herr selbst sich um mein neues Auto kümmern würde.

Ich lade dich ein zu beten: »Vater im Himmel, ich bitte dich, öffne die Augen meines Herzens für deine Wege, die höher sind als unsere Wege, und schenke mir die Gnade, zu gehorchen, auch wenn ich dich in manchen Situationen nicht verstehe.«

24. MÄRZ

Dem Großzügigen geht es gut und er ist zufrieden; wer anderen hilft, dem wird selbst geholfen werden.

Sprüche 11,25

Einige Tage, nachdem ich die Ersparnisse für mein Auto verschenkt hatte, empfand ich, dass Gott mir sagte: »Schreib deinen Eltern und bitte sie um ein zinsloses Darlehen.«

Ich hatte mir eigentlich vorgenommen, mich nur noch von Gott abhängig zu machen, daher war dieser Auftrag Gottes gegen meine Vorsätze. Aber ich gehorchte, schrieb meinen Eltern und bat sie um ein zinsloses Darlehen für ein neues Auto.

Zu meiner allergrößten Überraschung bekam ich die gesamte Kaufsumme von meinen Eltern geschenkt. Sie meinten, sie hätten meinen anderen Geschwistern in der Zwischenzeit so viel gegeben und hätten nun schon darauf gewartet, mir auch einmal eine Freude machen zu können.

Mein Herz war voller Jubel und Dankbarkeit und ich durfte zutiefst erleben, dass es dem Großzügigen gut geht und er zufrieden ist. Gott sei Dank! Seither ist mein regelmäßiges Gebet: »Geliebter Vater, mach mich zu einem großzügigen Geber und lass mich gehorsam dort geben, wo du es mir zeigst.«

25. MÄRZ

Ihr seid das Salz der Erde. Doch wozu ist Salz noch gut, wenn es seinen Geschmack verloren hat? Kann man es etwa wieder brauchbar machen? Es wird weggeworfen und zertreten, wie etwas, das nichts wert ist.

Matthäus 5,13

Was sind die Eigenschaften von Salz?

Salz macht die Speisen würzig. Es reinigt Wunden, aber es brennt auch, wenn sie damit in Berührung kommen. Salz konserviert. Es bringt Eis zum Schmelzen.

Hast du diese Eigenschaften? Wird das Leben um dich herum würzig, spritzig, bekommt es einen besonders guten Geschmack? Löst deine Präsenz in deiner Umgebung Heilung, Reinigung aus? Werden Wunden durch dich heil, auch wenn es kurz brennt? Werden kalte oder sogar »gefrorene« Herzen von deiner Gegenwart berührt und fängt das Eis an zu schmelzen?

Komm in deine Bestimmung und werde effektives Salz! Deine Umgebung braucht dich!

26. MÄRZ

Um diese Zeit kam Jesus aus Galiläa an den Jordan, um sich von Johannes taufen zu lassen. Doch Johannes weigerte sich. »Eigentlich müsste ich mich von dir taufen lassen«, sagte er, »warum kommst du zu mir?« Jesus erwiderte: »Es muss sein. Wir müssen alles so halten, wie es von Gott aus sein soll.« Da taufte ihn Johannes.

Matthäus 3,13-15

Als der Sohn Gottes war Jesus ohne Sünde und hatte es nicht nötig, getauft zu werden. Johannes erkannte das. Warum ließ sich Jesus dann trotzdem taufen? Jesus wusste, dass der Dienst des Johannes von Gott war und er Menschen taufen sollte. Jesus wollte sich somit uns gleichmachen. Er wollte in Harmonie mit dem Vater sein. Er erkannte: Wenn er sich unter die Salbung des Täufers stellte, würde seine eigene Salbung voll und ganz bestätigt werden.

Das kann uns zeigen: Unser ganzer Schutz ist unsere Hingabe, Anerkennung und Unterordnung unter das Wort Gottes und die Anweisungen des Heiligen Geistes.

Jesus traf die richtige Entscheidung, denn direkt danach öffnete sich der Himmel, der Heilige Geist kam wie eine Taube auf ihn und die Stimme des Vaters verkündigte: »Dies ist mein geliebter Sohn, an ihm habe ich große Freude.«

Respektiere und gehorche den Königreichsanordnungen, dem Wort Gottes, und das Wohlwollen Gottes wird auf dich und dein Leben kommen!

27. MÄRZ

Ich versichere euch: Ein Weizenkorn muss in die Erde ausgesät werden. Wenn es dort nicht stirbt, wird es allein bleiben – ein einzelnes Samenkorn. Sein Tod aber wird viele neue Samenkörner hervorbringen – eine reiche Ernte neuen Lebens. Wer sein Leben in dieser Welt liebt, wird es verlieren. Wer sein Leben in dieser Welt gering achtet, wird es zum ewigen Leben bewahren.

Johannes 12,24-25

Damit jemand wirklich ein Diener Gotte sein und in seine Bestimmung kommen kann, muss der äußere Mensch zerbrochen werden. Wie aber geschieht das?

Zuerst müssen wir unser gesamtes Leben dem Herrn hingeben. Diese Hingabe ist jedoch nicht die Lösung all unserer Probleme. Hundertprozentige Hingabe, ohne Wenn und Aber, ist zunächst nur unsere willentliche Entscheidung, unser Leben bedingungslos und unwiderruflich in die Hände Gottes zu legen. Sie signalisiert unsere Bereitschaft, dem Herrn zu erlauben, uns auf die geistliche Reise mitzunehmen, die er für uns geplant hat. Die Frage ist, ob wir ihm dann auch folgen, Schritt für Schritt.

Ich lade dich zu folgendem Gebet ein: »Herr, führe mich auf deinem Weg und lehre mich, wie, wann und wohin ich gehen soll. Ich vertraue, dass du mein bester Ratgeber bist und über mir wachst.«

28. MÄRZ

Doch wenn der Menschensohn wiederkommt, wie viele wird er dann vorfinden, die solch einen Glauben haben?

Lukas 18,8b

Findet Gott bei dir Glauben?

Wir alle glauben an etwas. Niemand würde sich auf einen Stuhl setzen, wenn er nicht glauben würde, dass er stark genug ist, ihn zu tragen. Das Wort Gottes sagt uns, dass es unmöglich ist, Gott ohne Glauben zu gefallen. Wir müssen glauben, dass er ist und dass er denen hilft, die ihm voll und ganz vertrauen.

Mit all unseren Leistungen, mit unseren Kräften und Fähigkeiten, Gaben, Talenten und Entscheidungsmöglichkeiten können wir Gott nichts geben, was nicht ohnehin schon sein Eigentum wäre. Was Gott bei uns sucht, ist etwas ganz anderes. Die Geschichte von Abraham veranschaulicht das sehr gut. Er wünscht sich, dass wir seinem Wort vertrauen und unsere selbst gebastelten Komfortzonen verlassen, weil er uns eine bessere Zukunft verspricht.

Öffne dein Herz und lass Gott in alles hinein, auch in die Räume, die ihm bisher verschlossen waren. Empfange seine Liebe – sie wird dich heilen!

29. MÄRZ

Und ich versichere euch: Ich bin immer bei euch bis ans Ende der Zeit.

Matthäus 28,20b

Auch wenn uns Vater und Mutter verlassen, Gott wird uns nie verlassen. Und wenn uns alle, denen wir vertraut haben, verlassen, sind wir trotzdem nicht alleine, denn Gott wird nicht von unserer Seite weichen. Er wird uns wie eine Mutter trösten und uns ermutigen, den Weg weiterzugehen. Wenn es zu schwer wird, wird er uns sogar tragen. Gottes Liebe ist extrem langmütig und barmherzig und freundlich und liebevoll.

Wenn ich mich allein gefühlt habe, hat mir Folgendes immer sehr geholfen: Ich bat den Herrn darum, mir jemanden zu zeigen, der noch einsamer war als ich. Dann habe ich mich bei der Person gemeldet und sie entweder zu mir zum Kaffee eingeladen oder wir haben gemeinsam etwas unternommen. Abends waren alle Gefühle der Einsamkeit wie weggeblasen. Gib und du wirst empfangen!

Nie wieder werde ich Einsamkeit über meinem Leben aussprechen, denn Jesus ist bei mir alle Tage meines Lebens bis ans Ende der Welt und er wird mich nie im Stich noch alleine lassen.

30. MÄRZ

Heißt das, dass wir weiter sündigen sollen, damit Gott Gelegenheit hat, uns noch mehr Gnade zu schenken? Natürlich nicht! Wenn wir für die Sünde tot sind, wie können wir da weiter in ihr leben? Oder wisst ihr nicht, dass wir mit Jesus Christus gestorben sind, als wir auf seinen Namen getauft wurden? Denn durch die Taufe sind wir mit Christus gestorben und begraben. Und genauso wie Christus durch die herrliche Macht des Vaters von den Toten auferstanden ist, so können auch wir jetzt ein neues Leben führen. Da wir in seinem Tod mit ihm verbunden sind, werden wir auch in der Auferstehung mit ihm verbunden sein. Unser früheres Leben wurde mit Christus gekreuzigt, damit die Sünde in unserem Leben ihre Macht verliert. Nun sind wir keine Sklaven der Sünde mehr.

Römer 6,1-6

Für mich waren diese Worte des Evangeliums ein langsamer Prozess der »Erkenntnis« – ich konnte mir einfach nicht vorstellen, dass mein alter Mensch mit Jesus begraben ist. Irgendwann hat mir ein Seelsorger folgende Aufgabe gegeben: Ich sollte mir vorstellen, mein alter Mensch liege in einem Sarg mausetot vor mir. Ich sollte dann mit dieser toten Maria sprechen, sie anstupsen, irgendwie zu einer Reaktion bewegen – aber natürlich tat sich nichts, denn sie war tot.

Je mehr ich mich der Sünde als gestorben erkenne und mit Jesus Christus in Verbindung lebe, desto mehr staune ich darüber, wie ich mich verhalte, auch gegenüber anderen Menschen, die mir nicht wohlgesinnt sind. Bei Beleidigungen, die mir wiederfahren, sage ich oft schmunzelnd etwas wie: »Herr Jesus Christus, es tut mir leid, wie die Menschen dich heute wieder behandeln!« Denn er lebt ja in mir!

Ich habe inzwischen auch gelernt, über meine Feinde zu lachen, wie Gott selbst es tut! Das ist unwahrscheinlich erleichternd, versuche es einmal!

31. MÄRZ

Gott hat das auserwählt, was in den Augen der Welt gering ist, um so diejenigen zu beschämen, die sich selbst für weise halten. Er hat das Schwache erwählt, um das Starke zu erniedrigen. Er hat das erwählt, was von der Welt verachtet und gering geschätzt wird, und es eingesetzt, um das zunichtezumachen, was in der Welt wichtig ist, damit kein Mensch sich je vor Gott rühmen kann.

1. Korinther 1,27-29

Wir verdienen nichts, außer den Tod! Alles andere ist ein Geschenk Gottes.

Wenn Menschen fragen, wie es mir geht, dann antworte ich meistens: »Mir geht es unverdient und unverschämt gut!« Fast jedes Mal erhalte ich darauf die Reaktion: »Nein, das stimmt nicht. Du verdienst viel Gutes!« Wenn ich dann erwidere, dass ich eigentlich nur den Tod verdiene, aber kein Opfer, kein armer Mensch bin, sondern in den Augen des heiligen Gottes ein erlöster Verbrecher wie alle anderen Menschen auf der Welt, dann sind die meisten Leute leicht schockiert! Und wenn ich dann noch die Gelegenheit habe, hinzuzufügen, dass ich nichts mehr tue oder tun *muss*, um geliebt zu werden und etwas zu bekommen, sondern dass ich alles im Leben tun *darf*, weil ich geliebt bin und schon alles bekommen habe, dann schauen sie noch überraschter drein.

Wenn wir Gnade, also die unverdiente Liebe, einmal in unserem Herzen begriffen und ergriffen haben, dann nimmt unser Leben eine ganz neue Dimension an. Dann sind wir frei zu sein, dann sind wir frei zu lieben und zu geben aus der Fülle, die uns Gott gegeben hat und jeden Tag neu gibt.

Gott schaut auf die Motivation unserer Herzen. Gibst du, um etwas dafür zu bekommen, also zum Beispiel Liebe, Anerkennung, Ehre, Komplimente etc.? Oder gibst du, weil Gott dir schon alles gegeben hat?

APRIL

1. APRIL

Jesus kam und sagte zu seinen Jüngern: »Mir ist alle Macht im Himmel und auf der Erde gegeben. Darum geht zu allen Völkern und macht sie zu Jüngern.«

Matthäus 28,18-19a

Diese Erde ist Gottes Eigentum; er hat auch sie mit seinem Blut erworben. Er hat alles erschaffen und hat einen Plan für jede Nation, jede Gemeinschaft auf diesem Planeten, sei sie auch noch so klein. Gott hat uns gerufen, Jünger aus den Nationen zu machen und die Kultur Christi in diese Welt zu bringen. Wir müssen verstehen, dass die verschiedenen Bereiche der Gesellschaft, besonders die drei einflussreichsten – der politische, der religiöse und der wirtschaftliche –, unter die Regentschaft des Königs aller Könige kommen sollen.

Was hat die westliche Welt so erfolgreich gemacht? Es waren die Werte des Wortes Gottes, die ganze Kontinente transformiert und Kulturen von Grund auf erneuert haben. Leider entfernen sich immer mehr Nationen von ihrem ursprünglichen Fundament und wir beobachten einen starken Verfall der christlichen Werte.

Gott ruft uns in eine Liebesbeziehung mit sich selbst, in eine tiefe Herzensverbindung und Partnerschaft mit dem Heiligen Geist. Er ruft uns zu einer Politik der Gerechtigkeit und einer Wirtschaft, die sich auf faire Möglichkeiten und Chancen für jedermann gründet. Seine Absicht ist es, eine nationale Kultur in einer Gemeinschaft zu entwickeln, die auf der Liebe Gottes gegründet ist.

Die Liebe wird jedes Problem lösen, das wir haben. Bist du bereit, deinen Einfluss für das Reich Gottes geltend zu machen, dort, wo er dich hingestellt hat?

2. APRIL

Und sucht den Frieden der Stadt (...) und betet für sie zum Herrn! Denn in ihrem Frieden werdet ihr Frieden haben.

Jeremia 29,7 (ELB)

Wir sehen im Wort Gottes immer wieder, dass Gott Propheten gebraucht hat, in seinem Namen zu sprechen, um die Gesellschaftssysteme und deren Leiter zur Verantwortung zu rufen. Die Menschen sollten den Weg Gottes praktizieren, die Lehrer die Wege des Herrn lehren; das sichere Ergebnis würde Frieden, der Schalom, Segen, Wohlstand, Ruhe und Sicherheit sein.

Jesus selbst sagte von sich, er würde den Armen die frohe Botschaft verkünden, die Gefangenen befreien, die Sehstärke der Blinden wiederherstellen, die Unterdrückten freisetzen und ein Jubeljahr des Herrn ausrufen. All das sollte geschehen in der Kraft des Heiligen Geistes (Lukas 4,18-21).

Es ist so leicht, Menschen in Verantwortung zu kritisieren, aber das ist nicht unser Auftrag. Unser Auftrag ist, zu beten und im Geist zu »herrschen« – nicht über die Menschen, sondern über die Mächte der Finsternis! Willst du ein Beter für deine Umgebung, deine Stadt, dein Land werden?

3. APRIL

Setzt euch ein für den Frieden und das Wohlergehen Babels, wohin ich euch als Verbannte geschickt habe. Betet für das Wohlergehen der Stadt – denn wenn die Stadt, in der ihr gefangen gehalten werdet, Frieden hat, habt ihr auch Frieden.

Jeremia 29,7

Gott fordert uns dazu heraus, unsere Hände schmutzig zu machen, indem wir uns in das Leben der Gemeinschaft einbringen und Hoffnung zu den Menschen bringen, die sich hoffnungslos und verzweifelt fühlen. Aus diesem Grund hat er dich dorthin berufen, wo du jetzt gerade bist. Du bist mehr als nur ein Botschafter der geistlichen Errettung.

Diese Erde ist Gottes Eigentum; er hat sie uns Menschen anvertraut, damit alles Leben erlöst und unter die Herrschaft der Souveränität Jesu Christi kommen kann. Er möchte, dass unser ganzes Leben Anbetung ist – auch wenn wir uns am Arbeitsplatz oder unter unseren Nachbarn befinden.

Jede Gemeinschaft, die sich um eine ehrenwerte und göttliche Aufgabe bildet und durch Liebe, Wahrheit, Gerechtigkeit und Gleichheit motiviert ist, hat Macht. Eine solche Gruppe hat darüber hinaus Autorität. Sie kann nicht ignoriert werden.

Es ist sehr traurig, dass Gott gerade in Zeiten des Wohlstandes und Erfolgs in Vergessenheit gerät und Menschen eigene Wege gehen. Dabei ist es die Aufgabe der Gläubigen, gemeinsam vor Gott aufzustehen und für das, was richtig ist, einzustehen. Es muss bei uns beginnen.

Bist du bereit, dich in den Dienst der Armee Gottes einbeziehen zu lassen und das Reich Gottes zu verbreiten, wo immer du bist?

4. APRIL

Auch das folgende Gleichnis erzählte Jesus: »Das Himmelreich ist wie Sauerteig, den eine Frau zum Brotbacken gebrauchte. Obwohl sie eine große Menge Mehl nahm, durchdrang der Sauerteig doch den ganzen Teig.«

Matthäus 13,33

Die Bürger des Reiches Gottes werden in diesem Gleichnis mit Sauerteig verglichen; das Mehl ist die Welt, die wir beeinflussen sollen. Dabei ist der Anteil des Sauerteigs im Verhältnis zum Mehl immer verschwindend gering.

Unser Auftrag ist es, diese Welt zum Guten, zum Glauben, zum Frieden, zum Vertrauen in Gott, zur Herzensumkehr, zur Abschaffung von Not etc. zu bringen. Wir werden keinen Frieden haben, bis wir nicht auch den Frieden für unsere Umgebung suchen. Es gibt so viele arme Menschen auf dieser Welt und Gott sendet manche von uns an die dunkelsten, schmutzigsten, einsamsten und am stärksten verwundeten Orte auf diesem Planeten, um Hoffnung zu bringen. Wohin sendet er dich?

5. APRIL

Ihr seid das Licht der Welt – wie eine Stadt auf einem Berg, die in der Nacht hell erstrahlt, damit alle es sehen können. Versteckt euer Licht nicht unter einem umgestülpten Gefäß! Stellt es lieber auf einen Lampenständer und lasst es für alle leuchten. Und genauso lasst eure guten Taten leuchten vor den Menschen, damit alle sie sehen können und euren Vater im Himmel dafür rühmen.

Matthäus 5,14-16

Wenn wir folgende Aspekte beherzigen, wird sich Gottes Licht in unserer Welt ausbreiten:

Durch Gebet, Anbetung und Lobpreis bringen wir die Gegenwart Gottes in unsere Umgebung.

Durch Barmherzigkeitsdienste und Aktionen in der Gemeinschaft machen wir unseren Glauben sichtbar und setzen ihn ganz praktisch um.

Wir machen uns zum Anwalt für die Schwachen und verkündigen überzeugt und überzeugend die frohe Botschaft.

Auf diese Weise werden wir zum Liebesbrief Gottes, den alle Menschen lesen können. Wir werden glaubwürdig.

Darf dich Gott zu einem seiner Liebesbriefe für diese Welt machen?

6. APRIL

Denn alles, was aus Gott geboren ist, überwindet die Welt; und dies ist der Sieg, der die Welt überwunden hat: unser Glaube.

1. Johannes 5,4 (ELB)

Aus Gott geboren sein, ist der Beginn eines neuen Lebens. Unser Glaube ist der Sieg, der die Welt überwunden hat. Wer glaubt, erfährt, dass Jesus größer ist als jedes Problem, das uns je begegnen wird. Nicht eine bestimmte Methode oder das Beten bringen den Sieg, sondern unser Glaube an den, zu dem wir beten.

Woher kommt unser Glaube? Wie können wir unseren Glauben stärken? Im Römerbrief 10,17 schreibt Paulus, dass die Grundlage des Glaubens das Hören und Lesen des Wortes Gottes ist. Mein Glaube wächst also, wenn ich mich mit der Bibel beschäftige, sie mir am besten selbst laut vorlese und dadurch eine persönliche Liebesbeziehung zum Vater aufbaue.

Glaube muss in unseren Herzen schon vor dem Gebet da sein, sonst geschieht nichts. Zur blutflüssigen Frau, die bereits alle anderen Wege der Heilung ausgeschöpft hatte und nun all ihren Glauben zusammennahm und als letzte Hoffnung zu Jesus kam, von dem sie Großes gehört hatte, sagte er: *»Meine Tochter, hab keine Angst! Dein Glaube hat dich geheilt.« Und im selben Augenblick war die Frau wieder gesund* (Matthäus 9,22b).

Der Glaube ist die Voraussetzung, um empfangen zu können. Wir können ihn nicht aus uns selbst heraus machen oder erzwingen. Jesus ist der Anfänger und Vollender unseres Glaubens.

Gottes Größe ist unermesslich. Beten wir auch in diesem Bewusstsein? Sind unsere Gebete der Größe Gottes angemessen? Oder bringen wir unsere Probleme vor Gott, lassen sie ihn kurz anschauen und nehmen sie dann wieder mit?

7. APRIL

»Alle diese Gebote habe ich gehalten«, sagte der junge Mann. »Was muss ich noch tun?«

Matthäus 19,20

Ein Missionar in Indien predigte, dass Jesus für die Sünder gekommen sei, um sie frei zu machen, um ihnen ihre Schuld abzunehmen und ihnen zu vergeben.

Darauf kam ein Inder auf den Missionar zu und sagte: »Es tut mir leid, aber Jesus musste für mich nicht sterben, denn ich habe noch nie gesündigt.«

Auf die Frage, ob er denn noch nie betrogen oder gelogen habe, seiner Frau untreu gewesen sei etc., antwortete er stets mit Nein. Als der Missionar wissen wollte, ob er sehr stolz darauf sei, meinte er entschieden: »Ja!«

Selbstgerechtigkeit kann eine Maske sein. Wir versuchen dann, uns unseren Wert durch unsere Werke zu geben. Doch das ist nicht nötig! Jesus hat alles vollbracht, damit wir vor ihm bestehen können.

8. APRIL

Öffne dem Hungrigen dein Herz und hilf dem, der in Not ist. Dann wird dein Licht in der Dunkelheit aufleuchten und das, was dein Leben dunkel macht, wird hell wie der Mittag sein.

Jesaja 58,10

Als der Herr mir vor vielen Jahren den Auftrag gab – oder besser: das Angebot machte –, nach Uganda zu gehen, um dort armen Kindern zu helfen, war mein Herz voller Widerstand. Ich wollte nicht nach Afrika, da ich mich für das Verhalten unserer weißen Vorfahren als Kolonialisten schämte. Diese kollektive Schuld belastete mein Herz zutiefst. Meine weiße Hautfarbe war mir regelrecht unangenehm. Aus der Geschichte wusste ich, dass Afrika in den letzten Jahrhunderten ausgenutzt worden war, jeder wollte sich daran bereichern. Wir haben dem afrikanischen Menschen die Würde genommen, das Recht auf Eigenbestimmung, wir haben ihn zu einem Menschen zweiten Grades herabgesetzt.

Der Vater sagte mir aber: »Ich schicke dich als Segen!« Das öffnete mein Herz und ich ging nach Afrika – allerdings mit Furcht und Zittern.

Noch nie in meinem Leben hat der Herr mich so gesegnet und mir so beigestanden wie in Uganda. Wir durften schon Tausenden von Kindern und Witwen helfen (mit der Hilfe von unzähligen Paten in Europa und den USA, die sich mit unserer Vision eins gemacht haben) und ihnen neue Hoffnung für ein menschenwürdiges Leben geben. Ich bin die glücklichste Missionarin und glücklichste Mutter von Tausenden von Kindern geworden. All das passiert, wenn wir Gottes Stimme folgen und uns auf seine Pläne einlassen!

9. APRIL

Denn wir sind Gottes Schöpfung. Er hat uns in Christus Jesus neu geschaffen, damit wir zu guten Taten fähig sind, wie er es für unser Leben schon immer vorgesehen hat.

Epheser 2,10

Es ist eine große Herausforderung, wenn wir wissen, was wir in unserem Leben tun sollen, wozu wir berufen sind. Wir stehen morgens auf und erledigen unsere täglichen Arbeiten, aber tun wir wirklich das, wozu wir hier auf der Erde sind?

Lebst du für dein monatliches Gehalt oder für den Sinn deines Lebens? Weißt du überhaupt, wozu du berufen bist?

Als Kind hatte ich Probleme zu erkennen, wozu ich überhaupt auf dieser Welt war und ob Gott um meine Existenz wusste und Pläne für mich hatte. Dann schrieb die Rektorin meiner Schule in mein Poesiealbum, dass Gott mich mit vielen Gaben und Talenten ausgestattet hatte (was mir damals überhaupt nicht bewusst war), und sie ermutigte mich, diese auch einzusetzen, denn dadurch würde ich selbst und viele andere gesegnet werden.

Das war eine große Ermutigung für mich. Von dem Tag an hielt ich Ausschau nach Möglichkeiten, etwas Gutes zu tun und Hilfe zu leisten in Wort und Tat, wo immer ich mich gerade befand. Das hat mich bis heute durchgetragen und war der Anfang eines Dienstes, der noch lange nicht zu Ende ist.

Auch dich hat Gott mächtig mit Gaben und Talenten gesegnet und dich zum Segen in diese Welt gesetzt. Fang heute an sie einzusetzen!

10. APRIL

Gott hat nicht einmal seinen eigenen Sohn verschont, sondern hat ihn für uns alle gegeben. Und wenn Gott uns Christus gab, wird er uns mit ihm dann nicht auch alles andere schenken? Wer wagt es, gegen die Anklage zu erheben, die von Gott auserwählt wurden? Gott selbst ist ja der, der sie gerecht spricht.

Römer 8,32-33

Entdecke, dass du von Schuld, Anklage und Gericht befreit bist, denn Jesus hat die Strafe für uns auf sich genommen und ist an deiner und meiner Stelle am Kreuz gestorben. Keine Schuld und kein Verbrechen muss zweimal bezahlt werden. Das vergossene Blut Jesu ist der sicherste Beweis der Liebe Gottes. Es zeigt, dass er dich wertschätzt, dass du begehrt bist und dass er sein Leben mit dir teilen will.

Es genügt, wenn du glaubst, dass Jesus an deiner Stelle starb – nichts anderes ist für deine Erlösung nötig! Er konnte sagen: »Es ist vollbracht!«, und das heißt, dass keine einzige Sünde der ganzen Welt unbezahlt blieb. Welch eine Erlösung, welch eine frohe Botschaft für die ganze Welt, alle Kontinente, alle Rassen, alle Menschen jung und alt!

Bist du bereit zu glauben, dass deine Sünden für immer erlassen sind und dich nichts mehr von der Liebe Gottes trennen kann?

11. APRIL

David begann, auf der Harfe zu spielen, wie er es immer tat. Doch Saul hatte einen Speer in der Hand und schleuderte ihn nach David in der Absicht, ihn an die Wand zu spießen. David aber konnte dem Speer zweimal ausweichen.

1. Samuel 18,10b-11

Undankbarkeit macht dich blind für die Segnungen Gottes. Du wirst kritisch, zynisch und suchst überall das Haar in der Suppe. Gott aber will dich in seine Ruhe und Gegenwart führen, damit du seine Güte erkennst und dankbar wirst und bleibst.

Wenn möglich, weiche undankbaren Menschen aus, denn sie beeinflussen dich negativ. Sie schaffen eine Atmosphäre der Entmutigung. Deine Motivation lässt nach, du verlierst Energie. Was dich bisher mit Freude erfüllt hat, erscheint plötzlich als schwierig und unmöglich. Solche Menschen zerstören die Träume in dir. Weiche ihnen deshalb aus, wann immer sie dir begegnen.

12. APRIL

Und mein Volk, das meinen Namen trägt, dann Reue zeigt, wenn die Menschen zu mir beten und meine Nähe suchen und zu mir zurückkehren, will ich sie im Himmel erhören und ihnen die Sünden vergeben und ihr Land heilen.

2. Chronik 7,14

Lies in einer ruhigen Stunde einmal 5. Mose 28 und lass die Worte in dein Herz sinken. Lass dir zeigen, welche Segnungen der Herr für die bereit hat, die reinen Herzens sind und deren Wandel ohne Tadel ist.

Immer wenn wir den Teil tun, den Gott uns aufgetragen hat (uns demütigen, beten, sein Angesicht suchen und umkehren von bösen Wegen), dann wird Gott tun, was er uns verheißen hat (uns hören, die Sünden vergeben und unser Land heilen).

Es gibt wirklich viele Wenn-Dann-Verheißungen im Wort Gottes. Wenn wir sie genauer betrachten würden, würde uns ein Licht aufgehen, wie sehr wir selbst über den Weg unseres Lebens mitentscheiden mit unserem Verhalten.

WENN	DANN
Wir vergeben,	wird uns vergeben
Wir Vater und Mutter ehren,	bekommen wir ein langes Leben und wir haben Wohlergehen
Wir bitten,	wird uns gegeben
Wir klopfen,	wird uns aufgetan
Wir geben,	werden wir empfangen
Wir suchen,	werden wir finden
Wir mit dem Herzen glauben und mit dem Mund bekennen,	dann werden wir gerettet.

13. APRIL

Ich bin aber davon überzeugt, dass unsere jetzigen Leiden bedeutungslos sind im Vergleich zu der Herrlichkeit, die er uns später schenken wird. Aber die ganze Schöpfung hofft auf den Tag, an dem sie von Tod und Vergänglichkeit befreit wird zur herrlichen Freiheit der Kinder Gottes.

Römer 8,18.20b-21

Es ist mein tiefster Herzenswunsch, dass die Söhne und Töchter Gottes lernen, diesen Weg der Herrlichkeit zu gehen, den Gott in seiner unendlichen Gnade und Liebe für uns als Kinder des neuen Bundes bestimmt hat.

Als uns vor einigen Jahren in Uganda fast 65 Hektar Land zur Erbauung von Schulen und anderen sozialen Einrichtungen geschenkt wurden, war unsere Freude sehr groß, bis wir alle Papiere unterschrieben hatten und mit der Tatsache konfrontiert wurden, dass es sich eigentlich um ein Katastrophengebiet handelte. Als ich den ursprünglichen Besitzer anrief und ihn fragte, ob er wisse, was er uns da geschenkt habe, meinte er nur: »Bisher war es mein Problem, jetzt ist es deines!«

In dem Gebiet waren Mord, Totschlag, Diebstahl und Vergewaltigungen fast schon an der Tagesordnung. In meiner Verzweiflung und Erschütterung ging ich auf die Knie (übrigens immer ein guter Platz!) und schrie zu Gott um Hilfe. Der Heilige Geist ermutigte mich daraufhin, das Buch Josua zu lesen. Daraufhin änderte ich den Namen meines »Landes« von Katastrophengebiet zu »Herrlichkeitsland«. Heute ist es wirklich ein Herrlichkeitsland; jeder, der uns besuchen kommt, spürt den Frieden und die Gegenwart Gottes.

Diese Erfahrung hat mich richtig »süchtig« gemacht, die Herrlichkeit Gottes in allem zu entdecken und zu erleben. Willst du heute auch nach ihr Ausschau halten?

14. APRIL

Täglich sterbe ich, so wahr ihr mein Ruhm seid, Brüder, den ich in Christus Jesus, unserem Herrn, habe.

1. Korinther 15,31 (ELB)

Wenn wir in unsere Bestimmung kommen wollen, werden wir uns selbst sterben müssen. Früher oder später wird jeder Diener Gottes entdecken, dass er selbst das größte Hindernis in seinem Leben sein kann. Dann nämlich, wenn er merkt, dass sein äußerer und innerer Mensch nicht übereinstimmen. Und dann müssen wir uns sterben. Selbst Paulus sagt, dass er das täglich tun muss.

Wir sind Geist, haben eine Seele und leben in einem Körper. Wenn wir Jesus Christus unser Leben übergeben und ihn einladen, in unserem Herzen zu leben, wird unser Geist mit dem Heiligen Geist erfüllt und lebendig. Doch das heißt noch nicht, dass unsere Seele, die sich aus Verstand (Intellekt), Willen und Gefühlen zusammensetzt, schon von ihm ergriffen ist. Wenn in einem Haus ein Licht entzündet wird, aber alle Fenster verrußt sind, kann das Licht nicht nach außen dringen.

Bist du bereit, mit Paulus zu beten: »Ich bete, Herr, dass du mir aus deinem großen Reichtum die Kraft gibst, durch deinen Geist innerlich stark zu werden« (nach Epheser 3,16)?

15. APRIL

Es ist aber nicht so, dass der Herr seine versprochene Wiederkehr hinauszögert, wie manche meinen. Nein, er wartet, weil er Geduld mit uns hat. Denn er möchte nicht, dass auch nur ein Mensch verloren geht, sondern dass alle Buße tun und zu ihm umkehren.

2. Petrus 3,9

Gott wollte nicht, dass du für deine Sünden stirbst, doch durch den Ungehorsam, die Zielverfehlung von Adam und Eva kam der physische und geistliche Tod zur Menschheit. Denn der Lohn der Sünde ist der Tod (Römer 3,23). Und alle von uns haben ohne Ausnahme gesündigt, da wir bereits mit einer Sündennatur geboren wurden. Doch der Vater liebt dich und mich so sehr, dass er es nicht zugelassen hat, dass wir in unserer Schuld sterben.

Er gab seinen Sohn Jesus Christus, der freiwillig aus Liebe zu uns und im Gehorsam gegenüber dem Vater die Verurteilung für jede Sünde, die wir begangen haben und noch begehen werden, auf sich nahm. Das heißt jedoch nicht, dass wir einen Freibrief zum Sündigen haben. Wer diese überwältigende Liebe Gottes für sich selbst einmal im Herzen begreift und ergreift, will nicht mehr sündigen.

Noch nie hat dich jemand mit solcher Hingabe geliebt wie dein himmlischer Vater. Vertraue ihm heute dein ganzes Leben an und lade Jesus ein, dir alles zu sein und dich von Grund auf zu erneuern in seiner Gnade. Er wird es tun!

16. APRIL

Ich ermahne euch nun, Brüder, durch die Erbarmungen Gottes, eure Leiber darzustellen als ein lebendiges, heiliges, Gott wohlgefälliges Opfer, was euer vernünftiger Gottesdienst ist.

Römer 12,1 (ELB)

Wenn wir einmal erkannt haben, dass wir uns nicht mehr selbst gehören, sondern dass ein Besitzwechsel stattgefunden hat, dann wird es auch leicht zu verstehen, dass wir eigentlich nichts besitzen (sonst sind wir in Gefahr, «besessen" zu werden), sondern dass wir Verwalter sind. Das ist eine durchaus sehr verantwortungsvolle Position, die der Herr uns anvertraut hat und die sich auch auf unseren Körper erstreckt.

Dienst du deinem Körper als dem Tempel des Heiligen Geistes? Wie sieht es mit deinen Essgewohnheiten aus? Hast du Übergewicht? Ausreichend Wasser, die richtigen Ruhepausen, aber auch genügend Bewegung und frische Luft sind wichtig.

Darf auch dein Geist aufblühen durch genügend »Nahrung« aus dem Wort Gottes, Gebet, Lobpreis und Anbetung? Lebst du bewusst in permanenter Verbindung und Gemeinschaft mit dem Heiligen Geist?

Ich lade dich zu folgendem Gebet ein: »Herr, bitte schenke mir deine Weisheit, wie ich dir meinen Geist und meinen Körper als lebendiges, heiliges und Gott wohlgefälliges Opfer darbringen kann, an dem du Freude hast!«

17. APRIL

Wenn ihr behauptet, Gott zu dienen, aber eure Zunge nicht im Zaum halten könnt, betrügt ihr euch nur selbst, und euer Dienst für Gott ist wertlos.

Jakobus 1,26

Paulus warnt uns in Jakobus 3 vor dem Missbrauch der Zunge. Er sagt uns, wenn jemand seine Zunge im Zaum halten kann, kann er sich auch in anderen Bereichen beherrschen.

Wenn wir einem Pferd einen Zaum ins Maul legen, damit es uns gehorcht, dann zügeln wir damit das ganze Tier. Auch Schiffe, die oft sehr groß sind und von heftigen Winden getrieben sind, werden durch ein sehr kleines Steuerruder vom Steuermann dorthin gelenkt, wohin er es haben möchte. In ähnlicher Weise ist unsere Zunge der mächtigste Körperteil, sie kann unser ganzes Leben beflecken oder reinigen und heiligen. Mit der Zunge preisen wir den Herrn und Vater und fluchen den Menschen, die nach dem Bild Gottes geschaffen sind.

Vielleicht hilft dir folgendes Gebet: »Geliebter Vater, ich bekenne, dass ich meine Zunge oft missbraucht habe und viel Leid damit verursacht habe. Ich bitte dich um Vergebung und nehme deine Vergebung an. Ich weihe dir meine Zunge als Werkzeug der Gerechtigkeit, des Lobes, des Dankes, der Auferbauung, der Wahrheit und der Liebe.«

18. APRIL

Er macht mein Leben reich und erneuert täglich meine Kraft, dass ich wieder jung wie ein Adler werde.

Psalm 103,5

Wir dienen dem besten und herrlichsten Gott. Und bei dem ist Mittelmäßigkeit im Sinne von Bequemlichkeit nicht gefragt. Vielleicht wird Mittelmäßigkeit in unserer Gesellschaft akzeptiert, aber im Himmel bekommst du dafür wenig Applaus.

Der Herr ermutigt uns, wie Adler zu fliegen, und die fliegen nicht in Gruppen oder Schwärmen. Sie fliegen alleine, steigen auf, wenn der Sturm kommt, und sie fliegen ins Licht. Und wenn sie von Feinden verfolgt werden, steigen sie so hoch, dass ihren Verfolgern die Luft ausgeht und sie umkehren.

Wenn du wie ein Adler werden willst, kannst du nicht tun, was jeder tut. Du musst den Mut haben, Entscheidungen zu treffen, die kein anderer trifft. Wir wollen in unserer »Gruppe« akzeptiert werden – entscheide dich für die richtige: Vater, Sohn und Heiliger Geist! Mit dieser »Gruppe« schaffst du es!

19. APRIL

Was ihr auch tut, arbeitet von Herzen als dem Herrn und nicht den Menschen, da ihr wisst, dass ihr vom Herrn als Vergeltung das Erbe empfangen werdet; ihr dient dem Herrn Christus.

Kolosser 3,23-24 (ELB)

Wenn du Gott ganz hingegeben bist, mit ungeteiltem Herzen, wirst du ein hervorragender Mensch werden. Dann wirst du nicht mehr für andere arbeiten, sondern für Gott! Tu deshalb alles in deinem Leben von ganzem Herzen.

Schauen wir einige solcher ausgezeichneten Menschen in der Bibel an:

Daniel war ein hervorragender Mensch, hatte einen hervorragenden Geist, hat hervorragende Entscheidungen mit hervorragender Weisheit getroffen.

Esther war ein hervorragendes Waisenmädchen mit hervorragender Schönheit, hervorragender Weisheit und hervorragender Kühnheit – das brachte hervorragende Ergebnisse, nämlich die Rettung des jüdischen Volkes!

Entscheide dich, dass auch dein Leben hervorragend werden soll!

20. APRIL

Umsonst habt ihr empfangen, umsonst gebt!

Matthäus 10,8b (ELB)

»Umsonst« heißt, mit leeren Händen zu empfangen und nichts dafür bezahlen zu müssen. Erst wenn man das begriffen hat, kann man auch umsonst weitergeben. »Demut« bedeutet, dass man akzeptiert, dass man etwas erhält, ohne etwas zurückgeben zu können. Gott hätte niemals ein Reich, wenn er warten würde, bis es sich die Menschen verdienen, hineinzukommmen! Wir müssen wie Kinder kommen, ohne die geringste Vorstellung von Verdienst.

Das Wort Gottes sagt uns: »Demut (das unverdiente Empfangen!) und Ehrfurcht vor dem Herrn führen zu Reichtum, Ehre und Leben« (Sprüche 22,4). Wir müssen so überzeugt sein wie Kinder, dass Gott nicht wartet, bis wir gut genug sind, um uns zu beschenken! Gnade ist und bleibt immer unverdiente Liebe.

Ja, manchmal müssen wir auf Gottes Fülle warten. Aber das tun wir nicht, weil wir es zu einem späteren Zeitpunkt mehr verdienen würden oder dann mehr Rechte auf seinen Segen hätten. Gott hat einen Zeitplan für alles und unser Warten hat nichts mit Verdienst zu tun.

Ich proklamiere täglich, dass ich unverschämt und unverdient geliebt bin von Gott! Mach es mir nach!

21. APRIL

Geliebter Vater, ich bitte dich, dass du mir aus deinem großen Reichtum die Kraft gibst, durch deinen Geist innerlich stark zu werden. Und ich bete, dass Christus durch den Glauben immer mehr in meinem Herzen wohnt und ich in der Liebe Gottes fest verwurzelt und gegründet bin. So kann ich mit allen Gläubigen das ganze Ausmaß deiner Liebe erkennen. Und ich kann auch die Liebe erkennen, die Christus zu mir hat; eine Liebe, die größer ist, als ich je begreifen werde. Dadurch wird mich der Reichtum Gottes immer mehr erfüllen.

Nach Epheser 3,16-19

Bist du überrascht, wie kühn wir beten dürfen? Wenn du ein Staatsbürger des Reiches Gottes bist und deine Rechte gemäß der Verfassung (der Bibel) kennst, dann darfst du mutig beten; der Vater wird sich darüber freuen, wenn er deinen Glauben und dein Vertrauen in sein Wort sieht.

Gott liebt es, wenn wir ihn beim Wort nehmen, wenn mir mutig und kühn sind und wenn wir ihn an die Verheißungen, die er uns gegeben hat, erinnern. Hier in Uganda habe ich zwei afrikanische Söhne und eine Tochter, die zu meiner unmittelbaren Familie gehören und meinen Namen tragen. Von ihnen habe ich gelernt, was echter Glaube ist. Denn wann immer ich ihnen etwas verspreche, erinnern sie mich so lange daran, bis ich es auch tue.

Anfangs dachte ich, dass sie lästig sind. Es kam mir auch oft frech vor und ich empfand es als Zumutung. Bis ich zum Herrn ging und mich über ihr Verhalten beklagte. Der sagte mir sehr deutlich, dass sie nur glauben, was ich versprochen habe, mich also beim Wort nehmen und ernst nehmen. Ich sollte mich über ihre »Hartnäckigkeit im Glauben« freuen, nicht ärgern! Das hat mir die Augen geöffnet! Seither weiß ich, dass ich in Bezug auf Gott nicht bescheiden sein muss. Ich darf ihn an alles erinnern, was er mir in seinem Wort zugesagt hat.

Werde auch du kühn im Glauben an unseren großen, allmächtigen, allwissenden und allgegenwärtigen Gott, für den nichts unmöglich ist!

22. APRIL

Jeder Tag meines Lebens war in deinem Buch geschrieben. Jeder Augenblick stand fest, noch bevor der erste Tag begann.

Psalm 139,16b

Mein geliebtes Kind,

vielleicht kennst du mich noch nicht, aber ich weiß alles über dich (Psalm 139,1).

Alle deine Wege sind mir vertraut (Psalm 139,3).

Ich kannte dich schon, bevor du geboren wurdest (Jeremia 1,5a).

Du bist nicht zufällig auf der Welt und kein Unfall, denn alle deine Tage sind in mein Buch geschrieben.

23. APRIL

Wir haben erkannt, wie sehr Gott uns liebt, und wir glauben an seine Liebe. Gott ist Liebe, und wer in der Liebe lebt, der lebt in Gott und Gott lebt in ihm.

1. Johannes 4,16

Mein geliebtes Kind,

du musst nicht denken, dass ich weit entfernt von dir oder wütend bin. Mein ganzes Wesen besteht aus Liebe.

Ich liebe dich, meine Tochter, mein Sohn. Ich habe mein Blut für dich vergossen, aus Liebe zu dir, um dich ganz rein zu machen.

Kritisiere dich nicht selbst und setze dich nicht herab, weil du noch nicht so bist, wie du sein möchtest. Vertraue mir jeden Tag neu. Bleib in meiner Liebe und meiner Gegenwart und ich setze dich frei, Tag für Tag ein Stück mehr.

Ich sehne mich danach, diese meine Liebe über dir auszugießen, einfach nur, weil du mein Kind bist und ich dein Vater. Ich habe viel mehr für dich vorbereitet, als dein irdischer Vater dir jemals geben könnte. Du bist mein Liebling und ich sehe an dir keinen Fehler (Hohelied 4,7).

Vertraue mir, mein Kind, und komm nahe zu mir. Ich warte mit offenen Armen auf dich, um dich auf meinem Schoß zu beschützen. Ich, dein himmlischer Vater, sehne mich nach deiner Gegenwart. Komm zu mir, mein Kind. Ich schenke dir Geborgenheit und Ruhe und den Frieden, den die Welt nicht geben und nicht nehmen kann.

Vertraue mir und du wirst nicht enttäuscht werden.

24. APRIL

Wenn ihr, die ihr Sünder seid, wisst, wie man seinen Kindern Gutes tut, wie viel mehr wird euer Vater im Himmel denen, die ihn darum bitten, Gutes tun.

Matthäus 7,11

Mein geliebtes Kind,

ich bin dein Versorger und fülle all deinen Mangel aus gemäß meines Reichtums in Herrlichkeit.

Meine Pläne für deine Zukunft sind voller Hoffnung (Jeremia 29,11), denn ich liebe dich mit einer ewigen Liebe (Jeremia 31,3).

Und ich werde nie aufhören, dir Gutes zu tun (Jeremia 32,40).

Suche mich von ganzem Herzen und du wirst mich finden (5. Mose 4,29).

25. APRIL

In allen Schwierigkeiten tröstet er uns, damit wir andere trösten können. Wenn andere Menschen in Schwierigkeiten geraten, können wir ihnen den gleichen Trost spenden, wie Gott ihn uns geschenkt hat.

2. Korinther 1,4

Mein geliebtes Kind,

wenn du dich über mich freust, deine Lust an mir hast, dann werde ich deine Herzenswünsche erfüllen (nach Psalm 37,4). Ich bin es, der dir diese Wünsche ins Herz gelegt hat.

Ich gebe dir nicht nur das Verlangen danach, mir zu gehorchen, sondern helfe dir auch dabei, meinen Willen zu erfüllen – du musst es nicht aus eigener Kraft versuchen (Philipper 2,13)!

Durch die mächtige Kraft, die in dir wirkt, kann ich unendlich viel mehr tun, als du je bitten oder auch nur hoffen kannst (Epheser 3,20).

Ich bin dein Vater und großer Ermutiger, der dich in all deinen Bedrängnissen tröstet.

26. APRIL

Der Herr ist allen nahe, die verzweifelt sind; er rettet die, die den Mut verloren haben.

Psalm 34,19

Mein geliebtes Kind,

ich werde alle deine Tränen abwischen und es wird keinen Tod, keine Trauer, kein Weinen und keinen Schmerz mehr geben (Offenbarung 21,4).

Wenn dein Herz zerbrochen ist, bin ich ganz nahe bei dir. Und eines Tages werde ich alles Leid von dir nehmen, das du jemals auf dieser Erde hattest.

Ich bin dein Vater und ich liebe dich, so wie ich meinen Sohn Jesus liebe. Denn in meinem Sohn Jesus ist alle meine Liebe für dich sichtbar geworden (Johannes 17,23).

27. APRIL

Und das ist die wahre Liebe: Nicht wir haben Gott geliebt, sondern er hat uns zuerst geliebt und hat seinen Sohn gesandt, damit er uns von unserer Schuld befreit.

1. Johannes 4,10

Mein geliebtes Kind,

Jesus kam, um dir zu zeigen, dass der Vater immer für dich ist, niemals gegen dich (Römer 8,31).

Er kam, um dir zu zeigen, dass ich deine Sünden nicht anrechne. Jesus ist für dich gestorben, damit du versöhnt wirst und ohne Verdammnis leben darfst (2. Korinther 5,19).

Der stellvertretende Tod Jesus Christi war der ultimative Ausdruck meiner Liebe zu dir.

28. APRIL

Ich bin überzeugt: Nichts kann uns von seiner Liebe trennen. Weder Tod noch Leben, weder Engel noch Mächte, weder unsere Ängste in der Gegenwart noch unsere Sorgen um die Zukunft, ja nicht einmal die Mächte der Hölle können uns von der Liebe Gottes trennen. Und wären wir hoch über dem Himmel oder befänden uns in den tiefsten Tiefen des Ozeans, nichts und niemand in der ganzen Schöpfung kann uns von der Liebe Gottes trennen, die in Christus Jesus, unserem Herrn, erschienen ist.

Römer 8,38-39

Mein geliebtes Kind,

nichts auf dieser ganzen Welt und nichts, was du jemals tust oder denkst, wird dich von meiner großen Liebe zu dir trennen.

Meine Frage an dich ist jetzt: Willst du mein Kind sein?

Willst du meinen Sohn in dein Herz einladen und mir und meiner Liebe voll und ganz vertrauen?

Ich warte auf dich mit offenen Armen.

All denen aber, die ihn aufnahmen und an seinen Namen glaubten, gab er das Recht, Gottes Kinder zu werden.

Johannes 1,12

29. APRIL

Denn so viel der Himmel höher ist als die Erde, so viel höher stehen meine Wege über euren Wegen und meine Gedanken über euren Gedanken.

Jesaja 55,9

Mein geliebtes Kind,

vertrau mir – Schritt für Schritt! Lebe nur einen Tag nach dem anderen; morgen ist noch nicht da und gestern ist schon vorbei. Heute ist der Tag, an dem ich dir meine Liebe, Güte, Führung und Weisheit offenbaren will. Sei dir meiner Gegenwart in allem bewusst.

Ich gebe dir Geduld, Liebe, Freude, Frieden, Kraft, Autorität und alles, was du brauchst. Schau auf mich, um Antworten für dein Leben zu bekommen. Ich bin dein guter Hirte. Ich werde dich führen. Schau nur auf mich! Mein geliebtes Kind, halte deine Augen fest auf mich gerichtet, den Anfänger und Vollender deines Glaubens.

Du gehörst nicht mehr dir selbst. Ich habe dich mit meinem teuren Blut erkauft, du gehörst mir. Erlaube mir, dich zu führen. Ich weiß, was am besten für dich ist, und ich werde es vollbringen.

Lass los und vertrau mir, dass meine Pläne besser sind als deine Pläne, dass meine Wege besser sind als deine Wege. Mein Wille für dich ist perfekt. Meine Liebe für dich genügt. Ich werde allen deinen Bedürfnissen begegnen gemäß meines Reichtums in Herrlichkeit.

30. APRIL

Denn wir wissen, wie sehr Gott uns liebt, weil er uns den Heiligen Geist geschenkt hat, der unsere Herzen mit seiner Liebe erfüllt.

Römer 5,5

Mein geliebtes Kind,

siehe, jetzt ist die hochwillkommene Zeit, siehe, jetzt ist der Tag des Heils (2. Korinther 6,2b; ELB).

Denn ich weiß genau, welche Pläne ich für dich gefasst habe, mein Plan ist, dir Heil zu geben und kein Leid. Ich gebe dir Zukunft und Hoffnung (Jeremia 29,11).

Mein geliebtes Kind, das ist die wahre Liebe; nicht du hast mich geliebt, sondern ich habe dich zuerst geliebt und ich habe meinen Sohn gesandt, damit er dich von deiner Schuld befreit (1. Johannes 4,10).

Ich liebe dich so sehr, dass ich meinen einzigen Sohn hingab, damit du, wenn du an ihn glaubst, nicht verloren gehst, sondern das ewige Leben hast (Johannes 3,16).

Glaube an Jesus, den Herrn, dann wirst du gerettet, zusammen mit allen in deinem Haus (Apostelgeschichte 16,31).

Er ist der Weg, die Wahrheit und das Leben. Niemand kommt zu mir außer durch ihn (Johannes 14,6).

Ich liebe dich,

dein Gott und Vater

MAI

1. MAI

Doch die Weisheit erweist sich als richtig im Leben derer, die sie befolgen.

Lukas 7,35

Sechs kleine Weisheiten:

Während einer schlimmen Trockenzeit versammelten sich die Dorfbewohner, um für Regen zu beten, aber nur ein kleiner Junge kam mit einem Regenschirm. Das ist Glaube.

Wenn du ein Baby in die Luft wirfst, dann lacht es, weil es sicher ist, dass du es auffangen wirst. Das ist Vertrauen.

Jeden Abend, wenn wir ins Bett gehen, stellen wir den Wecker, ohne dass wir sicher sind, wieder zu erwachen. Das ist Hoffnung.

Jedes Jahr planen wir große Dinge für das kommende Jahr, ohne die Zukunft zu kennen. Das ist Zuversicht.

Wir sehen das Leid der Welt, aber wir heiraten und haben Kinder. Das ist Liebe.

Auf dem T-Shirt eines alten Mannes standen folgende Worte: »Ich bin nicht wirklich 80 Jahre alt. Ich bin 16 Jahre jung mit 64 Jahren Lebenserfahrung.« Das ist die richtige Einstellung.

2. MAI

Ihr seid berufen, liebe Freunde, in Freiheit zu leben – nicht in der Freiheit, euren sündigen Neigungen nachzugeben, sondern in der Freiheit, einander in Liebe zu dienen.

Galater 5,13

Es ist ganz wichtig, dass wir uns immer wieder bewusst machen: Liebe klammert nicht! Sie lässt dem anderen stets den nötigen Freiraum, auf seine Weise reagieren und antworten zu können. Eine Liebe, die andere einengt und die Freiheit nimmt, bedeutet Druck und Überforderung. Wer überfordert wird, verweigert sich, stöhnt, wird aggressiv, weil die Last zu schwer wird. Hohe Erwartungen wollen den anderen letztlich zu etwas zwingen; selbst wenn jemand den Erwartungen nachkommt, geschieht dies dann nicht aus freien Stücken.

Die Gefahr ist groß, dass wir unter dem Deckmantel der Liebe andere Menschen unter Druck setzen. Natürlich meinen wir es eigentlich nur gut. Doch die Menschen entziehen sich uns, wenn ständig Druck auf sie ausgeübt wird. Deshalb brauchen wir in diesem Bereich Befreiung. Jesus sagt: »Ihr seid berufen, in Freiheit zu leben (…) in der Freiheit, einander in Liebe zu dienen!«

Jesus schenkt Freiheit vom egoistischen Denken und selbstverliebten Handeln. Schau weg von dir selbst und schau auf Jesus. Das ist wahre Rücksicht. Nicht zu klammern, bedeutet loszulassen. Wir haben den anderen dann nicht mehr in der Hand. Er ist unserer Bestimmung entzogen.

Gott selbst schenkt dem Menschen die Freiheit, sich für oder gegen ihn zu entscheiden. Jesus hat keinen Druck ausgeübt, wenn es darum ging, ihn als Herrn und Retter anzunehmen. Als

Christen sind wir Zeugen unseres Herrn und unseres Glaubens, das Überzeugen dürfen wir getrost dem Heiligen Geist überlassen.

Kannst du anderen diesen Freiraum lassen?

3. MAI

Die Gottlosen haben viele Sorgen, aber die auf den Herrn vertrauen, sind von Gottes Güte umgeben.

Psalm 32,10

Loslassen heißt nicht, den anderen nicht mehr zu lieben. Es heißt, dass ich nicht sein Leben für ihn leben kann.

Loslassen heißt nicht, sich vom anderen zu trennen. Es heißt, dass ich den anderen nicht kontrollieren kann.

Loslassen heißt zuzugeben, dass ich nicht alle Lösungen habe. Es heißt, dass ich anderen erlaube, ihre eigenen Erfahrungen zu machen und aus den Konsequenzen zu lernen.

Loslassen heißt nicht, den anderen zu richten oder zu verurteilen. Es heißt, dass ich dem anderen den Freiraum gebe, Mensch zu sein.

Loslassen heißt nicht, dass mir der andere egal ist; wie es ihm geht und was er erlebt. Es heißt, dass ich dem anderen erlaube, Realität zu erfahren.

Loslassen heißt, den anderen nicht mehr zu korrigieren. Es heißt, dass ich mir meiner eigenen Schwächen bewusst werde und an ihrer Veränderung arbeite.

Loslassen heißt nicht, nur noch die Vergangenheit zu sehen. Es heißt, dass ich wachse und die Gegenwart umarme.

Loslassen heißt, sich weniger zu fürchten und mehr zu glauben und zu lieben.

4. MAI

Ich lasse euch ein Geschenk zurück – meinen Frieden.

Johannes 14,27a

Vielleicht solltest du ein rebellisches Kind loslassen, ein tiefes Herzeleid, eine schmerzhafte Erfahrung, eine große Enttäuschung. Alles, was deinen Geist und deine Seele belastet, gib an den Herrn ab, lass los.

Hast du einen lieben Menschen verloren und dein Herz ist immer noch voller Trauer? Lass los.

Wurdest du von einem Menschen verlassen, verraten, im Stich gelassen, der dir sehr viel bedeutete? Lass alle Vorwürfe, alle Verdammnis und alle Bitterkeit los.

Bist du von dir selbst enttäuscht und quälst dich mit Selbstvorwürfen? Empfange Gottes Vergebung und lass los. Bitte auch um Vergebung, wo du andere im Stich gelassen und enttäuscht hast.

Bete über allen schmerzhaften Situationen in deinem Leben und lass sie los in die liebenden Hände Gottes. Du wirst sehen, dass das in dir den Frieden freisetzt, der menschliches Verstehen übersteigt. Und du wirst erfahren, dass dein Geist wieder Flügel bekommt, dir neue Freiheit und Freude geschenkt werden, neues Leben in dir zu strömen beginnt, weil der Heilige Geist wieder Freiraum bekommen hat, in dir zu wirken, zu leben und dich zu führen.

5. MAI

Denkt nicht nur an eure eigenen Angelegenheiten, sondern interessiert euch auch für die anderen und für das, was sie tun.

Philipper 2,4

Wenn man das Wort »Liebe« in eine Internet-Suchmaschine eingibt, bekommt man Millionen Treffer zu diesem Thema, aber kaum jemals dreht es sich dabei um wahre Liebe. Gibt man das Wort Sex ein, sind es noch einmal deutlich mehr Suchergebnisse. Leider wissen die Menschen heute mehr über Sex als über Liebe. Nur wenige haben in ihrer Familie erlebt, wie echte Beziehungen aussehen. So gut wie niemand kann sich die Liebe vorstellen, von der Jesus spricht. Die meisten Schlager und Popsongs, die von Liebe singen, meinen eigentlich »Lust«, also ein warmes, sinnliches Gefühl, das kommt und geht. Sie sprechen davon, bekommen zu wollen, nicht davon, zu geben. Liebe will Gutes für den anderen; Lust sucht vor allem sich selbst.

Wie viele Menschen, die zueinander sagen: »Ich liebe dich!«, meinen eigentlich damit: »Jetzt erwarte ich, dass du mich glücklich machst!« Und das geht immer daneben, denn dadurch suchen wir nur das unsere. Liebe will das Beste für den anderen und gibt ohne Berechnung. Sie gibt dem Nächsten, was er braucht, und nicht, was er verdient.

Auf welche Weise willst du Liebe leben?

6. MAI

So schuf Gott die Menschen nach seinem Bild, nach dem Bild Gottes schuf er sie, als Mann und Frau schuf er sie.

1. Mose 1,27

Das ganze Leben ist eine große Entdeckungsreise. Entdecke, dass Gott dich geschaffen hat, um so zu sein, wie er ist: Da sprach Gott: »*Wir wollen Menschen schaffen nach unserem Bild, die uns ähnlich sind* (1. Mose 1,26).

Bereits im Schöpfungsbericht können wir die Dreieinigkeit erkennen, und sie ist auch in uns angelegt, denn wir können einige »Dreieinigkeiten« im Menschen entdecken:

zuerst Geist, Seele und Körper. In unserem Geist finden wir Gewissen, Intuition und Beziehungsfähigkeit. Die Seele können wir einteilen in Verstand, Gefühle und Willen. Und der Körper setzt sich, grob gesehen, aus Knochen, Blut und Muskeln zusammen. Wir haben in unserem Leben Vergangenheit, Gegenwart und Zukunft. Eine Familie besteht aus Vater, Mutter und Kind.

Gott hat uns erschaffen, um in unserer Vielfältigkeit in seiner Einheit und Harmonie zu leben. Es ist sehr erleichternd, wenn wir entdecken, dass Gott die Vielfalt liebt, aber trotz aller Verschiedenheit große Einheit in unser Leben bringen will, wenn wir es zulassen.

Bist du bereit, die Vielfalt in dir und in den Menschen um dich herum in dein Leben aufzunehmen und nicht als Bedrohung, sondern als Bereicherung zu sehen? Erst wenn du lernst, dich als Gewinn für diese Welt zu erkennen, wirst du auch deinen Nächsten in diesem Licht betrachten.

Schau also jeden Tag in den Spiegel und sag zu der Person, die du da siehst: »Diese Welt wäre viel ärmer, wenn es dich nicht gäbe!« Und freue dich darüber! Und dann sag dasselbe noch einer oder mehreren Personen in deinem Umfeld! Du wirst staunen, was das für Auswirkungen hat!

7. MAI

Denn was ein Mensch sät, wird er auch ernten. Wer nur nach seinen sündigen Neigungen lebt, wird sich damit selbst zugrunde richten und schließlich den Tod ernten. Aber wer lebt, um dem Geist zu gefallen, wird vom Geist das ewige Leben erhalten!

Galater 6,7b-8

Da zwischen Saat und Ernte meist viele Jahre, ja sogar Jahrzehnte liegen, erkennen wir oft nicht, dass unsere Ausstrahlung, unser Verhalten, unser Reden oder anderes die Ernte dessen sind, was in der Vergangenheit – von uns selbst, von unserem Umfeld (Eltern, Autoritätspersonen, Ehepartnern etc.) oder sogar von unseren Vorfahren – gesät worden ist.

Ich selbst habe erlebt, wie schlechte Saat in meinem Leben viel später aufging und mich zunächst daran hinderte, in meiner Bestimmung zu wandeln. Als ich begann, die Bibel zu lesen, fiel mir auf, dass ich bei jeder Verheißung innerlich nur ungläubig lachte und sie nicht ernst nehmen wollte. Ich bat den Heiligen Geist, mir den Grund dafür zu zeigen. Da wurde mir bewusst, dass mein Vater manchmal Versprechungen gemacht hatte, die er nicht einhielt. Das hatte sehr wehgetan. Um den Schmerz möglichst zu vermeiden, hatte ich mich entschlossen, seine Versprechungen gar nicht mehr ernst zu nehmen. Dasselbe habe ich dann mit den Verheißungen Gottes gemacht. Ich habe letztlich Unglauben und Misstrauen gesät und entsprechend eine Ernte von Unglauben und Misstrauen bekommen. Erst als ich meinem Vater voll und ganz für alle nicht eingehaltenen Versprechen vergeben und dem Herrn meine Bitterkeit als Schuld bekannt und abgegeben hatte, kamen Glaube und Vertrauen auf die Verheißungen Gottes in mein Herz.

Warum betest du nicht mit mir? »Geliebter Vater, zeig mir die bitteren Wurzeln in meinem Herzen, die den Glauben in meinem Leben ersticken und mich Negatives erwarten lassen.«

8. MAI

Gebt, und ihr werdet bekommen. Was ihr verschenkt, wird anständig, ja großzügig bemessen, mit beträchtlicher Zugabe zu euch zurückfließen. Nach dem Maß, mit dem ihr gebt, werdet ihr zurückbekommen.

Lukas 6,38

Wahre Größe zeigt sich darin, dass man in kleinen Dingen großzügig ist. Jeder von uns hat Saatgut, und damit ist nicht nur Materielles gemeint. Du hast Gaben und Talente, du hast gute Worte, mit denen du andere ermutigen kannst, und du hast Zeit. Fang einfach mit dem an, was du hast. Und säe gute Samen in die Gelegenheiten, die Gott täglich für dich vorbereitet hat.

Niemand kann glücklich werden, wenn er nicht lernt, das zu gebrauchen und für Gott einzusetzen, was er bekommen hat. Mach dir keine Sorgen über das, was du noch nicht hast! Noch nie hat jemand Erfolg gehabt, der immer wartete, bis alle Bedingungen »absolut günstig« waren. Fang dort an, wo du bist, fang mit dem an, was du hast, und werde ein freudiger und großzügiger Geber! Wenn du zu weben beginnst, wird Gott dir täglich den nötigen Faden dazugeben! Es ist nicht schwer, du wirst sehen!

Warum betest du nicht? »Geliebter Vater, du bist der beste Geber der Welt! Schenke mir ein gebendes Herz und hilf mir, loszulassen und zu verschenken, wie du es mir zeigst.«

9. MAI

Jubelt dem Herrn zu, ihr Bewohner der Erde! Betet ihn voll Freude an. Kommt zu ihm und lobt ihn mit Liedern. Erkennt, dass der Herr Gott ist! Er hat uns erschaffen und wir gehören ihm. Wir sind sein Volk, die Schafe seiner Weide. Geht durch die Tempeltore mit Dank, tretet ein in seine Vorhöfe mit Lobgesang. Dankt ihm und lobt seinen Namen. Denn der Herr ist gut. Seine Gnade hört niemals auf, und seine Treue gilt für immer.

Psalm 100

Wofür du dankbar bist in deinem Leben, das wird sich multiplizieren, da fließt Segen.

Schreib einen Brief an Gott und danke ihm für alles, was dir einfällt! Dabei wirst du die Gegenwart Gottes spüren und merken, wie gut er ist!

10. MAI

Danach führte der Heilige Geist Jesus in die Wüste, weil er dort vom Teufel auf die Probe gestellt werden sollte. Nachdem er vierzig Tage und vierzig Nächte keine Nahrung zu sich genommen hatte, war er sehr hungrig. Da trat der Teufel zu ihm und sagte: »Wenn du der Sohn Gottes bist, dann verwandle diese Steine in Brot.«

Matthäus 4,1-3

Jesus wurde vom Heiligen Geist in die Wüste geführt und dort vom Satan versucht. Doch er hat sich ihm nicht gebeugt, sondern sich immer nur auf das Wort Gottes berufen!

Doch Jesus erwiderte: »Nein! Die Schrift sagt: ›Der Mensch braucht mehr als nur Brot zum Leben. Er lebt auch von jedem Wort, das aus dem Mund Gottes kommt‹« (Matthäus 4,4).

Jesus antwortete: »Die Schrift sagt aber auch: ›Fordere den Herrn, deinen Gott, nicht heraus.‹« (Matthäus 4,7).

»Scher dich fort von hier, Satan«, sagte Jesus zu ihm. »Denn die Schrift sagt: ›Du sollst den Herrn, deinen Gott, anbeten und nur ihm allein dienen.‹« (Matthäus 4,10).

Das Wort Gottes ist auch unsere Rettung! Lassen wir uns nicht von den Versuchungen des Teufels einfangen! Er hat uns nichts zu bieten, auch wenn es manchmal so aussehen mag! Meditiere immer wieder die Worte der Schrift in deinem Herzen, damit du sie als Waffen gegen den Teufel verwenden kannst.

11. MAI

Denn wir sind Gottes Schöpfung. Er hat uns in Christus Jesus neu geschaffen, damit wir zu guten Taten fähig sind, wie er es für unser Leben schon immer vorgesehen hat.

Epheser 2,10

Erst nach Jahren in meinem Glaubensleben habe ich dieses Wort aus Epheser 2,10 so richtig verstanden. Mit anderen Worten: Mir ging ein Licht auf und es führte mich in ein ganz neues, tägliches Vertrauens- und Abhängigkeitsverhältnis mit Jesus Christus.

Nicht ich muss mein Leben »organisieren«, sondern Gott hat schon alles organisiert. Ich muss nur vertrauensvoll und hörend jeden Tag an der Hand Jesu wandeln und gehorsam tun, was er mir zeigt. Ich darf mich entspannen, mich auf den Augenblick konzentrieren und meine Wege dem Herrn überlassen.

Seither ist mein tägliches Gebet: »Geliebter Vater, ich bitte dich: Öffne die Augen und Ohren meines Herzens und lass mich alle guten Werke, die du für mich heute schon in liebevoller Art und Weise vorbereitet hast, erkennen und mit Freuden darin wandeln.«

12. MAI

Das Himmelreich ist auch vergleichbar mit einem Perlenhändler, der nach kostbaren Perlen Ausschau hielt. Als er eine Perle von großem Wert entdeckte, verkaufte er alles, was er besaß, und kaufte die Perle!

Matthäus 13,45-46

Bist du wie dieser Kaufmann, der alles hergeben musste, damit er diese kostbare Perle erwerben konnte? Wenn du den kostbarsten Schatz in deinem Herzen empfangen willst, dann sprich dieses Gebet:

»Geliebter Herr Jesus Christus, du sagst in deinem Wort, dass das Himmelreich gleich einem Kaufmann ist, der gute Perlen suchte, und als er eine kostbare fand, alles verkaufte, um sie zu besitzen. Du siehst auch mein Herz, das bereit ist, alles um deinetwillen aufzugeben, was mich bisher zurückhielt. Ich sehne mich von ganzem Herzen nach dir, dieser kostbarsten Perle.

Ich bitte dich, offenbare du durch deinen Heiligen Geist, was ich in meinem Leben noch aufgeben muss, damit auch ich dich ganz mein Eigen nennen darf. Und nenne du mich ebenso ganz dein Eigen und segne mich. Amen.«

13. MAI

Und die Gerechtigkeit bringt Frieden. Sie lässt für alle Zeit Ruhe und Sicherheit einkehren. Mein Volk lebt dann an einem Ort des Friedens und in sicheren Wohnungen, sorglos und ruhig.

Jesaja 32,17-18

Wenn wir »richtig« mit Gott leben, dann werden wir in Frieden leben. Denn wir werden nicht mehr getrieben vom dauernden »Hunger« nach allem Möglichen. Frustration und Sorgen nehmen ab. Erlebst du das?

Dieser Friede schenkt dir Ruhe und Sicherheit, selbst wenn es Nöte und unangenehme Ereignisse in deinem Leben gibt. Du wirst ruhig und gefasst bleiben, ganz gleich was geschieht. In dir wird das totale Vertrauen und der Glauben freigesetzt, dass in der »Regierung« Gottes, dem Reich Gottes Sicherheit und Schutz normal sind. Ja, Friede, Sicherheit und Schutz sind vom König aller Könige ein garantiertes Erbe für die Gerechten! Nimm es in Anspruch!

14. MAI

Und ich werde dir ein neues Herz geben und dir einen neuen Geist schenken. Ich werde das Herz aus Stein aus deinem Körper nehmen und dir ein Herz aus Fleisch geben. Und ich werde dir meinen Geist geben, damit du nach meinem Gesetz lebst und meine Gebote bewahrst und dich danach richtest.

Nach Hesekiel 36,26-27

Selbst David schrie zum Herrn um einen neuen Geist. Das lesen wir in Psalm 51,12: »Gott, erschaffe in mir ein reines Herz und gib mir einen neuen, aufrichtigen Geist.« Genauso dürfen wir mit Zuversicht zu Gott kommen und ihn um die Erfüllung dieser Verheißung bitten.

Meine persönliche Erfahrung ist es, dass Gott mir in seiner Liebe immer wieder erlaubt, zuerst an meine Grenzen zu kommen, mich meine Not, geistliche Armut und Hilflosigkeit erkennen lässt. Erst nach meiner Bankrotterklärung schenkt er den Durchbruch in das Leben Jesu.

Ich durfte erkennen, dass ich ein vollkommener Versager als Ehepartnerin, Mutter, Leiterin bin, wenn ich aus meiner eigenen Kraft handele. Aber immer kam gleichzeitig die herrliche Erkenntnis, dass Christus in mir alles ist und mir alles gibt, um meinem Mann die richtige Gehilfin zu sein, meinen Kindern die beste Mutter und meinen Mitarbeitern eine gute Leiterin. Christus in uns ist die Hoffnung der Herrlichkeit. Christus in uns ist die Fülle Gottes – das ist ausreichend für alle Lebenssituationen.

Ein kleiner afrikanischer Junge sollte Psalm 23 auswendig lernen, aber er hatte kein gutes Gedächtnis. Als er gefragt wurde, wie viel er schon konnte, meinte er: »Der Herr ist mein Hirte – und das ist alles, was ich wissen muss!«

Der Herr ist auch dein Hirte, Christus in dir – wenn du ihn darum bittest.

15. MAI

Das Wort Gottes ist lebendig und wirksam. Es ist schärfer als das schärfste Schwert und durchdringt unsere innersten Gedanken und Wünsche. Es deckt auf, wer wir wirklich sind, und macht unser Herz vor Gott offenbar. Nichts in der ganzen Schöpfung ist vor ihm verborgen. Alles ist nackt und bloß vor den Augen Gottes, dem wir für alles Rechenschaft ablegen müssen.

Hebräer 4,12-13

Ob und wann Gott einen Menschen für seine Werke einsetzen kann, hängt nicht alleine von seiner Hingabe ab. Nach der Entscheidung für Jesus kommt die Erziehung durch den Heiligen Geist. Wie wir uns in diesen Erziehungsprozessen verhalten, wird größtenteils bestimmen, wann und wie Gott uns in seinen Diensten fruchtbar (nicht furchtbar!) einsetzen wird.

Durch unsere Hingabe schenken wir Gott unser Leben, und zwar gemäß unserer Erkenntnis und des Lichts, das wir wahrnehmen, aber das ist sehr begrenzt. Bei der Erziehung durch den Heiligen Geist geht es dann um viel mehr. Wir beginnen, uns im Lichte Gottes zu sehen.

Ich habe noch keinen Menschen getroffen, der glücklich über diese Offenbarung seiner Person war oder dankbar für das, was er dabei erkannt hat. Da hört jede Rechtfertigung, jede Beschuldigung oder Entschuldigung und jede Ausrede auf. Da liegt man flach vor Gott auf dem Boden.

Bist du bereit, vor Gott ganz nackt zu werden? Wage es und du wirst erkennen, dass die Liebe Gottes größer ist als all unsere Blöße und Armseligkeit.

16. MAI

Wer hat das Wasser gemessen mit seiner hohlen Hand und den Himmel abgemessen mit der Spanne? Und wer hat den Staub der Erde mit einem Maß erfasst und die Berge mit der Waage gewogen, die Hügel mit Waagschalen? [...] Siehe, Inseln hebt er hoch wie ein Stäubchen.

Jesaja 40,12-15 (ELB)

Gott hat die ganze Welt mit seiner Handspanne (der Distanz zwischen Daumen und kleinem Finger) abgemessen. Das ganze Universum mit seiner grenzenlosen Ausdehnung zeigt uns die grenzenlose Herrlichkeit Gottes.

Gottes Schöpfung ist nicht auf die Erde begrenzt. Wissenschaftler haben entdeckt, dass sich das Universum fortwährend mit rasender Geschwindigkeit ausbreitet. Wir können uns diese Dimensionen gar nicht vorstellen. Der Mond ist etwa 385 000 Kilometer von der Erde entfernt. Mit dem Flugzeug würdest du 19 Tage brauchen, um dorthin zu kommen. Licht legt diese Distanz jedoch in knapp 1,3 Sekunden zurück! Die Sonne ist knapp 150 Millionen Kilometer von der Erde entfernt. Mit einem Jumbojet würdest du bei einem Nonstop-Flug 21 Jahre brauchen, mit dem Auto ungefähr 200 Jahre – ohne Tank- und Ruhepausen. Licht benötigt dazu nur 8 Minuten und 19 Sekunden.

Es werden auch immer wieder Sterne entdeckt, die bereits verloschen sind, deren Licht uns aber erst jetzt erreicht. Wenn ich meine Probleme im Licht der Größe Gottes betrachte (zumindest in dem bisschen, was ich verstehe), dann schrumpfen sie augenblicklich.

Bist du bereit, deine Probleme auf diesen immens großen Gott, der weit über unser Vorstellungsvermögen hinausgeht, zu werfen?

17. MAI

Von uns allen wurde der Schleier weggenommen, sodass wir die Herrlichkeit des Herrn wie in einem Spiegel sehen können.

2. Korinther 3,18a

Ich glaube, dass Gott unendlich viel Gutes, Schönes, Erhabenes, Beglückendes für diejenigen bereithält, die ihm von ganzem Herzen glauben und vertrauen. In seiner Gnade durfte ich schon so wunderbare Momente an Schönheit und Majestät erleben, dass ich leise in meinem Herzen sagte: »Herr, wenn der Himmel noch schöner sein soll als das, dann musst du dich sehr anstrengen!« Ich hatte den Eindruck, Gott hat darüber gelächelt.

Bitte den Herrn, dass er dir die Augen und Ohren des Herzens öffnet, damit du Einblicke in die unsichtbare Welt bekommst. Ich glaube, wir werden aus dem Staunen nicht herauskommen, wenn der Schleier von unseren Augen genommen wird.

Deshalb spreche ich Gutes über meinem Leben aus, denn Heil und Frieden gibt er denen, die sich auf ihn verlassen. Ich spreche auch nie wieder Angst vor der Zukunft über meinem Leben aus, denn was keiner jemals gesehen oder gehört hat, was keiner jemals für möglich gehalten hat, das hält Gott für die bereit, die ihn lieben.

18. MAI

Wie schön klingen die Schritte dessen auf den Bergen, der eine gute Botschaft von Freude und Frieden und Rettung bringt, der zu Zion sagt: »Dein Gott ist König!«

Jesaja 52,7

Wenn wir gelernt haben, gute Verwalter unserer Füße zu werden, dann sind wir schon sehr weit gekommen. Und wenn wir uns zum Ziel gemacht haben, dass das Wort Gottes eine Leuchte für unseren Fuß und ein Licht auf unserem Pfad ist, wissen wir um ein großes Geheimnis.

Wir müssen in enger Verbindung mit dem Heiligen Geist leben, damit er uns die Wege weisen kann, die wir gehen sollen. Ich kann immer wieder nur staunen, wie der Heilige Geist uns leitet, wenn wir ihm die Führung überlassen; wie er uns warnt vor Gefahr.

Bist du bereit, zu allen Zeiten und dort, wo deine Füße dich hintragen, die frohe Botschaft des Evangeliums zu verkündigen?

Übrigens betrachte ich die Räder meines Autos auch als meine Füße. Wenn ich in Uganda von der Polizei gestoppt werde, sage ich: »Herr Officer, ich weiß genau, warum sie mich gestoppt haben. Sie wollen von mir hören, dass Gott sie liebt!« Oft durfte ich dann schon für denjenigen beten und meist habe ich auch eine kleine Gideon-Bibel ausgeteilt. Bis jetzt habe ich noch nie etwas bezahlen müssen!

19. MAI

Und doch kommt der Glaube durch das Hören dieser Botschaft, die Botschaft aber kommt von Christus.

Römer 10,17

Wir lesen im Wort Gottes, dass der Glaube durch das Hören kommt. Das bedeutet, dass wir gut auf unsere Ohren achten müssen. Wir müssen überlegen, wem und was wir sie widmen. Welche Stimmen lassen wir in unser Herz hinein?

Ich ermutige dich dazu, auf Gottes Wort zu hören und es die lauteste Stimme in deinem Leben sein zu lassen. So wird dein Glaube gestärkt werden und du wirst immer mehr Vertrauen zu Gott bekommen. Auch auf die leise Stimme Gottes in deinem Herzen solltest du achten und dich schulen, sie wahrzunehmen. Wichtig können außerdem weise Ratgeber sein – Freunde, von denen du weißt, dass sie im Sinne Gottes leben. Und schließlich solltest du deine Ohren auch nicht vor denjenigen verschließen, die deine Hilfe brauchen: »*Wer seine Ohren vor den Bitten der Armen verschließt, dem wird auch nicht geholfen werden, wenn er selbst in Not ist*« (Sprüche 21,13).

Willst du ein guter Verwalter deiner Ohren sein?

20. MAI

Wende meine Augen von nutzlosen Dingen ab, lass mich durch dein Wort leben.

Psalm 119,37

Wir verwandeln uns in das, was wir anschauen. Unsere Augen sollten wir deshalb besonders gut verwalten und sorgsam überlegen, was wir anschauen. Mit welchen Filmen, TV-Sendungen etc. belastest du deine Augen?

Wie viele Eltern benützen den Fernseher als »Babysitter« für ihre Kinder und erlauben ihnen, Filme anzuschauen, in denen es von Gewalt, Sex, Lug und Trug nur so wimmelt, um sich Ruhe zu verschaffen? Der Schaden, der dabei angerichtet wird, ist erschreckend.

Worauf richtest du deine Augen im Verlauf eines Tages? Auf deine Probleme und Sorgen, auf das, was in der Zeitung steht und in den Nachrichten kommt, auf das, was dir fehlt? Wende deine Augen von all diesen negativen Dingen ab und schau auf den Herrn und seine Verheißungen. Tausche die schlechten Nachrichten aus mit den guten Nachrichten der frohen Botschaft des Wortes Gottes und hebe deine Augen auf zu dem, der im Himmel thront und allmächtig ist und dich liebt und dir antwortet, wenn du ihn anrufst!

21. MAI

Ich versichere euch: Wer an mich glaubt, hat schon das ewige Leben.

Johannes 6,47

Gott steht mit offenen Armen vor dir und fragt dich, ob du glaubst, dass er stärker als alle Widerstände in deinem Leben ist. Ob du glaubst, dass für ihn nichts unmöglich ist. Ob du glaubst, dass er dir ein Vater sein will, so wie dem verlorenen Sohn.

Dieser verlorene Sohn hat sein ganzes Erbe verjubelt, hat die Familie zutiefst enttäuscht, viel Kummer und ebenso Schande auf sie gebracht. Und doch wartete der Vater jeden Tag auf seine Rückkehr und hielt Ausschau nach ihm. Solange bis der Sohn aus eigener Herzenserkenntnis wieder den Weg nach Hause fand.

Als er ganz unten angekommen war und noch die Schweine um ihren Fraß beneidete, erkannte der Sohn, wie gut sein Vater war und wie der niedrigste Arbeiter bei ihm besser versorgt war als er. Er verstand, dass seine einzige Hoffnung darin bestand, wieder zum Vater zurückzukehren, und diesmal mit der vollen Erkenntnis im Herzen, dass der Vater gut ist.

Und der Vater hat ihn wieder aufgenommen – in all seinem Elend und Schmutz. Doch den entscheidenden Schritt, mit allem Versagen, aller Armut und Schuld zurück zu ihm zu kommen, konnte der Vater ihm nicht ersparen. Das gilt auch für uns. Wir müssen zu ihm ins Licht treten, denn nur die Wahrheit macht uns frei!

22. MAI

Erschaffe mir, Gott, ein reines Herz und erneuere in mir einen festen Geist!

Psalm 51,12 (ELB)

Dieser Schrei kam aus Davids Herzen und ich bin überzeugt, dass jeder Gläubige früher oder später ebenfalls an den Punkt kommt, wo er sich mit diesem Gebet identifizieren kann. Denn wenn wir Jesus annehmen, dann heißt das noch lange nicht, dass er wirklich die Herrschaft in allen Bereichen unseres Lebens hat. Das sind Prozesse, die oft jahrelang dauern. Und sie sind nicht immer angenehm, aber so unendlich lohnenswert!

Wie müssen zerbrochen werden. Unsere noch unerlösten Seelenschichten müssen ihre Herrschaft aufgeben. Die Seele setzt sich zusammen aus den Gefühlen, dem Willen und dem Verstand. Sie hat gelernt, unabhängig von Gott zu funktionieren, und sich entsprechende Überlebensstrategie zurechtgelegt. Gott möchte aber nicht, dass wir überleben, sondern dass wir leben. Deshalb müssen wir diese Strategien aufgeben.

Bei Menschen mit einer starken Persönlichkeit kann das ein sehr langwieriger Prozess sein, der durch Wüsten führt. Doch es lohnt sich. Wollen wir uns Gott vollkommen hingeben, unsere Sicherheits- und Bequemlichkeitszonen verlassen und von Herzen Frucht bringen, die bleibt und für die Ewigkeit zählt? Dann erlauben wir Gott, uns zu zerbrechen, damit unser Leben Frucht bringen kann.

23. MAI

Wir haben erkannt, wie sehr Gott uns liebt, und wir glauben an seine Liebe. Gott ist Liebe, und wer in der Liebe lebt, der lebt in Gott und Gott lebt in ihm.

1. Johannes 4,16

Die Kraft zur Wahrheit erhalten wir durch die Stärke der Liebe. Je mehr wir geliebt werden, desto mehr können wir uns selbst und anderen gegenüber wahrhaftig werden. Da Gott die Liebe in Person ist, ermöglicht die Erkenntnis Gottes immer zugleich eine befreiend unverstellte und versöhnte Selbsterkenntnis. Denn wer könnte die Wahrheit ertragen, wenn er nicht in Liebe gehalten würde? Und wer wollte die Wahrheit über sich und sein Leben länger verleugnen, wenn er erfahren darf, dass die Liebe ihm selbst gilt – und nicht nur den Masken und Lebenslügen seiner verzweifelten Unwahrhaftigkeit?

Willst du dich dieser Liebe vorenthalten? Lauf in die offenen Arme Gottes und erfahre Heilung, Vergebung und Versöhnung!

24. MAI

Wer gern redet, muss die Folgen tragen, denn die Zunge kann töten oder Leben spenden.

Sprüche 18,21

Es ist so wichtig, dass wir erkennen, welche Auswirkungen Worte auf unser Leben und auch auf das anderer haben. Unser eigenes Wort kann zerstören. Das vom Heiligen Geist inspirierte Wort Gottes ist hingegen immer Leben und Kraft. Es bewirkt Veränderung in unserem Denken, Wollen und Fühlen.

Es ist wichtig, dass wir das Wort Gottes für uns laut aussprechen, denn der Glaube kommt durch das Hören und das Hören durch das Wort Gottes. Predige dir selbst die besten Predigten, indem du Bibelverse proklamierst.

25. MAI

Aber in diesem allen sind wir mehr als Überwinder durch den, der uns geliebt hat.

Römer 8,37 (ELB)

Es ist wichtig, dass wir uns selbst immer wieder unsere Identität in Christus zusprechen.

Ich bekenne: »Ich bin durch Jesus Christus ein Überwinder und fähig die Probleme des Lebens und jede Attacke des Bösen zu überwinden.«

Seine Gnade ist so groß, dass er unsere Freiheit mit dem Blut seines Sohnes erkauft hat, sodass uns unsere Sünden vergeben sind. Er hat uns mit Gnade überhäuft und uns Weisheit und Erkenntnis gegeben (Epheser 1,7-8). Deshalb bekenne ich: »Seit Jesus Christus in mir lebt, habe ich an seinen Fähigkeiten und an seiner Weisheit Anteil. Ich bin eine neue Schöpfung in ihm.«

Mische diese Worte mit Glauben in deinem Herzen und du wirst sein Leben, seine Veränderung und seine Wirkung an deinem Herzen und deinen Verhaltensweisen immer mehr wahrnehmen.

26. MAI

Ich bete, dass mein Herz hell erleuchtet wird, damit ich die wunderbare Zukunft, zu der er mich berufen hat, begreife und erkenne, welch reiches und herrliches Erbe er den Gläubigen geschenkt hat. Ich bete, dass ich erkennen kann, wie übermächtig groß seine Kraft ist, mit der er in uns, die wir an ihn glauben, wirkt.

Nach Epheser 1,18-19a

Ich bekenne: »Mein Gott ist größer als jedes Problem, dem ich mich gegenübersehe. Er geht vor mir her und ebnet den Weg. In mir wohnt die Fülle Gottes durch den Heiligen Geist. Seine Annahme ist größer als jede Ablehnung, die mir begegnet. Seine Liebe ist größer als jeder Hass, der mir entgegenkommt.

Ich bin Licht in dieser Welt und Jesus in mir hat bereits jede Dunkelheit gebrochen und überwunden.

Durch Jesus bin ich vor Gott gerecht. In seiner Kraft herrsche ich in meinem Leben wie ein(e) König(in)!«

27. MAI

Gepriesen sei der Gott und Vater meines Herrn Jesus Christus! Er hat mich gesegnet mit jeder geistlichen Segnung in der Himmelswelt in Christus, wie er mich in ihm auserwählt hat vor Grundlegung der Welt, dass ich heilig und tadellos vor ihm bin in Liebe.

Nach Epheser 1,3-4 (ELB)

Ich bekenne: »Durch Jesus Christus gehöre ich zur Familie Gottes! Deshalb beanspruche ich Freiheit von Krankheit, Sünde, Gebundenheit, Angst und Minderwertigkeit.

Ich bin kein Zufall und kein Unfall, sondern ein geliebtes und gewolltes Kind Gottes mit einer besonderen Berufung in dieser Welt, und zwar ein Instrument der Liebe und des Friedens zu sein und Licht in jede Dunkelheit zu bringen.«

Wenn wir ihm unsere Sünden bekennen, ist er treu und gerecht, dass er uns vergibt und uns von allem Bösen reinigt (1. Johannes 1,9). Deshalb bekenne ich: »Ich empfange die Gnade und den Mut, meine Sünden vor Gott und vor den Menschen zu bekennen, damit ich voll und ganz die Vergebung durch das Blut Jesu beanspruchen kann. Als Folge davon bin ich frei von jeder Schuld, Verdammnis und Ungerechtigkeit.«

28. MAI

Dieser Hohe Priester versteht meine Schwächen, weil ihm dieselben Versuchungen begegnet sind wie mir, doch er wurde nicht schuldig. Ich will deshalb zuversichtlich vor den Thron unseres gnädigen Gottes treten. Dort werde ich Barmherzigkeit empfangen und Gnade finden, die mir helfen wird, wenn ich sie brauche.

Nach Hebräer 4,15-16

Deshalb bekenne ich: »Durch Jesus Christus, der mich besser versteht als jeder andere Mensch, ja, wahrscheinlich auch besser als ich mich selbst, gehe ich kühn und voller Zuversicht zum Vater und nehme alle Segnungen und Verheißungen aus dankbarem Herzen unverdient, aus reiner Gnade, in Empfang.«

Der Herr, dein Erlöser, der Heilige Israels, spricht: »Ich bin der Herr, dein Gott, der dich lehrt, was dir nützt, und dir den Weg zeigt, den du gehen sollst (Jesaja 48,17). Deshalb bekenne ich: »Ich mache mich von Gott als meiner einzigen Quelle der Versorgung abhängig; er lässt meine Arbeit gelingen. Ich tue alles zu seiner Ehre und Gott schenkt den Segen!«

29. MAI

Etwa zu dieser Zeit kamen die Jünger zu Jesus und fragten ihn: »Wer ist der Größte im Himmelreich?« Da rief Jesus ein kleines Kind zu sich und stellte es vor sie hin. Dann sagte er: »Ich versichere euch: Wenn ihr nicht umkehrt und werdet wie die Kinder, werdet ihr nie ins Himmelreich kommen. Deshalb: Wer so gering wird wie dieses Kind, der ist der Größte im Himmelreich. Und wer ein solches Kind in meinem Namen aufnimmt, der nimmt mich auf. Wer aber eines dieser Kinder, die mir vertrauen, vom rechten Glauben abbringt, für den wäre es besser, er würde mit einem schweren Mühlstein um den Hals ins Meer geworfen werden.«

Matthäus 18,1-6

Eines der größten Hindernisse dafür, dass Gottes Geist uns berühren kann, ist ein religiöser Geist. Darunter verstehe ich die Unfähigkeit, vom Vater Liebe, Gnade, Gaben etc. unverdient empfangen zu können. Wir wollen uns alles verdienen, erarbeiten, uns anstrengen, abbezahlen. Wir möchten irgendetwas tun.

Ganz anders die Kinder. Sie sind einfach sie selbst und habe noch keinen Ehrgeiz entwickelt, sich den Familiensegen zu verdienen. Kinder sind kühn. Sie können um Dinge bitten, die absurd sind oder die sie absolut nicht verdient haben. Zu denken, dass sie sich das, was sie wollen, zuerst verdienen müssen, liegt ihnen fern. Sie nehmen alles umsonst und jetzt und ohne Überlegung, ob sie es »wert« sind oder nicht.

Wir dürfen von den Kindern lernen und so überzeugt sein wie sie, dass Gott nicht wartet, bis wir gut genug sind, um uns zu beschenken. Willst du umkehren und wie ein Kind werden, nicht kindisch, sondern kindlich?

30. MAI

Ich versichere euch: Wer an mich glaubt, wird dieselben Dinge tun, die ich getan habe, ja noch größere, denn ich gehe, um beim Vater zu sein.

Johannes 14,12

Mir wurde in den letzten Jahren immer mehr bewusst, dass Jesus auf Erden tatsächlich nur als Mensch gewirkt hat. Er ließ seine Göttlichkeit zurück und machte keinen Gebrauch davon. Das bedeutet, dass er mit demselben Potenzial und Zugang zu Gott lebte, den du und ich heute haben. Und deshalb hat er auch gesagt, dass wir dieselben Werke tun werden, die er vollbracht hat – und noch größere!

Er bekam seine Kraft durch die Verbindung zum Vater, durch seine ständige Kommunikation mit ihm (Gebet) und durch den Heiligen Geist, genauso wie wir heute. Er kam zu retten, zu heilen und zu befreien. Er kam, um das Reich Gottes in unserer Mitte spürbar und sichtbar zu machen. Und er gab uns den Auftrag, dasselbe zu tun.

Wir sind Stellvertreter Gottes auf Erden. Wir sind mit ihm gekreuzigt, begraben und auferweckt worden und herrschen mit ihm zusammen an himmlischen Orten … und dadurch auch auf Erden. Alle Autorität ist uns von ihm übertragen worden. Ich vermute schwer, dass uns nur unser mangelnder Glaube und unser mangelndes Vertrauen und Vorstellungsvermögen davon abhalten, größere Werke zu vollbringen.

Bitte den Herrn, dass er deinen Horizont erweitert und du im wahrsten Sinne des Wortes Wunder erleben darfst!

31. MAI

Denn er befiehlt seinen Engeln, dich zu beschützen, wo immer du gehst.

Psalm 91,11

Ein junges Mädchen ging abends vom Gottesdienst nach Hause. Es war schon dunkel, aber ihr Zuhause war nicht weit von der Gemeinde entfernt. Bevor sie sich auf den Weg machte, bat sie um Schutz und Segen für unterwegs. Sie hatte keine Angst. Als sie jedoch in die schmale Gasse einbog, die zu ihrem Haus führte, sah sie einen Mann im Dunkeln stehen, als würde er auf sie warten. Sie sprach ein Stoßgebet: »Herr, bitte sei als mein Beschützer mit mir und lass mich heil nach Hause kommen.« Ihr Herz wurde sofort ruhig und sie kam unbehelligt daheim an.

In den nächsten Tagen las sie in der Zeitung, dass an diesem Abend, kurz nach ihrer Heimkehr, ein junges Mädchen genau in dieser Gasse vergewaltigt worden war. Das löste tiefen Schmerz und Herzeleid in ihr aus, und sie ging zur Polizei, um zu helfen, den Täter zu identifizieren. Der Mann wurde daraufhin gefasst, gestand und kam ins Gefängnis. Das Mädchen bat die Polizei, ihn zu fragen, warum er sie verschont hatte. Seine Antwort lautete: »Sie war nicht allein, da waren zwei starke Männer an ihrer Seite, einer zu ihrer Rechten und einer zu ihrer Linken!«

JUNI

1. JUNI

Durch ihn wurde alles geschaffen, was ist. Es gibt nichts, was er, das Wort, nicht geschaffen hat.

Johannes 1,3

»Alles« beinhaltet auch dich und mich. Gott erschuf uns. Wir sind kein Unfall der Natur, sondern gewollte und geliebte Kinder Gottes.

Freu dich und schätze, was Gott in dir erschuf, denn seine Schöpfungen sind vollkommen. Es gab noch nie einen Menschen wie dich, mit deinen Gaben, Talenten, deinem Aussehen oder Fingerabdruck! Und eines ist gewiss: In dir steckt noch so viel mehr, als du dir vorstellen kannst. Stell dein ganzes Leben unter den Schutz des Blutes Jesu, unter die Führung des Heiligen Geistes und erlaube Gott, alles in dir freizusetzen, was er in dich hineingelegt und für dich vorgesehen hat.

Nicht zu sein, was Gott für dich beabsichtigt hat, ist vergeudete Zeit. Zieh das alte Kleid deiner Identität aus, das dir andere aufgezwängt haben oder das du dir selbst angezogen hast. Werde frei von allen Bewertungen, allen »Rollen«, die du gespielt hast, frei von menschlichem Ruhm und Stolz. Betrachte dich durch den Spiegel des Wortes Gottes. Du bist einmalig und kannst und sollst dich mit niemandem vergleichen. Gott hat seinen ganz eigenen Plan mit dir und für dich. Verlass dich auf seine schöpferische Führung. Schätze, wer und was du bist, und lass Gott in dir und durch dich das werden, was und wer er wirklich ist.

2. JUNI

Ich habe euch das alles gesagt, damit ihr in mir Frieden habt. Hier auf der Erde werdet ihr viel Schweres erleben. Aber habt Mut, denn ich habe die Welt überwunden.

Johannes 16,33

Gerade in unseren Tagen mit all den verwirrenden und entmutigenden Nachrichten aus aller Welt ist es sehr wichtig, dass wir unsere volle Geborgenheit in Gott und seinen Verheißungen finden. Er will uns Frieden schenken, neuen Mut und die Zuversicht, dass er nur Gutes für uns hat.

Deshalb bekenne ich, dass ich Frieden in meinem Leben haben darf, auch wenn es um mich herum alles andere als friedlich zugeht. Ich glaube, dass Gott über dieser Welt wacht, souverän ist und alles zu einem guten Ziel führen wird. Deshalb fürchte ich mich nicht, sondern schaue erwartungsvoll und froh in die Zukunft. Gott wird es wohl machen.

3. JUNI

Deshalb wollen wir weiter an der Hoffnung festhalten, die wir bekennen, denn Gott steht treu zu seinen Zusagen.

Hebräer 10,23

Ich bekenne:

»Der Geist Christi bleibt in mir!«

Aber ihr habt den Heiligen Geist von Gott empfangen, und er lebt in euch (1. Johannes 2,27a).

Ich bekenne:

»In Jesu Namen werden durch mich Wunder geschehen und Kranke geheilt werden.«

Sie werden Kranken die Hände auflegen und sie heilen (Markus 16,18b)

Ich bekenne:

»Ich bin Gottes Gerechte\r in Jesus Christus. Ich darf frei in Gottes heiliger Gegenwart und als Sieger vor Satan stehen.«

Den, der Sünde nicht kannte, hat er für uns zur Sünde gemacht, damit wir Gottes Gerechtigkeit wurden in ihm (2. Korinther 5,21; ELB).

4. JUNI

Alle, die dich lieben und auf deine Rettung vertrauen, sollen immer wieder bekennen: »Gott ist groß!«

Psalm 70,5

Ich bekenne:

»Der Sohn hat mich frei gemacht. Ich besitze absolute Freiheit.«

Jesus sagte zu den Menschen, die nun an ihn glaubten: »Wenn ihr euch nach meinen Worten richtet, seid ihr wirklich meine Jünger. Ihr werdet die Wahrheit erkennen, und die Wahrheit wird euch frei machen« (Johannes 8,31-32).

Ich bekenne:

»Die Liebe Gottes ist ausgegossen in mein Herz durch den Heiligen Geist. Ich besitze die Fähigkeit, jeden zu lieben!«

Denn die Liebe Gottes ist ausgegossen in unsere Herzen durch den Heiligen Geist, der uns gegeben worden ist (Römer 5,5b; ELB).

Ich bekenne:

»Die Gerechten sind kühn wie ein Löwe. Ich besitze die Kühnheit eines Löwen und stehe auf, um für Gott zu kämpfen.«

Der gottlose Mensch läuft fort, ohne dass er gejagt wird, der Gottesfürchtige aber ist furchtlos wie ein Löwe (Sprüche 28,1).

5. JUNI

Denn was ein Mensch sät, wird er auch ernten.

Galater 6,7b

Nach vielen Ehejahren war Karl drauf und dran, sich von seiner Frau scheiden zu lassen. Der Grund, den er dem Eheberater angab, war: »Sie ist nicht mehr attraktiv, hat Übergewicht und ist eine schlechte Hausfrau.«

Der weise Eheberater machte ihm folgenden Vorschlag: »Von heute ab möchte ich, dass Sie nach Hause gehen und Ihre Frau wie eine Königin behandeln. Tun Sie alles, was in Ihrer Macht steht, um ihr Freude zu machen und Ehre zu erweisen. Hören Sie ihr genau zu, wenn sie über ihre Probleme spricht, helfen Sie ihr bei den Hausarbeiten, führen Sie sie am Wochenende zum Essen aus. Ich möchte, dass Sie sie so behandeln, als wäre sie eine echte Königin. Wenn Sie das zwei Monate lang gemacht haben, können Sie Ihre Koffer packen und ausziehen.«

Karl ging darauf ein. Er lud seine Frau zu romantischen Wochenenden ein, las ihr jeden Abend Gedichte vor und unterstützte sie im Haus bei allen Arbeiten. Nach zwei Monaten rief der Eheberater an und fragte, ob er jetzt bereit sei, auszuziehen. Entsetzt antwortete Karl: »Sind Sie von Sinnen, ich habe die beste Ehepartnerin der Welt! Nie war ich so glücklich in meiner Ehe. Eine Scheidung kommt nicht mehr infrage.«

Als Karl seine Strategie änderte und anfing, Samen der Liebe zu säen, änderte sich sein ganzes Leben – und das seiner Ehefrau. Er erntete eine Ehe, die beiden zum enormen Segen wurde.

Warum betest du nicht? »Herr, bitte zeig mir, auf welchen Gebieten ich meine Strategie ändern muss und Samen der Liebe säen soll, damit die Ernte sich in einen großen Segen verwandelt.«

6. JUNI

Ich habe euch genauso geliebt, wie der Vater mich geliebt hat. Bleibt in meiner Liebe.

Johannes 15,9

Diese klaren Worte stammen von Jesus. In der Liebe zu bleiben, ist eine der größten Herausforderungen unseres Lebens. Der Feind wird alles in seiner Macht Stehende tun, uns die Gewissheit zu nehmen, dass wir zu jeder Zeit von Gott geliebt und angenommen sind. In der Liebe zu bleiben, bedeutet, in diesem Wissen zu ruhen und es sich von nichts und niemandem rauben zu lassen. Jesus möchte, dass wir alle genau dieselbe Liebe spüren, mit der er von seinem Vater geliebt wurde, und sie dann auch weitergeben. Darum betet er für uns in Johannes 17,26: Ich habe ihnen deinen Namen offenbart und werde ihn auch weiterhin offenbaren. Das tue ich, damit deine Liebe zu mir in ihnen bleibt und ich in ihnen.

Ist das nicht eine überwältigende und gewaltige Botschaft? Bete, dass der Herr dir tief im Herzen zeigt, was das wirklich bedeutet. Es wird dein Leben tief greifend verändern.

7. JUNI

Glaube, Hoffnung und Liebe, diese drei bleiben. Aber am größten ist die Liebe.

1. Korinther 13,13

Nicht ohne Grund heißt es in der Heiligen Schrift, dass die Liebe das Größte ist, denn die Liebe baut der Wahrheit eine Brücke. Wir müssen uns immer wieder mit der Liebe Gottes »kurzschließen« und uns von ihr alles geben lassen, was wir in den verschiedenen Lebenssituationen brauchen.

Gott sagt uns in Jesaja 42,3, dass er das geknickte Rohr nicht zerbrechen und den glimmenden Docht nicht auslöschen wird. Was Menschen letztlich zur Umkehr führt, ist die Güte und Gnade Gottes. Wenn Menschen diese unendlich große Liebe erleben, werden sich ihre Herzen öffnen. Und auch wir können sie weitergeben, zum Beispiel indem wir andere ermutigen. Lass uns nach Gelegenheiten Ausschau halten – der Herr wird sie uns zeigen.

Ich hörte von einem Mann, der spät abends auf einem Parkplatz zu seinem Auto ging, um nach Hause zu fahren. Da hörte er die leise Stimme in seinem Herzen: »Geh in die Telefonzelle vor dir, zünde ein Streichholz an und sag dem Mann, der gerade darin steht, dass das Licht stärker ist als die Finsternis.«

Der Mann tat wie ihm geheißen. Zu seiner großen Überraschung fing der andere zu weinen an und erzählte, dass er sich in der nächsten Stunde habe töten wollen. Doch nach diesem »Lichtblick« habe er seine Meinung geändert.

Lass die Liebe ihr Ziel erreichen!

8. JUNI

Und der Geist des Herrn wirkt in uns, sodass wir ihm immer ähnlicher werden und immer stärker seine Herrlichkeit widerspiegeln.

2. Korinther 3,18b

Wir werden verändert durch das, was wir auf uns einwirken lassen. Wir werden demjenigen ähnlich, mit dem wir Zeit verbringen. Wie oft ist mir schon aufgefallen, dass sich Ehepaare, besonders wenn sie gut miteinander harmonieren, immer ähnlicher werden. Das gilt umso mehr für unsere Beziehung zu Jesus Christus.

Wir verwandeln uns in das, was wir betrachten. Vielleicht fragst du dich: »Wie setze ich mich dieser Liebe aus, die mich verändert? Wie kann ich seine Herrlichkeit sehen? Wie und was muss ich machen?« Wir Menschen hätten gerne klare Anweisungen mit Erfolgsgarantie. Doch auf das Gebet: »Jesus, zeig mir deine Liebe!«, gibt es sehr unterschiedliche Antworten.

Er zeigt mir seine Liebe durch sein Sterben am Kreuz, durch das feine, leise Reden des Heiligen Geistes, durch seine Gegenwart im dunklen Tal, wenn ich durchs Wasser und durchs Feuer gehe. Er zeigt mir seine Liebe auch durch Schweigen, durch sein Ja und sein Nein. Alles, was wir tun können, ist, in dieser Liebe zu bleiben. Ihn in jeder Situation zu fragen, was gerade »dran« ist. Früher oder später wird er uns eine Antwort geben. Hast du Geduld?

9. JUNI

Achte darauf, dass das Licht, das du hast, nicht Dunkelheit ist. Wenn du vom Licht erfüllt bist und keine Bereiche mehr dunkel in dir sind, dann wird dein ganzes Leben leuchten, als würde ein strahlendes Licht auf dich scheinen.«

Lukas 11,35-36

Unsere Welt hungert nach Licht. Es gibt allerdings nur wenige Menschen, die als Licht in sie hineinleuchten. Darum greift die Finsternis um sich. Überall nehmen Gesetzlosigkeit, Gleichgültigkeit, Egoismus, Gewalt und Gottlosigkeit zu. Obwohl Jesus Christus für alle Menschen sein Leben hingegeben hat, finden viele von ihnen nicht den wahren Sinn des Lebens.

Licht in der Finsternis zu sein, hat einen hohen Preis. Denn Gottes Licht trifft immer zuerst auf uns selbst. Er möchte, dass unser eigenes Leben ein Ausdruck seines Lichtes ist. Deshalb wird er zuerst damit anfangen, uns die finsteren Punkte in unserem Leben zu offenbaren. Wir können einander viel vormachen, aber Gott täuschen wir nicht. Und wir werden in der Welt nur so viel verändern können, wie wir Gott erlauben, unser eigenes Leben zu verändern. Nur diejenigen, die sich allein von der Wahrheit und Liebe Gottes formen lassen, werden die Welt transformieren.

Gott wird unser Leben aufräumen und neu ordnen, damit wir Licht sein können. Sind wir bereit, uns folgende Fragen zu stellen, damit durch uns die Finsternis in dieser Welt tatsächlich zurückgedrängt wird?

Welche Prioritäten haben wir in unserem Leben? Was sind unsere Lebensziele? Wie wird das Reich Gottes an unseren Lebenszielen sichtbar? Unterscheiden wir uns von den Menschen, die Gott nicht kennen?

10. JUNI

Die ganze Erde wird die Herrlichkeit des Herrn erkennen und davon erfüllt sein, so wie Wasser das ganze Meer füllt.

Habakuk 2,14

Je mehr sich das Zeitalter des Alten Bundes seinem Ende näherte, desto häufiger finden sich bei den Propheten Weissagungen über die zukünftige Offenbarung der Herrlichkeit Gottes. Erstmalig wird vorhergesagt, dass der Vorhang fallen wird, der den Menschen seit dem Sündenfall von der Wahrnehmung und vom Leben in der Herrlichkeit Gottes scheinbar unüberwindlich getrennt hat.

In Eden lebte der Mensch in einem perfekten Lebensraum, vollkommen beschützt und bewahrt vor jeglichen widergöttlichen und damit der Schöpfung entgegenstehenden Einflüssen von außen. Er war sozusagen umgeben von einer »Blase« der Herrlichkeit, mit der Gott die gesamte Schöpfung in seiner Liebe eingehüllt hatte. Und gleichzeitig hatte diese »Herrlichkeitsblase« – und damit der Mensch – eine ständige Verbindung »nach oben«, das heißt zu Gott und zu allem, was ihn ausmacht. Das Leben vollzog sich in der Herrlichkeit, aus der Herrlichkeit und auf die Herrlichkeit hin. Die Gemeinschaft mit dem Schöpfer war vollkommen ungetrübt.

Willst du dich aufmachen in ein Leben in der Herrlichkeit Gottes?

11. JUNI

Denn du hast ihn [den Menschen] nur wenig geringer als Gott gemacht und ihn mit Ehre und Herrlichkeit gekrönt.

Psalm 8,6

Im Garten Eden herrschte wirklich der Himmel auf Erden. Der himmlische und der irdische Bereich waren eine Einheit. Alles war eingehüllt von der Herrlichkeit Gottes. Der Mensch atmete nicht nur die natürliche Luft, sondern auch die »Luft« der Herrlichkeit Gottes. Das hielt ihn in einem andauernden Zustand der Vollkommenheit. Und dieser Zustand ermöglichte es dem Menschen wie auch allen anderen Geschöpfen, ohne Krankheit, Schwäche, Alterung, Verfall und Tod zu leben. Sie standen in ständiger Verbindung zu ihrem allmächtigen, allgegenwärtigen, ewig lebenden Schöpfer, der einzigen Quelle des wahren Lebens! Erst diese Luft machte Eden zu Eden, was vom Wortursprung auf die Bedeutung »beständiger Genuss« und »dauerhafte Freude« zurückgeführt werden kann.

Für den Menschen, der von Gott als sein Ebenbild, also als ein geistliches Wesen geschaffen worden ist, war und ist diese Herrlichkeitsatmosphäre von entscheidender Bedeutung. Was für den Fisch das Wasser ist und für den Vogel die natürliche Luft, ist für den Menschen gemäß der Schöpfungsordnung die Herrlichkeit Gottes. Nur in diesem Lebensraum kann der Mensch seine göttliche Bestimmung erfüllen und zu dem werden, wozu Gott ihn vor Grundlegung der Welt gedacht hat.

Sehnst du dich nach deiner natürlichen Umgebung, der Herrlichkeit Gottes?

12. JUNI

Da formte Gott, der Herr, aus der Erde den Menschen und blies ihm den Atem des Lebens in die Nase. So wurde der Mensch lebendig.

1. Mose 2,7

Wissenschaftler haben herausgefunden, dass jedes chemische Element des menschlichen Körpers in der Erdkruste vorhanden ist. Gott schuf in mehrfacher Hinsicht ein echtes Wunder!

Der Segen, den Adam und Eva erlebten, war unbeschreiblich. Der Garten schenkte ihnen alles, was sie brauchten, und musste nicht bearbeitet werden. Die Tiere lebten in Harmonie mit den Menschen. Es gab keine Krankheit, keine Schwäche und keine Armut. Und das Beste war, dass dieses erste Ehepaar das Privileg hatte, mit Gott in seiner Herrlichkeit zu leben. Segen war im Übermaß vorhanden.

Auch wir dürfen immer wieder diesen großen Segen Gottes für uns erbitten. Warum nicht gleich jetzt?

13. JUNI

»Ihr werdet nicht sterben!«, zischte die Schlange. »Gott weiß, dass eure Augen geöffnet werden, wenn ihr davon esst. Ihr werdet sein wie Gott und das Gute vom Bösen unterscheiden können.«

1. Mose 3,4-5

Doch dann kam der Sündenfall. Gott hatte dem Menschen verboten, von den Früchten des Baumes der Erkenntnis von Gut und Böse zu essen. Jeglicher Ungehorsam würde sofort den geistlichen Tod nach sich ziehen.

Adam traf in voller Kenntnis dessen, was er tat, die Entscheidung, Gott ungehorsam zu werden. Sein Mangel an Ehrfurcht war nichts anderes als Hochverrat. Sofort wurde Adam und Eva bewusst, dass sie nackt waren. Die Herrlichkeit Gottes war von ihnen gewichen und sie blieben unbedeckt und getrennt von Gott, im Zustand des geistlichen Todes, zurück.

Hast du auch schon einmal erlebt, dass dich Sünde trennt – von Gott, von den Menschen?

14. JUNI

Gott, der Herr, rief nach Adam: »Wo bist du?« Dieser antwortete: »Als ich deine Schritte im Garten hörte, habe ich mich versteckt. Ich hatte Angst, weil ich nackt bin.«

1. Mose 3,9-10

Adam und Eva wurden sich bewusst, dass sie nackt waren, weil die Herrlichkeit Gottes von ihnen gewichen war. In ihrer Verzweiflung versuchten sie, ihre Nacktheit mit Feigenblättern, also »mit eigenen Werken«, zu bedecken.

Versuchst du auch manchmal, deine Nacktheit » mit eigenen Werken« zu bedecken und sie vor Gott, vor anderen und vor dir selbst zu verstecken?

Um mit »aufgedecktem Angesicht« die Herrlichkeit Gottes widerzuspiegeln, müssen wir unsere Masken ablegen und dürfen nicht länger versuchen, zu täuschen – Gott, andere, uns selbst. Unser Weg muss nicht länger von ENTtäuschung zu ENTtäuschung verlaufen!

Suchst du deine Herrlichkeit, deine Identität in der Profilierung durch Leistungen – deine Karriere, deine Zeugnisse, dein Bankkonto, deine Errungenschaften im Sport oder einem anderen Hobby, deinem Dienst in der Gemeinde? Bist du bereit für eine ENTtäuschung, die dich in die Wahrheit führt und dich frei macht?

15. JUNI

Dann sprach Gott, der Herr: »Der Mensch ist geworden wie einer von uns, er kennt sowohl das Gute als auch das Böse. Nicht dass er etwa noch die Früchte vom Baum des Lebens pflückt und isst! Dann würde er ja für immer leben!« Deshalb schickte Gott, der Herr, Adam und seine Frau aus dem Garten Eden fort. Er gab Adam den Auftrag, den Erdboden zu bearbeiten, aus dem er gemacht war. Nachdem er sie aus dem Garten vertrieben hatte, stellte Gott, der Herr, Cherubim auf, die mit einem flammenden, blitzenden Schwert den Weg zum Baum des Lebens bewachen.

1. Mose 3,22–24

Diese Vertreibung hatte einen »Vorhang« zur Folge, der den Menschen von der »Herrlichkeitsluft« von Eden nachhaltig trennte und der zugleich Himmlisches und Irdisches vollständig »auseinanderdividierte«!

Mit dem Sündenfall begann die Abwärtsspirale der Menschheit. Alterung, Mord, Tod, Eifersucht, die Sünde in ihrer Vielfalt waren die dramatischen Folgen der Trennung von der bedingungslosen Geborgenheit und Liebe Gottes in der ursprünglichen Herrlichkeitsblase.

Wie kann Gott uns wieder in diese »Herrlichkeitsblase« zurückführen? Allein durch Jesus Christus.

16. JUNI

Dann befahl der Herr Abram: »Verlass deine Heimat, deine Verwandten und die Familie deines Vaters und geh in das Land, das ich dir zeigen werde!«

1. Mose 12,1

Nach der notwendigen Vertreibung des Menschen aus dem Lebensraum der Herrlichkeit musste Gott persönlich eingreifen, um der Schöpfung seine Herrlichkeit wieder zugänglich zu machen. Diese Intervention begann mit dem Herausrufen Abrahams, dem »Vater des Glaubens«. Er vertraute Gott und zog mit ihm in ein neues Land. Später wurde dieses Land auch oft dadurch charakterisiert, dass dort »Milch und Honig überfließen«. Es spiegelte Gottes Herrlichkeit wider.

Warum bittest du Gott nicht, dich auch wieder ins »Land seiner Herrlichkeit« zu bringen?

17. JUNI

Doch Mose hatte noch eine weitere Bitte: »Lass mich deine Herrlichkeit sehen.«

2. Mose 33,18

Gott möchte, dass wir wieder in seiner Herrlichkeit »sesshaft« werden. Unsere Bestimmung im Reich Gottes ist es, permanent in seiner Gegenwart zu leben, zu wandeln und zu handeln.

Mit Mose hat Gott den Vorhang schon ein wenig zerrissen, indem die Gegenwart Gottes für das Volk Israel in Form einer schweren, dunklen Wolke und auch mit Feuer und Rauch sichtbar wurde. Diese sichtbare Herrlichkeit Gottes begleitete und führte das Volk Israel während ihrer Wüstenwanderung. Doch allein Mose als der von Gott Auserwählte erkannte diese Manifestation als etwas Positives und wagte es, sich dieser Gegenwart voll und ganz anzuvertrauen. Der Rest des Volkes hielt angstvoll Distanz! Zu tief saß das durch den Sündenfall entstandene Sündenbewusstsein und damit die Scham und Angst vor Gott und seiner Herrlichkeit!

Das ganze Zeitalter des Alten Bundes hindurch konnte Gott seine Herrlichkeit lediglich einigen speziell auserwählten Männern und Frauen offenbaren, die er persönlich berief und ins Vertrauen zog. Doch wir leben heute im Neuen Bund! Auch du bist berufen, in diese Herrlichkeit Gottes einzutauchen und darin sesshaft zu werden!

18. JUNI

Als die Priester aus dem Heiligtum heraustraten, erfüllte eine Wolke das Haus des Herrn. Die Priester konnten deswegen ihren Dienst nicht fortsetzen, denn die Herrlichkeit des Herrn war im Haus des Herrn gegenwärtig.

1. Könige 8,10-11

Bei der Einweihung des Tempels durch Salomo manifestierte sich die Herrlichkeit Gottes in einem solchen Ausmaß, dass die Priester nicht zum Dienst hinzutreten konnten. Wie sehr sehnt sich Gott danach, dass wir wieder so in die Gemeinschaft mit ihm hineinkommen, dass er seine Herrlichkeit zeigen kann. Dann werden wir aus dem Staunen über das Wirken Gottes nicht mehr herauskommen!

Du und ich sind der Traum in Gottes Herzen, das Potenzial in seiner Hand, und wir sind nur in seiner Gegenwart wahrlich zu Hause. Der Mensch, der Gott sucht, erfährt, dass Gott nötig zu haben, nichts ist, dessen er sich schämen müsste. Es ist kein Mangel, sondern Freude und Vollkommenheit, und befreit von vielen unnötigen Bedürfnissen. Es ist so unendlich traurig, wenn ein Mensch durchs Leben geht, ohne zu entdecken, dass er Gott nötig hat. Sören Kirkegaard sagte: »Gott bedürfen ist des Menschen höchste Vollkommenheit.«

19. JUNI

Täuscht euch nicht! Macht euch klar, dass ihr Gott nicht einfach missachten könnt, ohne die Folgen zu tragen. Denn was ein Mensch sät, wird er auch ernten. Wer nur nach seinen sündigen Neigungen lebt, wird sich damit selbst zugrunde richten und schließlich den Tod ernten. Aber wer lebt, um dem Geist zu gefallen, wird vom Geist das ewige Leben erhalten.

Galater 6,7-8

Wir können nicht erwarten, dass die Herrlichkeit Gottes in unserem Leben sichtbar und spürbar wird, wenn wir eine innere Haltung der Respektlosigkeit Gott und seinem Wort gegenüber eingenommen haben. Wenn wir jedoch in der Furcht (Ehrfurcht) des Herrn und in Demut leben, wird der Segen groß sein: »Doch wenn ihr mit mir verbunden bleibt und meine Worte in euch bleiben, könnt ihr bitten, um was ihr wollt, und es wird euch gewährt werden!« (Johannes 15,7).

Es geht um diese permanente Herzensbeziehung und innige Verbindung mit dem Herrn, die den Strom seiner Liebe, seiner Kraft, seines Schutzes, seiner Weisheit, seiner Salbung, seines Friedens freisetzt und alles andere, was wir benötigen, um im Leben in der Kraft des Heiligen Geistes zu wandeln, hinzufügt. Unsere Frage sollte immer wieder sein: »Herr Jesus Christus, was tust du gerade jetzt in dieser Situation? Wie verhältst du dich jetzt? Was ist deine Antwort auf dieses Problem, diese Not?«

Du wirst sehen, der Herr gibt dir alle Weisheit von oben und zeigt dir in allem den Weg, den du gehen sollst. Wenn er es tut, dann gehorche und überlass die Konsequenzen ihm. Er wird es recht machen!

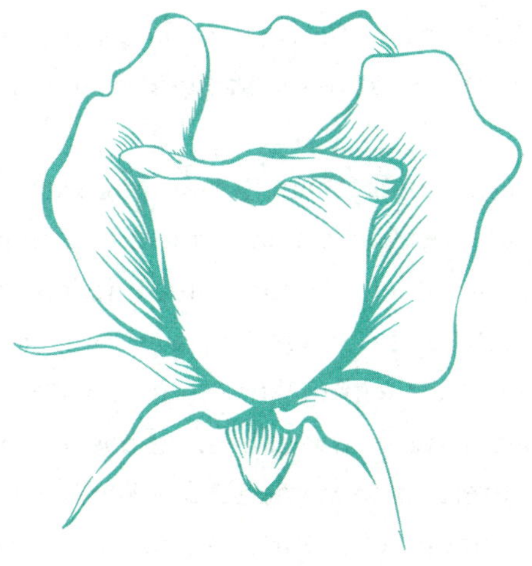

20. JUNI

Aber es ist passiert, wie es in der Schrift heißt: »Kein Auge hat je gesehen, kein Ohr je gehört und kein Verstand je erdacht, was Gott für diejenigen bereithält, die ihn lieben.«

1. Korinther 2,9

Je mehr wir die Größe, Liebe, Herrlichkeit und Vollmacht Gottes verstehen, umso leichter fällt es uns, ihn zu respektieren, zu ehren und ihm von ganzem Herzen zu vertrauen.

Vom Heiligen Augustinus, der viele Schriften hinterlassen hat, die heute noch aktuell sind, wird folgende Geschichte erzählt:

Augustinus lag im Sterben. Er war umgeben von seinen engsten Freunden. Als er nicht mehr atmete und sein Herz aufhörte zu schlagen, erfüllte ein wunderbarer Frieden den Raum. Doch plötzlich öffnete er noch einmal seine Augen – sein Gesicht strahlte von der Herrlichkeit Gottes – und sagte zu den Anwesenden: »Ich habe den Herrn gesehen. All das, was ich geschrieben habe, ist im Vergleich dazu wie Stroh.« Dann verschied er.

Die Bibel sagt uns, dass wir uns nicht einmal ansatzweise vorstellen können, was Gott für die vorbereitet hat, die ihm vertrauen und ihn lieben. Wir können deshalb voller Zuversicht sagen: »Gottes Bestes liegt noch vor uns.«

21. JUNI

Denn Gott machte Christus, der nie gesündigt hat, zum Opfer für unsere Sünden, damit wir durch ihn vor Gott gerechtfertigt werden können.

2. Korinther 5,21

Jesus Christus hat ein für allemal den Preis für unsere Schuld am Kreuz mit seinem stellvertretenden Tod bezahlt. Gott schaut auf uns und sieht uns in Christus, als hätten wir nie gesündigt, so vollkommen ist seine Vergebung. Die Frage ist nur, haben wir diese Vergebung angenommen? Haben wir uns selbst vergeben? Haben wir anderen, die an uns schuldig geworden sind, vergeben, wie Jesus uns vergibt?

Jesus lehrte uns beten: »Vergib uns unsere Schuld, wie auch wir denen vergeben haben, die an uns schuldig geworden sind« (Matthäus 6,12). Lass uns von Herzen allen vergeben und alle loslassen in die Gnade Gottes, auch uns selbst. Und lass uns nie wieder über unserem Leben aussprechen, dass wir unwürdig sind, denn Gott hat Christus, der ohne Sünde war, an unserer Stelle als Sünder verurteilt, damit wir um Christi willen freigesprochen werden.

22. JUNI

Dies ist der Wille Gottes, dass ihr an den glaubt, den er gesandt hat.

Johannes 6,29

Wir dienen einem Gott des Friedens, der Treue, der Freude, der Liebe, der Annahme, des Segens, der Herrlichkeit und der Ewigkeit. Dieser Gott hat zu Abraham gesagt: *»Ich will dich segnen … und du sollst ein Segen sein«* (1. Mose 12,2; ELB). Gott möchte durch jeden von uns seine Güte, seine Liebe und seine Autorität demonstrieren. Aber dazu müssen wir unsere eigenen Lebenskonzepte loslassen und uns ohne Wenn und Aber in die Hände Gottes geben. Er kann unser Leben nur verändern, wenn wir endlich loslassen und ihn in unser gesamtes Leben hineinlassen.

Möchtest du dich heute dafür entscheiden? Dann wirst du langsam, aber sicher erkennen, dass es nicht darum geht, was du für Gott tun und leisten kannst, sondern was er schon für dich getan hat. Er möchte dich segnen und fruchtbar machen. Lerne deshalb, täglich in den guten Werken zu wandeln, die er für dich vorbereitet hat.

23. JUNI

Darin wird mein Vater verherrlicht, dass ihr viel Frucht hervorbringt und meine Jünger werdet.

Johannes 15,8

Es besteht ein großer Unterschied zwischen Frucht und Werken. Werke sind der Erfolg einer Anstrengung. Frucht geht aus einem hingegebenen Leben hervor. Ein böser Mensch kann zwar ein gutes Werk vollbringen, aber an einem faulen Baum kann nie gute Frucht wachsen.

Gott gibt seinen Heiligen Geist nicht denen, die von ihm erfüllt sein möchten, sondern denen, die ihm gehorchen. Wir gleichen den Jüngern: Sie waren langsam im Verstehen, hatten wenig Glauben, waren leicht entmutigt, aber sie blieben bei ihm. Jesus will auch heute noch durch dich und mich wirken und sein Reich bauen. Lasst uns in allen Umständen, zu allen Zeiten, bei ihm bleiben!

24. JUNI

Denn des Herrn Augen durchlaufen die ganze Erde, um denen treu beizustehen, deren Herz ungeteilt auf ihn gerichtet ist.

2. Chronik 16,9a (ELB)

Welche eine Verheißung für all jene, deren Herz ungeteilt dem Herrn gehört. Wo ist unser Herz noch geteilt? Wo ist es gespalten und unruhig? Wo herrscht Misstrauen in unserem Leben, weil wir Angst davor haben, was Gott mit uns tun könnte, wenn wir uns ihm bedingungslos anvertrauen? Wo erheben wir uns und glauben, alles besser zu wissen? Doch Gott braucht keine Berater, sondern sucht Menschen, die ihm von ganzem Herzen vertrauen und sich zum Dienst melden!

Ich lade dich ein, folgendes Gebet mit mir zu beten:

»Vater, vergib mir, dass ich dir noch nicht voll und ganz vertraue oder dass ich manchmal mehr auf mich baue als auf dich. Vergib mir bitte auch, wo ich mein Vertrauen auf meine Hingabe an dich gesetzt habe, statt auf deine Hingabe an mich.

Herr, berühre mich! Ich bin auch mit kleinen, zarten Berührungen zufrieden. Verändere mein Herz, erhelle alle Dunkelheit mit deinem Licht! Vater, bitte bring mich dorthin, wo immer du mich haben willst auf dem Weg der Gerechtigkeit, als echter Bürger des Reiches Gottes.

Befreie mich von aller Religiosität, wo ich mir selbst erarbeiten will, was du denen, die dir vertrauen, großzügig schenkst. Amen.«

25. JUNI

Ich aber bin gekommen, um ihnen das Leben in ganzer Fülle zu schenken.

Johannes 10,10b

Wenn wir Jesus in unser Leben einladen, ihn aufnehmen und mit ihm leben, dann sind wir als Bürger im Reich Gottes reich gesegnet. Jesus selbst hat uns das versprochen und auch in Epheser 1,3 können wir das lesen.

Hier sind einige der Segnungen, mit denen wir beschenkt werden:

Errettung: *»Weil Gott so gnädig ist, hat er euch durch den Glauben gerettet. Und das ist nicht euer eigenes Verdienst; es ist ein Geschenk Gottes«* (Epheser 2,8).

Die Liebe Gottes: *»Denn wir wissen, wie sehr Gott uns liebt, weil er uns den Heiligen Geist geschenkt hat, der unsere Herzen mit seiner Liebe erfüllt«* (Römer 5,5b).

Sieg: *»Wir danken Gott, der uns durch Jesus Christus, unseren Herrn, den Sieg über die Sünde und den Tod gibt!«* (1. Korinther 15,57).

Kraft und Liebe und Besonnenheit: *»Denn Gott hat uns nicht einen Geist der Furcht gegeben, sondern einen Geist der Kraft, der Liebe und der Besonnenheit«* (2. Timotheus 1,7).

Ewiges Leben: *»Und dies hat Gott versichert: Er hat uns das ewige Leben geschenkt, und dieses Leben ist in seinem Sohn«* (1. Johannes 5,11).

26. JUNI

Wir loben Gott, den Vater von Jesus Christus, unserem Herrn, der uns durch Christus mit dem geistlichen Segen in der himmlischen Welt reich beschenkt hat.

Epheser 1,3

Bereits gestern haben wir uns einige Segensgeschenke angesehen. Freu dich heute über die folgenden fünf:

Leben: *»Wenn Christus, der euer Leben ist, der ganzen Welt bekannt werden wird, dann wird auch sichtbar werden, dass ihr seine Herrlichkeit mit ihm teilt«* (Kolosser 3,4).

Stärke: *»Denn alles ist mir möglich durch Christus, der mir die Kraft gibt, die ich brauche«* (Philipper 4,13).

Weisheit, Gerechtigkeit und Heiligkeit: *»Gott allein hat es ermöglicht, dass ihr in Christus Jesus sein dürft. Den hat er zu unserer Weisheit gemacht. Durch ihn sind wir vor Gott gerecht gesprochen und unser Leben wird durch ihn geheiligt. Durch ihn sind wir erlöst«* (1. Korinther 1,30).

Freude: *»Ich sage euch das, damit meine Freude euch erfüllt. Ja, eure Freude soll vollkommen sein!«* (Johannes 15,11).

Fülle: *»Denn in Christus lebt die Fülle Gottes in menschlicher Gestalt, und ihr seid durch eure Einheit mit Christus damit erfüllt. Er ist Herr über alle Herrscher und alle Mächte«* (Kolosser 2,9-10).

Bist du bereit, diese Verheißungen, die jedem Kind Gottes zustehen, für dich geltend zu machen?

27. JUNI

Deshalb werden alle, die aus dem Glauben an Christus leben, an demselben Segen Anteil erhalten, den Abraham durch seinen Glauben empfangen hat.

Galater 3,9

Als Bürger des Reiches Gottes dürfen wir uns auch über folgende Segensgeschenke freuen:

Himmlischen Segen: *»Wir loben Gott, den Vater von Jesus Christus, unserem Herrn, der uns durch Christus mit dem geistlichen Segen in der himmlischen Welt reich beschenkt hat«* (Epheser 1,3).

Frieden: *»Ich lasse euch ein Geschenk zurück – meinen Frieden. Und der Friede, den ich schenke, ist nicht wie der Friede, den die Welt gibt. Deshalb sorgt euch nicht und habt keine Angst«* (Johannes 14,27).

Wohlgeruch: *»Denn wir sind ein Wohlgeruch Christi für Gott unter denen, die gerettet werden«* (2. Korinther 2,15a; ELB).

Ausreichend Gnade: *Jedes Mal sagte er: »Meine Gnade ist alles, was du brauchst.«* (2. Korinther 12,9a).

Zuversicht: *»Lasst uns deshalb zuversichtlich vor den Thron unseres gnädigen Gottes treten. Dort werden wir Barmherzigkeit empfangen und Gnade finden, die uns helfen wird, wenn wir sie brauchen«* (Hebräer 4,16).

Warum sagst du Jesus nicht direkt, was du heute am meisten brauchst?

28. JUNI

Wenn wir am Tisch des Herrn den Kelch segnen, haben wir dann nicht gemeinsam Anteil am Segen des Blutes Christi? Und wenn wir das Brot brechen, haben wir dann nicht gemeinsam Anteil am Segen des Leibes Christi?

1. Korinther 10,16

Gott beschenkt uns mit seiner Fülle! Hier sind fünf weitere Segnungen:

Ruhe: *»Dann sagte Jesus: »Kommt alle her zu mir, die ihr müde seid und schwere Lasten tragt, ich will euch Ruhe schenken«* (Matthäus 11,28).

Völlige Vergebung: *»Denn vorher wart ihr tot aufgrund eurer Schuld und weil euer altes Ich euch bestimmt hat. Doch Gott hat euch mit Christus lebendig gemacht. Er hat uns alle unsere Schuld vergeben«* (Kolosser 2,13).

Eine neue Familie: *»Deshalb seid ihr nicht länger Fremde und ohne Bürgerrecht, sondern ihr gehört zu den Gläubigen, zu Gottes Familie«* (Epheser 2,19).

Freiheit: *»Nur dann, wenn der Sohn euch frei macht, seid ihr wirklich frei«* (Johannes 8,36).

Versorgung: *»Und mein Gott wird euch aus seinem großen Reichtum, den wir in Christus Jesus haben, alles geben, was ihr braucht«* (Philipper 4,19).

Das sind nur einige Verheißungen, die in der Verfassung des Reiches Gottes stehen, dem Wort Gottes. Lies und studiere die Bibel und du wirst unzählige solcher Segnungen für dich in Anspruch nehmen können.

29. JUNI

Gott hat mich beauftragt, seiner Gemeinde zu dienen und bei euch seine Botschaft zu verkünden. Diese Botschaft war in der Vergangenheit über viele Jahrhunderte und viele Generationen hinweg wie ein Geheimnis verborgen; jetzt aber wurde es denen enthüllt, die zu ihm gehören. Denn Gott wollte ihnen sagen, dass der Reichtum der Herrlichkeit dieses Geheimnisses auch für die anderen Völker bestimmt ist. Und das ist das Geheimnis: Christus lebt in euch! Darin liegt eure Hoffnung: Ihr werdet an seiner Herrlichkeit teilhaben.

Kolosser 1,25-27

Wenn du das untere Gebet jeden Tag von Herzen betest, wirst du bald die Veränderung erkennen, die der Heilige Geist in deinem Leben vollbringt.

Denk du in mir, oh Jesus, dann denk ich licht und klar. Sprich du durch mich, oh Jesus, dann sprech ich mild und wahr. Wirk du durch mich, oh Jesus, gerecht ist dann mein Tun, geheiligt meine Arbeit, geheiligt auch mein Ruhn. Durchdring mein ganzes Wesen, erfüll mein ganzes Sein, dass man aus mir kann lesen die große Liebe dein.[3]

Amen

3 Autor unbekannt

30. JUNI

Gott hat allem auf dieser Welt schon im Voraus seine Zeit bestimmt, er hat sogar die Ewigkeit in die Herzen der Menschen gelegt. Aber sie sind nicht in der Lage, das Ausmaß des Wirkens Gottes zu erkennen; sie durchschauen weder, wo es beginnt, noch, wo es endet.

Prediger 3,11

Es war einmal ein König, der sich, wie damals üblich, einen Hofnarren hielt. Ein solcher Narr hatte das Recht, seinem Herrn die Wahrheit zu sagen, auch wenn sie bitter war. Dann hieß es einfach: »Er ist eben ein Narr!«

Eines Tages schenkte der König dem Narren einen silbernen Narrenstab mit goldenen Glöckchen und sagte: »Du bist gewiss der größte Narr, den es gibt. Solltest du einmal jemanden treffen, der noch närrischer ist als du, dann gib diesen Stab weiter.«

Jahrelang trug der Narr den Stab – bis zu dem Tag, an dem er erfuhr, dass der König im Sterben lag. Er hüpfte in das Krankenzimmer und sagte: »Mein König, ich höre, Sie wollen eine große Reise antreten.«

»Ich will nicht«, erwiderte der König. »Ich muss!«

»Oh, Sie müssen?! Gibt es also doch eine Macht, die noch über den Großen dieser Erde steht? Nun wohl! Aber Sie werden sicher bald zurückkommen?«

»Nein!«, ächzte der König. »Aus dem Land, in das ich reise, kehrt man nicht zurück.«

»Nun, nun«, meinte der Narr begütigend, »gewiss hast du diese Reise seit Langem vorbereitet. Ich denke, du hast dafür gesorgt, dass du dort königlich aufgenommen wirst.«

Der König schüttelte den Kopf. »Das habe ich versäumt. Ich hatte nie Zeit, mich auf diese Reise vorzubereiten.«

»Oh, dann wusstest du also nicht, dass du sie einmal antreten musst?«

»Gewusst habe ich es schon. Aber – wie gesagt – ich hatte nie Zeit, mich um die rechte Vorbereitung zu kümmern.«

Da legte der Narr leise seinen Stab auf das Bett des Königs und sagte: »Du hast mir befohlen, diesen Stab weiterzugeben an den, der noch närrischer ist als ich. König, nimm den Stab! Du hast gewusst, dass du in die Ewigkeit musst und dass man von dort nicht zurückkommt. Und doch hast du nicht Sorge getragen, dass dir die ewigen Wohnungen geöffnet werden. König! Du bist der größte Narr!«[4]

---

4 Nach der Erzählung von Heinz Schäfer aus »Hört ein Gleichnis«, Christliches Verlagshaus Stuttgart 1990.

JULI

1. JULI

Werdet stark durch den Herrn und durch die mächtige Kraft seiner Stärke!

Epheser 6,10

Viele Menschen verhalten sich, als würde in ihnen ein Angsthase leben. Aber nicht der Angsthase lebt in uns, sondern der Löwe von Juda! Übe dich ruhig einmal im Brüllen eines Löwen, wenn du alleine bist und dich niemand hört! Und hör auf zu jammern, dass du etwas nicht kannst oder dass du Mangel hast. Sprich vielmehr über deinem Leben aus: »Ich vermag alles durch den, der mich stark macht – Jesus Christus. Ich bekenne, dass der Gott, dem ich diene, mir alles geben wird, was ich brauche. Durch seinen Sohn Jesus Christus beschenkt er mich mit dem Reichtum seiner Herrlichkeit in Bezug auf alles, wozu er mich berufen hat.«

Ich stelle mich Jesus immer zur Verfügung für alles, was er für mich geplant hat, aber er muss bezahlen, was er anschafft! Versuch es, es funktioniert! Alles, was Gott dir aufträgt, dazu wird er auch die Mittel freisetzen, und alles, was er anfängt, das vollendet er auch. Denke dann aber auch daran, ihm die Ehre zu geben!

2. JULI

Er ist wie ein Baum, der am Flussufer wurzelt und Jahr für Jahr reiche Frucht trägt. Seine Blätter welken nicht, und alles, was er tut, gelingt ihm.

Psalm 1,3

Es war einmal eine junge Palme. Eines Tages kam ein böser Mensch vorbei und legte ihr einen schweren Stein in die Krone. Daraufhin konnte sie nicht mehr nach oben wachsen. Doch statt zu verzweifeln, streckte sie ihre Wurzeln so tief in den Boden hinein, bis sie auf eine Wasserader trafen. Dort tankte sie Kraft, sodass sie schließlich auch in der Krone die Stärke hatte, trotz des Steines in die Höhe zu wachsen.

Als sie eine große und kräftige Palme geworden war, kam der böse Mensch einmal wieder an ihr vorbei. Sie sagte: »Hab Dank, denn wegen dir bin ich so groß und kräftig geworden!«

Nehmen wir uns die Palme zum Vorbild – bei Widrigkeiten strecken wir unsere Wurzeln tief ins Wasser Gottes und bekommen so neue Kraft.

3. JULI

Durch die Sünde des einen Menschen (Adam) gerieten wir unter die Herrschaft des Todes, doch durch den anderen Menschen, Jesus Christus, werden alle, die Gottes Gnade und das Geschenk der Gerechtigkeit annehmen, über Sünde und Tod siegen und leben!

Das Gesetz aber wurde gegeben, damit alle Menschen erkennen konnten, wie sündig sie waren. Doch als das Ausmaß der Sünde unter den Menschen immer größer wurde, ist Gottes wunderbare Gnade noch grenzenloser geworden. So wie die Sünde also über alle Menschen herrschte und ihnen den Tod brachte, so herrscht jetzt Gottes wunderbare Gnade. Durch sie werden wir vor Gott gerecht gesprochen und gewinnen durch Jesus Christus, unseren Herrn, das ewige Leben.

Römer 5,17.20-21

Adam hat uns alle als der erste Vertreter der gesamten Menschheit durch seinen Ungehorsam in den Zustand der Ursünde gebracht. Schon ein kleines Kind hat diesen Herzenszustand. Ich hatte bereits mit vielen Kindern zu tun, aber keinem musste man zeigen, wie man ungehorsam ist. Das kam immer ganz »natürlich«.

Ein Freund von mir wollte seine Frau davon überzeugen, dass Verbote uns erst recht reizen, zu sündigen. Sie wohnten an einer Straßenecke ohne Zaun, mit einem wunderbaren Rasen und Blumen vor dem Haus. Nie kam jemand auf die Idee, den Rasen zu betreten. Dann stellte der Mann ein großes Schild auf: »Betreten des Rasens verboten«. Von da an trampelten viele Menschen, vor allem Kinder, im Garten herum!

Doch Jesus Christus hat uns vom Fluch Adams freigekauft. Das heißt allerdings nicht, dass wir nicht mehr sündigen können. Wenn wir jedoch in ihm wandeln, müssen wir nicht mehr sündigen. Willst du heute in dieser Freiheit leben?

4. JULI

Wenn jemand nicht von Neuem geboren wird, kann er das Reich Gottes nicht sehen.

Johannes 3,3b

Das griechische Wort, das hier mit »sehen« übersetzt wird, bedeutet eigentlich »erfahren« oder »verstehen«. Jesus sagt Nikodemus, einem hohen religiösen Würdenträger, also: »Du kannst das Reich Gottes nicht verstehen oder erfahren, außer du wirst in dieses Reich hineingeboren.«

Ich wurde in Österreich von österreichischen Eltern geboren; dadurch wurde ich automatisch österreichische Staatsbürgerin. Jetzt lebe ich schon seit vielen Jahren in Uganda und bekomme in absehbarer Zeit die doppelte Staatsbürgerschaft. Doch bis es so weit ist, wartet noch ein langwieriger und aufwendiger Prozess auf mich.

Natürliche Staatsbürgerschaften bekommt man durch die natürliche Geburt. Das Reich Gottes, das Reich des Himmels, ist jedoch ein übernatürliches Königreich, weshalb es auch eine neue übernatürliche Königreichzugehörigkeit braucht.

Bist du wiedergeboren? Dann bist du ein Bürger des Reiches Gottes! Wenn du noch nicht wiedergeboren bist, will ich dir in den folgenden Andachten erklären, wie das geht. Denn dafür ist Jesus auf diese Welt gekommen: um uns wieder in die Liebesbeziehung mit dem Vater zu führen, nach der wir uns alle sehnen. Durch Jesus Christus bekommen wir wieder den Zugang und das Recht zum Eingang in das Reich Gottes.

Denn Gott hat die Welt so sehr geliebt, dass er seinen einzigen Sohn hingab, damit jeder, der an ihn glaubt, nicht verloren geht, sondern das ewige Leben hat.

Johannes 3,16

5. JULI

Denn alle Menschen haben gesündigt und das Leben in der Herrlichkeit Gottes verloren. Doch Gott erklärt uns aus Gnade für gerecht. Es ist sein Geschenk an uns durch Jesus Christus, der uns von unserer Schuld befreit hat.

Römer 3,23-24

Wenn wir wiedergeboren werden wollen, müssen wir zuerst verstehen, dass wir erlösungsbedürftig sind, ganz gleich, aus welchem Land oder welcher Kultur wir kommen, wie alt wir sind usw. Wir müssen erkennen, dass wir Sünder sind, und das auch vor Gott bekennen. Wir alle haben rebelliert gegen Gott.

Jeder von uns verdient den ewigen Tod. Deshalb musste Gott Adam und Eva aus dem Paradies verjagen, denn hätten sie auch noch vom Baum des Lebens gegessen, nachdem sie im Ungehorsam vom Baum der Erkenntnis von Gut und Böse gegessen hatten, wären sie wahrlich für immer verloren gewesen. Da uns der Vater noch eine zweite Chance in Jesus Christus geben wollte, musste er das verhindern.

Gott dagegen beweist uns seine große Liebe dadurch, dass er Christus sandte, damit dieser für uns sterben sollte, als wir noch Sünder waren.

Römer 5,8

Glaube und nimm diese Tatsache dankend an, dass Jesus Christus für dich gestorben ist, damit du Vergebung und Versöhnung mit Gott empfangen kannst. Er wäre auch für dich gestorben, wenn du der einzige Mensch auf dieser Welt wärst!

6. JULI

Doch wenn wir ihm unsere Sünden bekennen, ist er treu und gerecht, dass er uns vergibt und uns von allem Bösen reinigt.

1. Johannes 1,9

Unsere Sünden vor Gott zu bekennen, bedeutet, dass wir mit Gott übereinstimmen, dass es in unserem Leben viele Zielverfehlungen gibt. Dieses Bekenntnis wird uns nicht verdammen, sondern frei machen.

Buße zu tun, heißt, eine 180-Grad-Kehrtwende in die andere Richtung zu machen. Wir wenden uns klar und eindeutig von falschem Verhalten ab.

Wir alle sind Geschöpfe Gottes, aber nur diejenigen, die Jesus in ihr Herz aufnehmen, bekommen das Recht, Kinder Gottes zu werden, das heißt, wieder in eine persönliche Liebesbeziehung zum Vater zu gelangen. Welch ein Vorrecht, welch eine unverdiente Liebesgabe, wahre Gnade!

Er kam in die Welt, die ihm gehört, und sein eigenes Volk nahm ihn nicht auf. All denen aber, die ihn aufnahmen und an seinen Namen glaubten, gab er das Recht, Gottes Kinder zu werden. Sie wurden dies weder durch ihre Abstammung noch durch menschliches Bemühen oder Absicht, sondern dieses neue Leben kommt von Gott.

Johannes 1,11-13

7. JULI

Denn in der Schrift heißt es: »Die Botschaft ist dir ganz nahe; sie ist auf deinen Lippen und in deinem Herzen.« Es ist die Botschaft von der Erlösung durch den Glauben an Christus, die wir verkünden. Wenn du mit deinem Mund bekennst, dass Jesus der Herr ist, und wenn du in deinem Herzen glaubst, dass Gott ihn von den Toten auferweckt hat, wirst du gerettet werden. Denn durch den Glauben in deinem Herzen wirst du vor Gott gerecht, und durch das Bekenntnis deines Mundes wirst du gerettet. So heißt es in der Schrift: »Wer an ihn glaubt, wird nicht umkommen.«

Römer 10,8-11

Wenn du möchtest, kannst du jetzt folgendes Gebet sprechen:

»Herr Jesus Christus, ich glaube, dass du der Sohn Gottes bist, dass du aus Liebe zu mir auf die Welt gekommen bist, um für mich am Kreuz zu sterben, damit ich leben kann.

Ich bekenne, dass ich ein(e) Sünder(in) bin und dass ich mich niemals aus eigener Kraft vor dir gerecht machen kann. Ich bekenne meine Sünden vor dir und empfange deine so teuer erkaufte Vergebung für mich.

Herr Jesus Christus, ich lade dich jetzt ein, in mein Herz zu kommen, in mein ganzes Leben, meine Vergangenheit, Gegenwart und Zukunft – als mein einziger Herr, als mein Heiland und Erlöser. Reinige mich von aller Schuld durch dein kostbares Blut.

Ich empfange dich als den vom Tode auferstandenen Jesus – mein einziger Meister, mein großer Bruder, mein Verteidiger, aber auch mein Richter, mein Heiler, mein Versorger, mein

Liebhaber, meine Gerechtigkeit, mein Friedefürst, mein bester Freund, mein Bräutigam, mein Leben.

Herr Jesus Christus, von jetzt an bin ich dein und du bist mein, und das soll immer so sein.

Ich danke dir, dass du mir einen unauslöschlichen Durst nach deinem Wort und deiner Gerechtigkeit in meinem Herzen schenkst. Und ich danke dir für die Gewissheit, dass mein Name jetzt im Buch des Lebens steht und du das gute Werk, das du in mir begonnen hast, durch deinen Heiligen Geist vollenden wirst.

Herr Jesus Christus, führe mich täglich mehr in die Wahrheit, die mich frei macht, in deine Liebe, die mich heilt, und in dein Leben, das mich einzig und allein erfüllt.

Amen.«

8. JULI

Der Wind weht, wo er will. Du hörst ihn zwar, aber du kannst nicht sagen, woher er kommt oder wohin er geht. So kannst du auch nicht erklären, wie die Menschen aus dem Geist geboren werden.

Johannes 3,8

Als du und ich gezeugt wurden, war für das Auge noch lange nichts sichtbar. Als dein Prozess des Lebens begann, war es niemandem bewusst, und doch war deine Mutter schon schwanger und deine Existenz hat begonnen. Deshalb sagt uns auch Jesus, dass die Wiedergeburt wie der Wind ist, den man nicht sehen kann – man nimmt nur seine Auswirkungen wahr.

Wenn du dein Leben dem Herrn Jesus übergibst und ihn in dein Herz einlädst, dann beginnt für dich ein neues Leben im Geist. Das kann bei einem Gottesdienst geschehen, in einer Schule, bei dir zu Hause. In jedem Fall bleibt dieser Prozess vorerst unsichtbar. Der Glaube, genauso wie die Empfängnis, ist nicht sichtbar für unser natürliches Auge.

Manche Menschen haben bei der Lebensübergabe starke Emotionen und müssen weinen, bei anderen wieder sind keinerlei besondere Gefühle vorhanden. Jeder Mensch ist anders. Doch so oder so findet bei der Bekehrung eine Empfängnis statt; unser neuer Mensch ist im Entstehen. Bald kommen spürbare Zeichen, dass neues Leben in uns zu wachsen beginnt, und erste Veränderungen werden sichtbar.

9. JULI

Die Sünde hat die Macht über euch verloren, denn ihr steht nicht mehr unter dem Gesetz, sondern seid durch Gottes Gnade frei geworden.

Römer 6,14

Auch du wirst nach deiner Lebensübergabe merken, dass Sünde keinen Spaß mehr macht und dass dein Gewissen sich meldet, wenn du auf eine Zielverfehlung zusteuerst. Das sind Zeichen von Veränderung, von geistlicher Wiedergeburt. Als Bürger des Reiches Gottes werden sich deine Verhaltensweisen Stück für Stück verändern. Wenn du mit Jesus in enger Verbindung bleibst und seine Worte in dir leben, wirst du ihm immer ähnlicher werden und letztendlich wird auch deine Umgebung merken, dass mit dir etwas »anders« geworden ist.

Du kannst nicht mehr sündigen und dich genauso fühlen wie vor deiner Lebensübergabe. Du bist eine neue Schöpfung! Preise und lobe den Herrn für das Wunder deines neuen Lebens und vertraue ihm, dass er dich von Herrlichkeit zu Herrlichkeit führen wird.

10. JULI

Ich bin ganz sicher, dass Gott, der sein gutes Werk in euch angefangen hat, damit weitermachen und es vollenden wird bis zu dem Tag, an dem Christus Jesus wiederkommt.

Philipper 1,6

Gott verliert nie den Durchblick und die Kontrolle. Alles, was uns widerfährt, musste zuerst seine Inspektion passieren. Nichts geschieht ohne sein Wissen. Es braucht Herzensdemut, um seine Wege anzunehmen, genauso wie die Menschen, die er dazu benutzt, um uns an unsere Grenzen zu bringen.

Möge der Herr uns die Augen des Herzens öffnen, damit wir täglich sein Wirken und seine Wege in unserem Leben erkennen. Wenn das geschieht, dann werden wir dankbar seine Pläne annehmen. Dann wird unser Geist voller Vertrauen und wir beginnen, aus dem Glauben zu leben.

Der innere Mensch kann nur durch den Zerbruch des äußeren Menschen freigesetzt werden und zur Wirkung kommen. Der Heilige Geist weiß, wie er mit jedem von uns umgehen muss, und hat den richtigen Weg und das richtige Wort zur richtigen Zeit.

Ist es nicht äußerst beruhigend, dass Gott die Verantwortung für dein und mein Leben übernommen hat, wenn wir an seiner führenden Hand bleiben?

11. JULI

Macht das Reich Gottes zu eurem wichtigsten Anliegen, lebt in Gottes Gerechtigkeit, und er wird euch all das geben, was ihr braucht.

Matthäus 6,33

Jesus hat unser Leben auf einen einfachen Nenner gebracht, und zwar sollen wir zuerst sein Reich und seine Gerechtigkeit suchen. Dabei ist es richtig schwer, herauszufinden, was eigentlich das Wichtigste in unserem Leben ist. Wofür lebst du? Wofür leben die Menschen um dich herum? Was sind deine Prioritäten?

So viele Menschen haben solchen Stress, innere und äußere Kämpfe, keinen Frieden, fühlen ein permanentes Getriebensein und haben schlaflose Nächte. Warum eigentlich? Nur um so schnell wie möglich ein Haus zu bauen, das beste Auto zu fahren, die weiteste Urlaubsreise zu machen, die besten Markenkleider zu tragen, in den teuersten Läden einzukaufen?

Gott hat mich schon früh gelehrt, zu geben, auch wenn es manchmal weh tut. Und dann, nach vielen Jahren, hat sich das Blatt gewendet. Jetzt empfange ich so viel, dass ich aus dem Staunen nicht mehr herauskomme, weil mir alle »Dinge« zufallen, wie es der Herr in seinem Wort verheißt.

Darf der Herr auch deine Prioritäten unter seine Herrschaft bringen und bist du bereit, zuerst sein Reich zu suchen?

12. JULI

Ihr seid vom Herrn gesegnet, der Himmel und Erde gemacht hat. Der Himmel gehört dem Herrn, die Erde aber hat er den Menschen gegeben.

Psalm 115,15-16

Du bist ein vom Himmel ausgesandter Botschafter des Reiches Gottes. Du bist ein Sohn, eine Tochter des Königs aller Könige und das macht dich zum Prinzen oder zur Prinzessin.

Der allmächtige Gott lebt durch seinen Geist in dir! Du bist ein Partner Gottes, denn Gott hat die Erde den Menschenkindern gegeben. Durch dich und mich soll die Erde kultiviert werden, verbessert, eine »Kostprobe des Paradieses« auf allen Ebenen des Lebens.

Du bist ein Mitarbeiter Gottes unter der Führung des Heiligen Geistes. Du bist ein Vertreter des Reiches Gottes! Sei in der Welt, aber nicht von der Welt! Lerne gegen den Strom zu schwimmen und entwickle dadurch kräftige Glaubensmuskeln. Das Reich Gottes soll eine Invasion auf Erden bringen, die drastische Veränderungen bewirkt.

Diese Veränderung muss allerdings zuerst in unserem eigenen Herzen stattfinden. In dem Ausmaß, wie du dem Herrn erlaubst, dein Herz zu verändern, wird sich die ganze Welt verändern und seine Herrlichkeit sehen. Streck dich aus und komm in den vollen Strom des Lebens!

13. JULI

Jesus zog durch die Städte und Dörfer der Umgebung. Er lehrte in den Synagogen und verkündete die Botschaft vom Reich Gottes. Und überall, wo er hinkam, heilte er Menschen von ihren Krankheiten und Leiden.

Matthäus 9,35

Wo immer Jesus lehrte, sprach er letztlich über das Reich Gottes. Oft lesen wir in der Bibel, dass er sagte: »Das Reich Gottes ist wie ...« Für Jesus hatte das Reich Gottes immer die oberste Priorität. Deshalb sagte er auch, dass nur diejenigen es finden werden, die sein Reich vor allem anderen suchen. Sie werden erkennen, wie und was das Leben im Reich Gottes bedeutet.

Da erklärte er ihnen: »Euch war erlaubt, die Geheimnisse vom Himmelreich zu verstehen, aber andere können das nicht« (Matthäus 13,11).

Wenn wir einmal erkennen, was das Leben im Reich Gottes bedeutet, dann erfahren wir die Fülle des Lebens. Aber wir müssen die Initiative ergreifen und danach suchen. Das ist nicht immer einfach und erfordert, dass wir nicht schnell aufgeben, sondern weitersuchen, bis wir es gefunden haben.

Bist du bereit, in deinem Leben das zu suchen, was Jesus uns als erste Priorität gegeben hat?

14. JULI

Christus Jesus kam in die Welt, um Sünder zu retten – und ich bin der Schlimmste von allen.

1. Timotheus 1,15b

Wenn Paulus schreibt, dass er der größte aller Sünder ist, wie sieht es dann mit dir und mir aus?

Als ich selbst erkannte, wie schwarz es in meinem Herzen aussah, wollte ich sterben. In jener Gnadenstunde, und es war eine Gnadenstunde, auch wenn sie sich so ernüchternd und erschütternd anfühlte, hatte ich keinerlei Hoffnung, dass Gott jemals mit so einem Menschen wir mir, der ein solches Herz hat, arbeiten könnte. Jahrelang hatte ich mich bemüht, ein guter, braver Mensch zu werden. Doch in der Stunde der Erkenntnis, als meine innersten Motive ins Licht Gottes kamen, sah ich, dass mein Herz voller Selbstgerechtigkeit, Stolz, Angst, Überheblichkeit etc. war. Wäre nicht die schützende Gegenwart des Heiligen Geistes mit mir gewesen, hätte ich mir die Kugel gegeben. Nach und nach durfte ich dann meine wahre Identität in Christus entdecken und habe gelernt und lerne immer noch täglich, aus ihr zu leben.

Gottes Anforderungen an unser Leben sind immer größer als das, was wir zu bieten haben. Wenn der Heilige Geist uns erzieht, werden uns die Augen geöffnet und wir erkennen uns im Lichte des heiligen Gottes. Diese Erziehungsarbeit übersteigt bei Weitem das Ausmaß unserer Hingabe. Und sie kommt ohne Vorwarnung und überrascht uns voll und ganz.

Willst du dich von Gottes Geist erziehen lassen?

15. JULI

Eine führende Persönlichkeit deines Volkes sollst du nicht beschimpfen.

Apostelgeschichte 23,5b

Die einzigen Menschen, die Gott in der Bibel seine Freunde nennt, sind diejenigen, die vor seinem Wort und seiner Gegenwart Ehrfurcht haben und ungeachtet der Kosten schnell bereit sind, zu gehorchen. Viele Menschen haben leider in unserer Zeit die Gebote und Anweisungen Gottes ihren kulturell geprägten, »zeitgemäßen« und toleranten Denkmustern angepasst. Es ist sehr in Mode, Autoritäten infrage zu stellen, sie zu kritisieren und sie in Talkshows, Zeitungsartikeln oder Filmen lächerlich zu machen. Die Medien lästern oft und freimütig über Leute in leitender Position und loben Verschlagenheit und Rebellion. Das Wort Gottes sagt uns jedoch klar, dass wir nicht schlecht über unsere Regierung sprechen sollen.

Vor Kurzem las ich folgendes Zitat: »Den Verfehlungen anderen gegenüber verhalten wir uns wie Staatsanwälte, den eigenen Verfehlungen gegenüber wie Verteidiger!« Wenn das im persönlichen Bereich der Fall ist, dann gilt es genauso für das öffentliche Leben und auch für unsere Gemeinden.

Ich persönlich glaube, dass wir Menschen in leitenden Positionen im Gebet stützen sollen, statt sie zu kritisieren. Für welchen Leiter möchtest du heute ganz besonders beten?

16. JULI

Wisst ihr denn nicht, dass eure Körper zum Leib Christi gehören? Darf da ein Mann seinen Körper, der doch Christus gehört, mit dem einer Prostituierten vereinigen? Niemals!

1. Korinther 6,15

Die Sexualität ist ein wertvolles Geschenk, das Gott uns anvertraut hat, aber sie braucht den Rahmen der Liebe und ehelichen Treue, um uns zu dem Segen zu werden, der von Gott beabsichtigt ist.

Wenn wir ein unkontrolliertes Feuer entzünden, dann kann das einen ganzen Wald zerstören. Wenn wir aber in einem offenen Kamin ein geschütztes Feuer entfachen, dann verbreitet es Wärme und Geborgenheit. Feuer ist nicht per se schlecht oder zerstörerisch. Es ist nur wichtig, in welchem Rahmen wir es einsetzen. Genauso ist es mit der Sexualität. Wenn wir sie unbeherrscht ausleben, dann hat das sehr traurige und zerstörerische Folgen für alle Beteiligten. Wenn wir jedoch lernen, uns zu enthalten, bis der Herr uns den richtigen Partner schenkt, mit dem wir in der Geborgenheit und dem Schutz einer vor Gott und den Menschen geordneten Liebesbeziehung unser Leben verbringen wollen, dann ist die Sexualität ein wunderbares und wertvolles Geschenk zweier Liebender, eine wahre Bereicherung unseres Lebens.

Willst du dem Herrn auch in diesem Bereich deines Lebens vertrauen?

17. JULI

Tu alles, was du mit deiner Kraft bewirken kannst.

Prediger 9,10a

Jesus hat dich leidenschaftlich geliebt und will seine Leidenschaft in dir freisetzen. Ohne Leidenschaft und totale Hingabe wurde noch nie etwas erreicht, was von Bedeutung gewesen wäre. Erlaube deshalb der Leidenschaft Christi, in dir zu entbrennen und dich deiner Berufung entgegenzuführen. Die meisten Menschen glauben ihren Zweifeln und bezweifeln ihren Glauben. Doch wenn du deinen Glauben vom Wort Gottes nährst, wirst du sehen, wie deine Zweifel verhungern! Schau auf Jesus Christus und seine Fähigkeiten, nicht auf die Welt und dich selbst!

Der Unglaube sieht immer nur die Unmöglichkeiten, die Mängel, das, was fehlt. Der Glaube hingegen sieht die Möglichkeiten und verlässt sich auf Jesus Christus als Quelle, denn für Gott ist nichts unmöglich! Auf was willst du heute schauen?

18. JULI

Liebe Brüder, seid nicht wie Kinder, wenn es darum geht, diese Dinge zu verstehen. Seid unschuldig wie kleine Kinder, wenn es um das Böse geht; aber im Verstehen dieser Dinge sollt ihr reif und erwachsen sein.

1. Korinther 14,20

Kinder sind ehrlich überzeugt, aber unreif. Sie empfangen alles umsonst und haben keinerlei Absichten, den Eltern etwas zurückzubezahlen. Nach dem Frühstück machen sie sich keine Sorgen, ob es wohl auch ein Mittag- oder Abendessen gibt.

Oft verwechseln wir Unreife mit Rebellion. Wir sehen unsere neu bekehrten Brüder und Schwestern mit abschätzigen Blicken an, weil sie vieles vom Lebensstil im Reich Gottes noch nicht verstehen. Dabei rebellieren sie nicht, sondern sind einfach nur unreif!

Wir fangen alle als Kinder an. Gott ist nicht gegen das Kindsein im Glauben, im Gegenteil! Wir können junge Christen sehr verletzen, wenn wir sie überfordern und rebellisch nennen, statt ihnen Zeit zu geben, im Glauben zu wachsen. Wir sollten sie vielmehr wie geistliche Mütter und Väter ermutigen und Geduld üben. Dabei dürfen wir dem Herrn vertrauen, dass er das gute Werk in unseren Geschwistern vollenden wird. Für den persönlichen Umgang mit ihnen müssen wir um viel Weisheit beten. Willst du das heute tun?

19. JULI

Jesus sagte: »Vater, vergib diesen Menschen, denn sie wissen nicht, was sie tun.«

Lukas 23,34a

Stell dir folgende Situation vor: Ein Vater ist erbittert und zornig, weil sein jugendlicher Sohn die Nächte am Wochenende in Diskotheken verbringt, dabei zu viel Alkohol trinkt und mit Mädchen erste sexuelle Erfahrungen sammelt. Hinzu kommen eine Untersuchungshaft wegen Diebstahls und ein gerichtliches Verfahren gegen den Sohn. Später sieht er sich auch noch mit einer Vaterschaftsklage konfrontiert, weil eine der wechselnden Freundinnen des Sohnes ein Kind geboren hat. Früher hätte der Vater den Sohn mit Schlägen gezüchtigt: mit Händen, Teppichklopfern, Kochlöffeln, seinem Gürtel. Doch weil der Sohn mittlerweile größer ist als er selbst, kann er seinem Zorn nur noch mit hasserfüllten Worten Luft machen: »Ich verfluche dich! Du bist nicht mehr mein Sohn!« Dann bleibt nichts mehr zu sagen. Von nun an gehen sie getrennte Wege.

Und nun eine andere Situation: Ein Vater hält immer wieder Ausschau nach seinem in der Ferne lebenden Sohn und sehnt sich danach, dass er wieder zurückkommt. Der Sohn forderte vor nicht allzu langer Zeit sein Erbteil ein und ging damit in die Welt. Der Vater vergab ihm diese Dreistigkeit, aber laufend erreichen ihn schlechte Nachrichten. Sein Sohn verzecht die Nächte mit Alkohol und vielen Frauen, ist faul und arbeitet nichts. Doch statt sich von ihm abzuwenden, ist das Herz des Vaters in Gedanken umso mehr bei ihm. Mit der inneren Bereitschaft, den Sohn wieder aufzunehmen, sieht er ihn eines Tages kommen. Sofort läuft er ihm entgegen, umarmt ihn und erkennt, dass der Sohn seine unverschämte Forderung und den ausschweifenden Lebensstil bereut. Mit großer Freude über die Wiederkehr beschenkt er ihn großzügig und feiert ein rauschendes Fest. Für sie beginnt ein neues Leben – gemeinsam, statt getrennt.

Jesus Christus zeigt uns keinen zornigen Vater, sondern einen gütigen Vater, der vergibt – einen Gott, der seinen geliebten Menschen die Hand versöhnlich zum Frieden reicht. Wie gut ist es, dass wir einen solchen Gott unseren Vater nennen dürfen!

20. JULI

Jedes Mal sagte er: »Meine Gnade ist alles, was du brauchst. Meine Kraft zeigt sich in deiner Schwäche.« Und nun bin ich zufrieden mit meiner Schwäche, damit die Kraft von Christus durch mich wirken kann.

2. Korinther 12,9

Großartige Männer und Frauen kommen nicht einfach so auf die Welt, sie werden durch das Leben geformt. Wenn wir die »Helden« in der Bibel betrachten, dann wird uns schnell klar, dass die meisten einen ganz normalen Hintergrund hatten, aus einfachen Familien kamen und in normalen Berufen arbeiteten. Und vor allem: Sie hatten es nicht immer leicht im Leben, sahen sich vielen Widerständen gegenüber und waren nicht immer diejenigen, die für eine Aufgabe am geeignetsten schienen.

Manchmal habe ich schon selbst über die Wahl Gottes gestaunt. Verschiedene bekannte Evangelisten haben in ihrer Kindheit und Jugend schrecklich gestottert. Dennoch hat Gott sie berufen, das Evangelium auf der ganzen Welt zu verkündigen.

Gott hat so große und gute Pläne für dich, dass du sie, wenn er sie dir jetzt voll offenbaren würde, vermutlich nicht für dich annehmen könntest. Hätte mir Gott in meiner Jugend gesagt, was er mit mir vorhat, wäre ich wahrscheinlich in den Busch nach Australien geflüchtet! Denn nie hätte ich mir zugetraut, was Gott mir zutraut!

Wage es, Gott zu vertrauen, dass er wunderbare Pläne für dich hat! Er kennt deine Zukunft, und sie ist wunderbar!

21. JULI

Desgleichen hilft auch der Geist unsrer Schwachheit auf.

Römer 8,26a (LUT)

Schau dir diese auserwählten »Schwächlinge Gottes« an:

Jakob war ein Manipulierer.
Petrus war ein Feigling.
David hatte eine Affäre.
Noah hat sich betrunken.
Mose stotterte und war impulsiv.
Paulus war ein Mörder.
Gideon war unsicher.
Mirjam war eine Schwätzerin.
Marta machte sich um alles Sorgen.
Thomas war ein Zweifler.
Sara war ungeduldig.
Zachäus war klein.
Abraham war alt.
Lazarus war tot.

Willst du Gott vertrauen, dass er diese Liste mit deinem Namen erweitert und dich gebraucht, um sein Reich zu bauen und seinen Namen zu verherrlichen?

22. JULI

Mordechai hatte eine Cousine mit Namen Hadassa, auch Ester genannt. Er war ihr Vormund, denn sie hatte weder Vater noch Mutter. Die junge Frau hatte eine schöne Figur und ein hübsches Gesicht. Nach dem Tod ihrer Eltern nahm Mordechai sie in sein Haus und zog sie wie seine eigene Tochter auf.

Ester 2,7

Ester war eine Jüdin und die Adoptivtochter ihres Cousins Mordechai. Sie lebte mit ihrem Cousin im Exil in Susa, einer Stadt im babylonischen Elam. Nachdem der persische König seine Gemahlin Wasti verstoßen hatte, gewann Ester seine Gunst und wurde die neue Königin.

Als ihr Pflegevater Mordechai die vorgeschriebene Verehrung des Großwesirs Haman verweigerte, wurde dieser darüber so zornig, dass er alle Juden im persischen Reich töten lassen wollte. Mordechai bat deshalb seine Adoptivtochter um Hilfe. Nach kurzem Zögern setzte sie mit großem Mut ihr Leben ein und wagte es, vor den König zu treten, was ohne Erlaubnis bei Todesstrafe verboten war.

Ester war ein Waisenkind, das durch die Gnade Gottes zu höchsten Ehren erhoben wurde. Sollte sie jetzt alles riskieren, ohne Garantie, dass der Plan auch gelingen würde?

Vielleicht stehst auch du gerade in einer ähnlichen Situation, in der du alles für Gott auf eine Karte setzen musst. Das sind Momente im Leben, die unseren Charakter, unser Fundament, unsere tiefsten Überzeugungen offenbaren. Wie entscheidest du dich?

23. JULI

Wenn ich umkomme – dann komme ich um.

Ester 4,16b

Nach intensivem Gebet und Fasten beschloss Ester zu handeln – egal, wie es ausgehen würde. Und dann gab Gott ihr Weisheit, Schutz und Gnade für die Situation.

Mit viel Klugheit und Umsicht gelang es Ester, die Pläne des Haman zu vereiteln und ihrem Adoptivvater Mordechai zu einer Stellung am Hof zu verhelfen. Durch ihr mutiges Handeln wurde das gesamte jüdische Volk im persischen Reich vor einem gewaltsamen Tod verschont.

Ester und Mordechai haben Vorbildcharakter. Auch unter Verfolgung blieben sie treu und setzten sich für das Wohl und den Schutz anderer ein. Und obwohl Ester als Königin sicher eine gute Stellung hatte, war sie doch ein einfaches Mädchen, deren Einfluss beschränkt war – so durfte sie sich dem König beispielsweise nicht unerlaubt nähern.

Aus einem Waisenkind, einer Jüdin im Exil, wurde die Retterin des jüdischen Volkes – Gott begabt die Berufenen!

24. JULI

Der ehrliche Rat eines Freundes ist so angenehm wie Öl oder Weihrauch.

Sprüche 27,9

Wenn du ein großer Mann oder eine große Frau Gottes werden möchtest, sei bereit, jede Art von Arbeit zu tun, wie bescheiden sie auch sein mag, solange es nicht gegen dein Gewissen geht.

Große Männer und Frauen sind außerdem ihre eigenen »Wachhunde«! Sie üben Selbstkontrolle und Selbstdisziplin in allen Bereichen ihres Lebens. Deshalb benötigen sie keine Einmischung, keine Kontrolle von außen – wobei sie gleichzeitig den Rat anderer suchen, also oft einen Mentor haben.

Hast du jemanden, den du respektierst und der die Erlaubnis hat, in dein Leben hineinzusprechen? Es ist sehr wichtig, dass wir jemanden haben, der die Freiheit hat, uns mit Rat und Tat, aber auch mit liebevoller Korrektur zur Seite zu stehen.

25. JULI

Wodurch hält ein Jüngling seinen Pfad rein? Indem er sich bewahrt nach deinem Wort.

Psalm 119,9 (ELB)

Wir qualifizieren uns nicht für Gott, indem wir uns mehr Bibelwissen aneignen, mehr beten, uns mehr kasteien. Das Grundproblem ist unsere eigentliche Person. Die entscheidende Frage ist, ob sie bereits ein brauchbares Gefäß in Gottes Hand ist. Dazu muss der äußere Mensch zerbrochen werden.

Die ganzen Jahre schon hat Gott an uns gearbeitet, obwohl es uns nicht immer bewusst war. Wir sind Leidenswege gegangen, haben viele Schwierigkeiten erfahren und haben uns auf dem Holzweg befunden. Wir wollten einen anderen Weg gehen, doch Gott verwehrte uns das Gelingen. Es geht darum, die Hand Gottes in all diesen Dingen zu erkennen. Wir dürfen deshalb beten: »Herr, öffne mir die Augen des Herzens, damit ich deine Hand erkennen kann und auf deinen Wegen wandle!«

26. JULI

Aber lasst mich euch ein wunderbares Geheimnis sagen, das Gott uns offenbart hat. Nicht jeder von uns wird sterben, aber wir werden alle verwandelt werden.

1. Korinther 15,51

Vor vielen Jahren hatte ich folgendes Erlebnis. Ich war sehr einsam und mich bewegte immer wieder die Frage nach dem Sinn des Lebens. Wozu hatte Gott mich erschaffen? Was waren seine Pläne mit mir und für mich? Wozu war ich zu gebrauchen? Was sollte mit meinem Leben geschehen und was waren die nächsten Schritte?

Mit diesen Fragen im Herzen habe ich oft lange Spaziergänge im Wald unternommen. An einem dieser Sonntagnachmittage setzte ich mich müde auf einen umgehauenen Baumstamm. Ich wollte etwas verschnaufen, denn der Weg war steil. Mit einem Mal sah ich, dass sich mir eine große, fette Raupe mit schönen Farben und langen Fäden näherte. Ich fand sie ekelhaft, doch der Herr erinnerte mich daran, dass in ihr ein Schmetterling steckte.

Auf dem Heimweg ließ mich der Gedanke an die Raupe nicht mehr los. Meine Gedanken beschäftigten sich mit dem Prozess der Metamorphose, wie aus einer Raupe ein Schmetterling werden kann. Ich wusste: Auch mich konnte Gott so verwandeln.

Siehst du noch eine Raupe oder schon einen Schmetterling in dir?

27. JULI

Doch die, die auf den Herrn warten, gewinnen neue Kraft. Sie schwingen sich nach oben wie die Adler.

Jesaja 40,31a

Eine Raupe frisst sich zuerst dick und fett; alles muss sie befriedigen und glücklich machen. Irgendwann jedoch schmeckt ihr das Blatt, an dem sie gerade kaut, nicht mehr. Sie spuckt es aus und geht zum nächsten, aber sie macht dieselbe Erfahrung. Also wechselt sie den Baum, doch auch hier schmeckt ihr keines der Blätter. Alles, was ihr bisher höchste Befriedigung verschafft hat, bedeutet ihr nichts mehr, ekelt sie sogar an. Deshalb spinnt sie einen Faden, hängt sich daran und fängt an, aus Leibeskräften zu spinnen. Ihr Kokon wird immer enger und dunkler und bald hat sie keine Ahnung mehr, wo oben oder unten, hinten oder vorne ist. Ihr gehen die Kräfte aus. Deshalb hört sie auf, sich weiter anzustrengen, und entspannt sich. Zu ihrer Überraschung kommt ein tiefer Friede in ihr Herz, obwohl die Situation völlig hoffnungslos scheint.

Irgendwann ist in ihr nur noch ein Herzensschrei: »Raus aus diesem Gefängnis!« Sie bricht den Kokon von innen auf und kann zu ihrer großen Überraschung fliegen, nachdem ihre Flügel getrocknet sind.

Übrigens: Wenn man so einen Kokon frühzeitig öffnet, um dem »armen« Schmetterling herauszuhelfen, dann stirbt er. Die Kraft, die die Raupe einsetzt, um den Kokon aufzubrechen, ist die Kraft, die sie nachher fliegen lässt. Die Schmetterlingsgeschichte hat mir im Leben oft geholfen, nicht vor Situationen davonzulaufen, nicht zu klagen, wenn ich mein Leben nicht mehr verstanden habe, sondern mich ganz fest an Jesus zu klammern und auf ihn zu warten.

28. JULI

Ich habe euch genauso geliebt, wie der Vater mich geliebt hat. Bleibt in meiner Liebe. Wenn ihr mir gehorcht, bleibt ihr in meiner Liebe, genauso wie ich meinem Vater gehorche und in seiner Liebe bleibe. Ich sage euch das, damit meine Freude euch erfüllt. Ja, eure Freude soll vollkommen sein!

Johannes 15,9-11

Das Leben, so wie Jesus es sich für uns wünscht, macht Spaß. Er hat uns schon jetzt vollkommene Freude zugesagt. Es ist ein riesengroßes Vorrecht, ihm dienen zu dürfen. Wenn wir bereit sind, Ängste aufzugeben – die Angst, alles verlassen, auf ein geregeltes Einkommen verzichten oder unsere lieb gewordenen Gewohnheiten aufgeben zu müssen –, und ihm ohne Wenn und Aber nachfolgen, werden wir zu einer vollkommenen und göttlichen Form der Liebe durchdringen.

Die Macht, die hinter dem Wunsch nach materiellen Sicherheiten steckt, bringt oft giftige Blüten hervor. Aber der Kern sitzt noch viel tiefer. Es ist letztlich Unglaube Jesus und seinem Wort gegenüber, der uns bei rein menschlichen und weltlichen Sicherheiten Zuflucht suchen lässt.

Immer wieder darf ich erleben, dass dieses Wort Gottes aus Psalm 34,9 wahr ist: »Schmeckt und seht, dass der Herr gut ist. Freuen darf sich, wer auf ihn vertraut!«

29. JULI

Bemüht euch unermüdlich um Gerechtigkeit, damit ihr am Leben bleibt und das Land, das der Herr, euer Gott, euch gibt, in Besitz nehmen könnt.

5. Mose 16,20

Der Himmel ist ein Bereich, ein »Land«, wenn auch unsichtbar. Der Regent ist der König der Herrlichkeit, der Gott des Universums, der Herr aller Herren. Und dieser König hat uns Menschen zu seinen Mitregenten ernannt. Wir haben unsere je eigenen Bereiche zugeteilt bekommen, in denen wir das Reich Gottes in die Realität bringen dürfen.

Wir sind bereits die Bürger eines Königreiches, das weit über den Reichen dieser Welt steht. Aber genauso, wie wir uns an die Gesetze der irdischen Reiche halten müssen, um ohne Konflikte leben zu können, ist es im Reich Gottes. Auch dort gibt es gottgegebene Gesetze, und in dem Ausmaß, wie wir diese Gesetze in Herzensgehorsam befolgen, wird es uns wohlergehen und wir werden Konflikte vermeiden.

Wie kannst du dich von den Gesetzen des himmlischen Königreiches noch mehr prägen lassen?

30. JULI

Das bedeutet aber, wer mit Christus lebt, wird ein neuer Mensch. Er ist nicht mehr derselbe, denn sein altes Leben ist vorbei. Ein neues Leben hat begonnen! Dieses neue Leben kommt allein von Gott, der uns durch das, was Christus getan hat, zu sich zurückgeholt hat. Und Gott hat uns zur Aufgabe gemacht, Menschen mit ihm zu versöhnen. Denn Gott war in Christus und versöhnte so die Welt mit sich selbst und rechnete den Menschen ihre Sünden nicht mehr an. Das ist die herrliche Botschaft der Versöhnung, die er uns anvertraut hat, damit wir sie andere verkünden. So sind wir Botschafter Christi, und Gott gebraucht uns, um durch uns zu sprechen. Wir bitten inständig, so, als würde Christus es persönlich tun: »Lasst euch mit Gott versöhnen!«

2. Korinther 5,17-20

Die Gerechtigkeit, die wir in und durch Christus empfangen, ist nicht nur für uns alleine. Wenn wir unsere Beziehung zu Gott geklärt haben, haben wir den Auftrag, allen diese Frohbotschaft (nicht Drohbotschaft!) weiterzugeben, damit so viele wie möglich in dieselbe Gerechtigkeit des Reiches Gottes eintreten können. Das ist ein echter Versöhnungsdienst. Alle Menschen auf allen Kontinenten brauchen diese Versöhnung und sehnen sich danach.

Die seit dem Sündenfall im Paradies unterbrochene Liebes- und Vertrauensbeziehung zum himmlischen Vater ist ein tiefes Manko in allen Herzen und alle Menschen streben bewusst oder unbewusst danach, diese Vaterbeziehung wiederherzustellen. Durch Gottes Gerechtigkeit ist es möglich!

Wo kannst du dieses Angebot der Versöhnung weitergeben?

31. JULI

Gott segnet die, die nach Gerechtigkeit hungern und dürsten, denn sie werden sie im Überfluss erhalten.

Matthäus 5,6

Solange wir nur materiellen Dingen nachlaufen, werden wir nie echten Frieden, tiefe Zufriedenheit, bleibende Befriedigung oder anhaltende Freude erleben. Wir müssen von der Sklaverei des Materialismus, der immer noch mehr haben will, befreit werden. Nur wenn wir an den Punkt kommen, dass wir Gottes Reich und Gottes Gerechtigkeit von ganzem Herzen suchen, werden wir frei werden vom Streben nach materiellen Dingen.

Wir müssen unseren Hunger nach Dingen austauschen gegen den Hunger nach Gott. Dann verheißt uns Gott, dass uns alles andere zufallen wird. Aber erst dann!

Wenn sich jemand in der Wüste verirrt, ohne Essen und Trinken, wird nach kurzer Zeit sein einziges Verlangen sein, diesen Hunger und Durst zu stillen. Dann zählt nur noch das. Er ist bereit, alles aufzugeben, alles loszulassen, alles zu tun. Und genau diesen unbändigen Hunger und Durst sollen wir in Bezug auf das Reich Gottes und seine Gerechtigkeit haben, dann werden wir alle Rechte, Reichtümer, Segnungen und Bevorzugungen des Reich Gottes erleben und erfahren.

Bist du hungrig und durstig nach Gottes Reich?

AUGUST

1. AUGUST

Da sprach Gott: »Wir wollen Menschen schaffen nach unserem Bild, die uns ähnlich sind. Sie sollen über die Fische im Meer, die Vögel am Himmel, über alles Vieh, die wilden Tiere und über alle Kriechtiere herrschen.«

1. Mose 1,26

Die meisten Menschen wissen nicht, wonach sie eigentlich suchen. Zwar ist ihnen meist bewusst, dass sie etwas suchen, aber sie können dieses Etwas nicht näher definieren. Viele suchen ihren Wert in Geld, Macht, gesellschaftlichem Ansehen oder Vergnügen. Andere wieder suchen Sinn in der Wissenschaft, der Philosophie, der intellektuellen Welt. Einige wenden sich Alkohol oder Drogen zu. Manche flüchten sich in Religionen und Lebensphilosophien.

Es gibt viele Versuche, den Sinn des Lebens zu finden, aber alle führen auf lange Sicht nur zu Frustration und Enttäuschung. Wir Menschen sind in unserem tiefsten Sein ruhelos, denn wir alle haben diesen inneren Drang zu herrschen und zu dominieren, Kontrolle über unsere Umstände und unsere Umgebung auszuüben. Wir sehnen uns im Innersten nach dem Ort, wo das möglich und richtig war, denn dazu wurden wir tatsächlich ursprünglich von Gott bestimmt. Wir sollten uns die Erde untertan machen, als Könige und als Königinnen herrschen und als die Mitregierenden unseres Schöpfers und Königs aller Könige sein Reich auf der Erde manifestieren.

Wo und wann haben wir unseren Platz des Herrschens verloren?

Unsere wahre Bestimmung wurde uns im Paradies geraubt, als das erste Menschenpaar dem Täuscher und Lügner, einem arroganten Erzengel, der sich die Herrschaft dieser Erde aneignen wollte, Gehör schenkte. Daraufhin verließ es seine Position des Herrschens. Seither ist unser tiefster Herzensschrei – meist unbewusst –, an den Ort der ursprünglichen Bestimmung unserer Stammeltern Adam und Eva zurückzukehren, die in Freiheit, Einheit, Freude und Erfüllung in Gemeinschaft mit ihrem Schöpfer lebten. Wir alle sehnen uns bewusst oder unbewusst danach, das zu finden, was wir verloren haben.

Wo hast du bisher deine Erfüllung, deinen Lebenssinn gesucht?

2. AUGUST

Die Botschaft vom Reich Gottes wird auf der ganzen Welt gepredigt werden, damit alle Völker sie hören, und dann erst wird das Ende kommen.

Matthäus 24,14

Wir erleben viele Katastrophen, Erdbeben, Kriege, Verfolgungen, und manchmal sind wir deshalb sehr beunruhig. Doch das Ende wird erst kommen, wenn du und ich aufstehen und die Botschaft verkündigen, dass das Reich Gottes nahe ist – allen Nationen!

Gott hat diese Erde in die Hände seiner Kinder gegeben. Er hat das Ende nicht den Terroristen, den Kriegen, den Naturkatastrophen überlassen, sondern seinen Kindern – wenn sie diese Botschaft vom Reich Gottes predigen.

Bist du bereit, ein Botschafter Jesu Christi zu werden, in der Umgebung, in die Gott dich hineingestellt hat?

3. AUGUST

Alle deine Geschöpfe werden dir danken, Herr, und alle, die dir treu sind, werden dich loben. Sie werden von der Herrlichkeit deines Königreiches sprechen, sie werden von deiner Macht erzählen. Sie werden deine mächtigen Taten und die Größe und Herrlichkeit deines Reiches verkünden. Denn dein Reich bleibt ewig und deine Herrschaft besteht von Generation zu Generation.

Psalm 145,10-13a

Worum geht es im Reich Gottes?

Es geht um einen König.

Es geht um ein Königreich.

Es geht um eine Königsfamilie.

Es geht um eine Königreicherweiterung.

Es geht um ein verlorenes Königreich.

Es geht um ein wiedergewonnenes Königreich.

Es geht um ein wiederhergestelltes Königreich, nicht um ein Programm oder eine Religion.

Leider wollen wir lieber eine Demokratie als ein Königreich. Moderne Menschen wollen keinem König folgen. Was sagt dein Herz dazu?

4. AUGUST

Da sagte der Herr zu Josua: »Steh auf! Warum liegst du vor mir auf deinem Gesicht?«

Josua 7,10

Mach dir bewusst, dass du ein Mensch mit einer Bestimmung bist! Unzufriedenheit und Entmutigung entstehen nicht dort, wo es an Materiellem mangelt, sondern dort, wo keine Vision, keine Offenbarung vorhanden ist (nach Sprüche 29,18a). Den Menschen, der seine Bestimmung kennt, erwartet eine glänzende Zukunft.

Wie wirst du ein bedeutungsvoller, hervorragender Mensch? Fang einfach an, dich danach auszustrecken. Gott geht mit uns einen Weg, einen Prozess, und in diesem Prozess wirst du auch versagen und fallen. Aber das ist nie das Endresultat! Steh auf, klopf dir den Staub von den Kleidern, rücke dein Krönchen zurecht und steh auf, steh auf, steh auf! Viele Male lesen wir im Wort Gottes, dass wir aufstehen sollen.

Wenn du etwas versuchst und dabei versagst, bist du schon viel weiter, als wenn du keinen Versuch unternommen hättest. Um hervorragend und fruchtbar zu sein, musst du einmal mehr aufstehen, als du niedergefallen bist. Die einzigen wirklichen Fehler im Leben sind die, aus denen wir nichts lernen.

Eine »Zielverfehlung« kann zur Last werden, aber sie kann uns auch Flügel verleihen. Mach weiter mit dem, was du hast, und klage nicht über das, was du noch nicht hast. Wahre Größe im Leben zeigt sich, wenn man in kleinen Dingen großartig ist. Noch ist niemand glücklich geworden, der nicht gelernt hat, das zu gebrauchen, was er hat, und sich keine Sorgen darüber gemacht hat, was er noch nicht hat. Noch nie hat ein Mensch Erfolg gehabt, der immer abgewartet hat, bis alle Bedingungen absolut günstig waren. Wachse dort, wo du eingepflanzt bist. Jetzt ist die Zeit!

5. AUGUST

Hätte ich in meinem Herzen böse Gedanken, dann hätte der Herr mich nicht erhört.

Psalm 66,18

Sünde kann die Kommunikation mit Gott und den Fluss seiner Segnungen zu uns unterbrechen. Gott wird denen nicht Gutes vorenthalten, deren Herzen aufrichtig sind und deren Wandel ohne Tadel ist. Ein reines Herz und ein Wandel im Licht und in der Wahrheit Gottes sind Schlüssel für ein gesegnetes Leben im Königreich Gottes. Denn dann werden wir die Dinge so sehen, wie Gott sie sieht.

Es heißt nicht umsonst, dass der Reine alles rein sieht. Und an einer anderen Stelle heißt es, dass der Herr uns vergilt nach unserer Gerechtigkeit, nach der Reinheit unserer Hände vor seinen Augen (Psalm 18,21).

Du kannst den Herrn heute bitten, dir zu zeigen, wo es Sünde in deinem Leben gibt. Wenn dir etwas bewusst wird, bring es sofort ans Kreuz – der Herr wird dich reinwaschen und dir gerne vergeben.

6. AUGUST

Oh, wie könnte ich dich aufgeben, Ephraim? Wie könnte ich dich, Israel, im Stich lassen? [...] Schon bei dem Gedanken daran bricht mir das Herz, und ich empfinde tiefstes Mitleid für dich. [...] Denn ich bin Gott und kein Mensch. Ich bin der Heilige, der mitten unter euch wohnt, und ich will nicht voller Zorn über euch herfallen.

Hosea 11,8-9

Gott sehnt sich danach, dass wir lernen, ihm von ganzem Herzen zu vertrauen, denn Vertrauen ist die Basis für jede gute Beziehung. Jesus vertraute sich nur seinem Vater an, das lesen wir in Johannes 2,24-25: »*Aber Jesus vertraute sich ihnen nicht an, denn er kannte sie und wusste, wie es in den Menschen wirklich aussieht. Ihm brauchte über die menschliche Natur niemand etwas zu sagen.*«

Hast du dir einmal bewusst gemacht, was Jesus alles durchmachen musste auf dieser Welt?

Ich habe mich einmal beim Herrn über die Schwierigkeiten mit meinen Mitarbeitern beklagt und bekam zur Antwort: »Maria, meine Mitarbeiter haben sich gestritten, wer zu meiner Rechten und meiner Linken sitzen darf. Als ich sie brauchte, haben sie alle geschlafen, einer hat mich verraten, ein anderer hat mich dreimal verleugnet und wieder ein anderer hat mich komplett infrage gestellt. Hast du noch irgendwelche Klagen?«

Darauf hatte ich nur eine erleichterte Antwort: Meine Situation war bei Weitem nicht so schlimm.

Hast du noch Klagen? Ich will dich ermutigen, Jesus heute ganz zu vertrauen.

7. AUGUST

Ich habe euch genauso geliebt, wie der Vater mich geliebt hat. Bleibt in meiner Liebe. Wenn ihr mir gehorcht, bleibt ihr in meiner Liebe, genauso wie ich meinem Vater gehorche und in seiner Liebe bleibe.

Johannes 15,9-10

Durch seinen Gehorsam erfuhr Jesus die Liebe seines Vaters.

Was sind die Gebote Jesu? Er fasste sie alle folgendermaßen zusammen:

1. *»Du sollst den Herrn, deinen Gott, lieben, von ganzem Herzen, mit ganzer Seele und mit all deinen Gedanken!«,* und

2. *»Liebe deinen Nächsten wie dich selbst«* (Matthäus 22, 37.39b).

Hier geht es wieder um diese erste Liebe. Was ist dir in deinem Leben am wichtigsten? Hinterfrage dich ehrlich und schreibe nieder, was bei dir Priorität hat, womit du dich am meisten beschäftigst.

Ein weiser Mensch hinterfragt sich selbst. Ein Narr hinterfragt immer nur die anderen. Werde ehrlich vor dir selbst, denn die Wahrheit macht uns frei, auch wenn sie uns vorher oft miserabel stimmt.

Und liebst du dich selbst, wie Jesus dich liebt? Oder bist du dein eigener schlimmster Feind?

Wir alle tragen Brillen auf unseren Herzen, die bestimmen in welche Richtung wir uns entwickeln. Die eine Linse ist, wie du Gott siehst, und die andere, wie du dich selbst siehst.

8. AUGUST

Demut und Ehrfurcht vor dem Herrn führen zu Reichtum, Ehre und Leben.

Sprüche 22,4

Wenn man sich diese Worte einmal auf der Zunge zergehen lässt und im Herzen meditiert, dann ist der Weg in ein gesegnetes Leben klar für uns vorgezeichnet. Leider verhindern wir selbst oftmals Gottes Fülle des Segens in den verschiedenen Bereichen unseres Lebens: Es ist unsere Herzenseinstellung, die den Strom des Lebens, der Ehre und des Reichtums und der klaren Wegführung freisetzt oder blockiert. Denn der Herr stellt sich dem Stolzen, dem von Gott unabhängigen Menschen, entgegen, aber dem Demütigen schenkt er Gnade (Sprüche 3,34), das heißt: unverdiente Liebe in Fülle.

Demut bedeutet eigentlich, den Mut zu haben, Mensch zu sein, und Gott Gott sein zu lassen. Es bedeutet, sich im Herzen auf die Frequenz Gottes einzustellen und sich ihm unterzuordnen, seinem Wort zu gehorchen und den Weisungen des Heiligen Geistes zu folgen. Nach dem Lebensmotto, das auch schon unser Herr Jesus hatte: Nicht mein Wille, sondern dein Wille geschehe (Markus 14,36)!

Hast du den Mut, demütig zu leben?

9. AUGUST

Ihr jüngeren Männer, ordnet euch den Ältesten unter! Ihr alle sollt einander demütig dienen, denn »Gott stellt sich den Stolzen entgegen, den Demütigen aber schenkt er Gnade«! Deshalb beugt euch demütig unter die Hand Gottes, dann wird er euch ehren, wenn die Zeit dafür gekommen ist.

1. Petrus 5,5-6

Die Verse aus dem 1. Petrusbrief bedeuten, wir sollen demütig vor Gott und auch vor den Autoritäten, die Gott eingesetzt hat, stehen, ihm in allem vertrauen, ihn in alles hinein einladen und gleichzeitig dem Teufel standhaft widerstehen. Nicht wir sollen uns vor dem Feind fürchten, sondern er sich vor uns, weil wir unter dem Schutz des Allerhöchsten stehen.

Die Schlacht ist bereits entschieden. Wir gehen nicht zu einem Sieg, wir kommen von einem Sieg, denn Jesus sprach am Kreuz: »Es ist vollbracht!« Das ist eine Tatsache, auf die wir uns jederzeit im Namen Jesu berufen können.

Jemand hat einmal gesagt: »Menschen, die vor Gott knien, können vor den Menschen stehen.« Dieses tiefe Geheimnis will ich immer wieder, jeden Tag neu entdecken.

10. AUGUST

Er zeigt den Demütigen, was richtig ist, und lehrt sie seinen Weg.

Psalm 25,9

Was ist Demut?

Leider haben viele Menschen ein falsches Bild von Demut. Sie glauben, es heiße, man müsse sich bewusst kleinmachen, seine Fähigkeiten und Begabungen unter den Teppich kehren, sich minderwertig fühlen, sich selbst ablehnen, sehr niedrig von sich denken, sich mit Scham- und Schuldgefühlen herumquälen.

Doch all das ist nicht Demut.

Dann sagte Jesus: »Kommt alle her zu mir, die ihr müde seid und schwere Lasten tragt, ich will euch Ruhe schenken. Nehmt mein Joch auf euch. Ich will euch lehren, denn ich bin demütig und freundlich, und eure Seele wird bei mir zur Ruhe kommen. Denn mein Joch passt euch genau, und die Last, die ich euch auflege, ist leicht.«

Matthäus 11,28-30

Demut ist eine Herzenshaltung, die nicht zu klein von sich denkt, sondern groß von Gott. Jesus lädt uns dazu ein, sie von ihm zu lernen. Sie ist verbunden mit einer Verheißung der inneren Ruhe und des Friedens, guten Beziehungen, Sorglosigkeit und Widerstandskraft dem Feind gegenüber. Wäre es nicht kostbar und dringend notwendig, herauszufinden was Gott und sein Wort unter Demut wirklich verstehen?,

Komm mit ganzem Herzen zu Jesus und lerne von ihm!

11. AUGUST

Deshalb hat Gott ihn in den Himmel gehoben und ihm einen Namen gegeben, der höher ist als alle anderen Namen. Vor diesem Namen sollen sich die Knie aller beugen, die im Himmel und auf der Erde und unter der Erde sind. Und zur Ehre Gottes, des Vaters, werden alle bekennen, dass Jesus Christus Herr ist.

Philipper 2,9-11

Was war Demut für Jesus Christus?

Jesu Herzensdemut bestand darin, dass er seine Göttlichkeit, seine Unbegrenztheit, seine Dreieinigkeit, Ehre und seine Anbetungswürdigkeit aufgegeben hat, um ein begrenzter Mensch zu werden, der als hilfloses Baby geboren wurde und einen qualvollen Tod starb.

Ganz Mensch zu sein bedeutete für ihn, ganz vom Vater abhängig zu sein, in vollkommener, andauernder Verbindung mit ihm zu leben und hingegeben den Menschen zu dienen – bis hin zum stellvertretenden Tod für uns, um für unsere Schulden zu bezahlen.

Jesus tat all das nicht aus einer passiven Unterwürfigkeit, einem Minderwertigkeitsgefühl oder falsch verstandenem Leistungsdenken heraus; auch nicht, weil er es nicht anders verdient hätte, sondern freiwillig und aus Liebe zum Vater und zu uns.

12. AUGUST

Ermutigt ihr euch gegenseitig, Christus nachzufolgen? Tröstet ihr euch gegenseitig in Liebe? Seid ihr im Heiligen Geist verbunden? Gibt es unter euch Barmherzigkeit und Mitgefühl? Dann macht doch meine Freude vollkommen, indem ihr in guter Gemeinschaft zusammenarbeitet, einander liebt und von ganzem Herzen zusammenhaltet. Seid nicht selbstsüchtig; strebt nicht danach, einen guten Eindruck auf andere zu machen, sondern seid bescheiden und achtet die anderen höher als euch selbst. Denkt nicht nur an eure eigenen Angelegenheiten, sondern interessiert euch auch für die anderen und für das, was sie tun.

Obwohl er Gott war, bestand er nicht auf seinen göttlichen Rechten. Er verzichtete auf alles; er nahm die niedrige Stellung eines Dieners an und wurde als Mensch geboren und als solcher erkannt. Er erniedrigte sich selbst und war gehorsam bis zum Tod, indem er wie ein Verbrecher am Kreuz starb.

Philipper 2,1-4.7-8

Das ist die biblische Aufforderung zu einem Glaubensleben in Demut nach dem Vorbild Jesu Christi.

Wollen wir von seinem Vorbild lernen?

13. AUGUST

Selbst die Haare auf eurem Kopf sind alle gezählt.

Matthäus 10,30

Bei der Erziehung durch den Heiligen Geist geht es letztlich um zwei verschiedene Dinge: Sie will uns erstens aufbauen und zweitens niederreißen. Niederreißen will sie das, was uns im Leben sowieso nichts bringt, alles, wo wir das eigentliche Ziel verfehlen. Dabei geht Gott nicht auf unsere subjektiven Wünsche ein, sondern handelt an uns nach den Bedürfnissen, die er in uns erkennt. Nicht, was wir wollen, sondern was wir brauchen, wird der Vater uns geben.

Wenn wir bedenken, dass Gott sich um solch »unwichtige« Details in unserem Leben kümmert, wie die Haare auf unserem Kopf zu zählen, dann können wir auch darauf vertrauen, dass er immer weiß, was das Beste für jeden von uns ist, selbst wenn wir es nicht verstehen, nicht mögen und ihn nicht darum gebeten haben.

Wir dürfen uns ihm in diesem Zerbruch- und Sterbeprozess voll und ganz anvertrauen. Abba macht keine Fehler und kennt uns besser, als wir uns selbst kennen. Er weiß, was er in uns hineingelegt hat.

Vertraue ihm mutig.

14. AUGUST

Doch Gott ist treu. Er wird die Prüfung nicht so stark werden lassen, dass ihr nicht mehr widerstehen könnt. Wenn ihr auf die Probe gestellt werdet, wird er euch eine Möglichkeit zeigen, trotzdem standzuhalten.

1. Korinther 10,13b

Wie werden wir zu brauchbaren Gefäßen Gottes? Dazu muss der äußere Mensch zerbrochen werden. Das heißt nicht, dass unser Wesen, unsere Talente und Gaben zerbrochen werden. Der Herr wird vielmehr die Motivationen unseres Lebens prüfen, um zu erkennen, warum und wozu wir etwas tun.

All die Jahre hat Gott schon an uns gearbeitet, obwohl es uns nicht immer bewusst war. Wir sind Leidenswege gegangen, haben oft Schwierigkeiten, Ablehnungen, Enttäuschungen erfahren. Immer wieder hat Gott uns gegen einen Baum rennen lassen, damit wir erkennen, dass wir auf dem Holzweg sind. Wir haben einen anderen, »unseren Weg« für besser gehalten, aber Gott verwehrte uns das Gelingen. In solchen Situationen können wir beten: »Herr, öffne mir bitte die Augen des Herzens, damit ich die Führung deiner Hand erkennen kann.«

15. AUGUST

Als die Eselin den Engel des Herrn sah, der ihr mit gezücktem Schwert den Weg versperrte, bog sie vom Weg ab aufs Feld. Aber Bileam schlug die Eselin, um sie wieder auf den Weg zu bringen.

4. Mose 22,23

Die Augen eines Esels sind oft schärfer als die des selbst ernannten Propheten. Bileams Eselin erkannte den Boten Gottes, aber er selbst war blind für ihn und schlug noch auf sein Tier ein, weil er glaubte, der Esel sei das Problem. Dabei war es der Prophet selbst!

Wir müssen erkennen, dass Zerbruch einer der Wege Gottes mit uns ist, auch wenn es nicht der angenehmste ist. Lasst uns all seine Wege und Führungen – die schönen und die schweren – mit offenen Armen empfangen.

16. AUGUST

Da gab der Herr der Eselin die Fähigkeit zu sprechen. »Was habe ich dir getan, dass du mich dreimal schlägst?«, fragte sie Bileam.

4. Mose 22,28

Über Jahre hinweg versucht Gott, unseren äußeren Menschen zu einem Ende zu bringen, wenn wir es ihm erlauben und uns ihm ganz zur Verfügung stellen. Er presst und schüttelt und rüttelt uns, drückt und bedrückt uns, sodass wir nicht mehr wie vorher funktionieren können. Immer wieder versuchen wir, uns aus eigener Kraft aufzurappeln (manchmal vielleicht sogar mit Hilfe des Wortes Gottes), uns wieder aufzubauen, wiederherzustellen, sodass wir wie vorher »funktionieren« können. Aber das ist der absolut falsche Weg. Wir müssen ganz loslassen und Gott wirken lassen.

Wenn wir in solch einem Prozess stecken und Gott uns einen Strich nach dem anderen durch unsere Rechnung macht, dann passiert es oft, dass wir Menschen und Umstände dafür verantwortlich machen. Wir sind wie Bileam, der den Boten Gottes nicht sah und auf seinen Esel einschlug. Genauso schlagen wir auf die vermeintlichen »Esel« in unserem Umfeld ein und machen sie für unsere Probleme verantwortlich.

Auf welchen Esel schlägst du vielleicht ein?

17. AUGUST

Ich versichere euch: Ein Weizenkorn muss in die Erde ausgesät werden. Wenn es dort nicht stirbt, wird es allein bleiben – ein einzelnes Samenkorn. Sein Tod aber wird viele neue Samenkörner hervorbringen – eine reiche Ernte neuen Lebens.

Johannes 12,24

In Israel wurden auf der Festung Masada bei Ausgrabungsarbeiten im Jahr 1960 drei Dattelkerne gefunden, die schon seit Jahrtausenden dort lagerten. Da die Bedingungen günstig waren, hatten sie keinen Schaden gelitten. Als einer davon im Jahr 2005 in die Erde gesteckt wurden, keimte er und wuchs zu einer Dattelpalme heran. Jahrtausende lang lagen diese Kerne brach und haben keine Frucht gebracht, und dann wurden sie in die Erde gesteckt und erwachten zum Leben.

Was erlebt so ein Kern oder Samenkorn in der Erde? Ich glaube, die ersten Eindrücke sind Dunkelheit und Feuchtigkeit. Keine Ahnung mehr, wo oben oder unten ist! Wie wissen sie dann, in welche Richtung sie wachsen sollen? Ich glaube, das Licht der Sonne und das Leben im Samen ziehen sich gegenseitig an. Und genauso ist es bei uns. Das Licht des Sohnes Gottes und das Leben in uns, wenn wir Jesus aufgenommen haben, ziehen sich gegenseitig an. Auch wenn wir nicht immer klar sehen und sich manches düster und unangenehm anfühlt – Gottes Licht zieht uns und hilft uns zu einem fruchtbaren Leben.

18. AUGUST

Wer sein Leben in dieser Welt liebt, wird es verlieren. Wer sein Leben in dieser Welt gering achtet, wird es zum ewigen Leben bewahren.

Johannes 12,25

Der Samen in der Erde fängt an, zu keimen und zu wachsen, weil er sich vom Mehlkörper ernährt. Genauso nährt sich unser Geist in den Anfangszeiten von unserer Seele, kommt aber bald an seine Grenzen. Dann jammern wir: »Mich zerreißt es in diesen Umständen!«

In Wahrheit schreit unser Geist nach Freisetzung von der Beschränktheit unserer seelischen Kapazitäten. Wir müssen ihnen sterben, um zu echtem Leben durchzudringen.

Hast du dich schon einmal so gefühlt und wolltest vor schwierigen Umständen davonlaufen? Und hast du es vielleicht sogar getan, nur um vom Regen in die Traufe zu kommen? Statt wegzulaufen, sollten wir in Jesu Arme laufen!

19. AUGUST

Wer an seinem Leben hängt, wird es verlieren; aber wer es für mich aufgibt, wird es finden.

Matthäus 10,39

Was will der Herr in uns »zerbrechen«, oder besser gesagt »von uns entfernen«, damit wir heil werden können?

Es betrifft unsere Seele, das heißt:

a) unseren Verstand (Intellekt)

Wir müssen von den Gedankenstrukturen reingewaschen werden, die sich gegen die Wahrheit und Liebe Gottes auflehnen. Unser Denken muss erneuert werden. Wir sollen so frei werden, dass wir Gottes Gedanken denken und die Dinge so erkennen, wie er sie sieht.

b) unsere Gefühle

Wir dürfen frei werden von traumatischen Erfahrungen, von Schuld, Scham, Schmach, von allem, was uns bindet. Unsere Gefühlswelt soll so frei werden, dass wir uns freuen, worüber Gott sich freut, und traurig und zornig sind, worüber Gott traurig und zornig ist.

c) unseren Willen

Unser Wille soll frei werden von jedem Eigenwillen, von jedem Trotz, von jedem Widerstand. So können wir im Willen Gottes leben, ohne Angst und ohne Misstrauen, sondern voller Vertrauen.

20. AUGUST

Wenn dagegen der Heilige Geist unser Leben beherrscht, wird er ganz andere Frucht in uns wachsen lassen: Liebe, Freude, Frieden, Geduld, Freundlichkeit, Güte, Treue, Sanftmut und Selbstbeherrschung. Nichts davon steht im Widerspruch zum Gesetz.

Galater 5,22-23

»Ich, mich, meiner, mir – Herr segne doch uns vier!« – Das ist die Herzenshaltung vieler Menschen, oft auch derer, die sich Christen nennen. Doch mit dieser Einstellung werden wir nie zu dem Leben durchbrechen, das Jesus Christus so teuer am Kreuz für uns bezahlt hat.

Was wird also in unserem Leben zerbrochen, wenn wir es zulassen, sodass das Leben Jesu Christi sich in uns manifestieren kann? Alles, was sowieso nichts bringt. Alles, was egoistisch ist, unabhängig und negativ, kurz: die Werke des Fleisches.

Wenn ihr den Neigungen eurer sündigen Natur folgt, wird euer Leben die entsprechenden Folgen zeigen: Unzucht, unreine Gedanken, Vergnügungssucht, Götzendienst, Zauberei, Feindschaften, Streit, Eifersucht, Zorn, selbstsüchtigen Ehrgeiz, Spaltungen, selbstgerechte Abgrenzung gegen andere Gruppen, Neid, Trunkenheit, ausschweifenden Lebenswandel und dergleichen mehr. Ich wiederhole, was ich bereits gesagt habe, dass niemand, der ein solches Leben führt, das Reich Gottes erben wird.

Galater 5,19-21

Streben wir deshalb nach der Frucht des Heiligen Geistes, wie sie uns im Galaterbrief beschrieben wird!

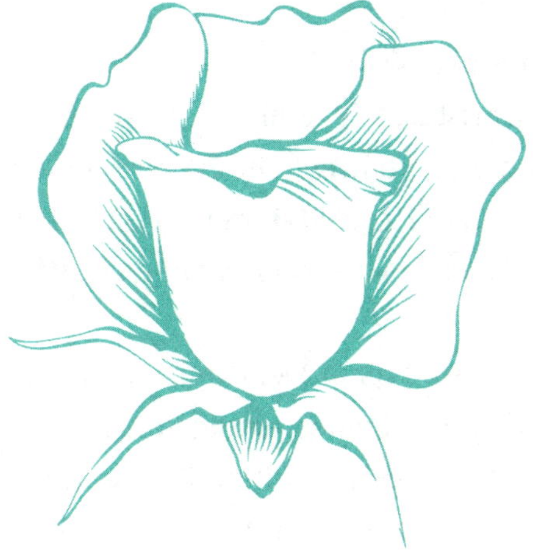

21. AUGUST

Denn durch den Glauben in deinem Herzen wirst du vor Gott gerecht, und durch das Bekenntnis deines Mundes wirst du gerettet.

Römer 10,10

Willst du mit mir beten?

Herr Jesus Christus, ich glaube, dass du der Sohn Gottes bist und aus Liebe zu mir am Kreuz für meine Schuld gestorben bist.

Ich bekenne, dass ich ein Sünder bin und deinen stellvertretenden Tod für mich in Anspruch nehme zur Vergebung meiner Sünden.

Ich öffne dir heute mein Herz und mein ganzes Leben und ich empfange dich als meinen einzigen Erlöser, Herrn, Meister, Heiler, Befreier, Versorger, Fürbitter, Richter und Verteidiger, als meinen besten Freund, meinen Geliebten und meinen Bräutigam.

Ich danke dir, Herr Jesus Christus, dass du zu mir gekommen bist. Ich bin dein und du bist mein und das soll für immer so sein.

Schenke mir eine tiefe Liebe und einen Hunger nach deinem Wort. Erfülle mich mit deinem Heiligen Geist, der mich in die Wahrheit führt, die mich frei macht, in die Liebe, die mich heilt, und in das Leben, das mich voll und ganz erfüllt. Du selbst, Herr Jesus Christus, bist dieses Leben.

Von Herzen danke ich dir, dass du gekommen bist und dass du bleiben wirst und dass du das gute Werk, das du in mir begonnen hast, vollenden wirst.

Ich liebe dich, Herr Jesus Christus.

22. AUGUST

Doch er war durchbohrt um unserer Vergehen willen, zerschlagen um unserer Sünden willen. Die Strafe lag auf ihm zu unserm Frieden, und durch seine Striemen ist uns Heilung geworden.

Jesaja 53,5 (ELB)

Jahrelang hatte ich einen Schnupfen, der trotz vieler Medikamente hartnäckig blieb. Ich musste viel telefonieren und jeder fragte mich: »Bist du krank?« Jedes Mal antwortete ich: »Nein, ich bin nicht krank, ich habe zwar die Symptome einer Krankheit, aber durch die Striemen des Herrn Jesus bin ich geheilt.«

Nachdem ich das viele Monate lang bekannt hatte, waren die Symptome über Nacht plötzlich verschwunden – keiner wusste wieso. Doch ich jubelte im Herzen, dass der Herr meinen Glauben an seine Verheißung mit Heilung gesegnet hatte.

Ich rate dir, nie wieder »deine« Krankheit über deinem Leben auszusprechen. (Jesus hat sie schon getragen, sie gehört nicht mehr dir!) Bekenne vielmehr: »Durch seine Striemen bin ich geheilt« und »Jesus hat meine Leiden und Krankheiten von mir genommen«.

23. AUGUST

Nahm Gott ihn etwa aufgrund seiner guten Taten an? Wäre es so, dann hätte er Grund, stolz zu sein. Doch aus der Sicht Gottes hatte Abraham dazu keinen Anlass. Denn was steht in der Schrift? »Abraham glaubte Gott; und Gott erklärte ihn wegen seines Glaubens für gerecht.« Wenn Menschen arbeiten, erhalten sie ihren Lohn nicht als Geschenk. Ein Arbeiter hat sich verdient, was er bekommt. Gerecht gesprochen aber wird ein Mensch aufgrund seines Glaubens, nicht aufgrund seiner Taten.

Römer 4,2-5

Was können wir von Abraham lernen? Unser Gehorsam oder unsere Reife geben uns noch kein Recht auf Gottes Segen – alles ist Gnade! Es war vielmehr so: Als Abraham glaubte, bekam er den Segen. Es geht nicht darum, etwas verzweifelt zu versuchen oder sich anzustrengen (sonst werden wir sehr anstrengend!), sondern um Vertrauen und Glauben!

Abraham war nicht deshalb ein Held, weil er besonders charakterstark war, sondern ein Held darin, umsonst zu empfangen! Der Vater gibt niemandem etwas im Namen Jesu, der es verdient. Niemand wird sich im Himmel rühmen können, dass er etwas Besonderes geleistet hat – alles ist Gnade, Wohlwollen Gottes! Du rühmst den Herrn, wenn du umsonst empfängst, und du rühmst dich selbst, wenn du dir es aus eigener Kraft verdienst.

Wenn du aus Gottes Hand empfängst, dann wirst du dich ihm in Reinheit, Heiligkeit und Dankbarkeit zurückschenken! Reinheit und Heiligkeit kommen aus der Dankbarkeit, umsonst empfangen zu dürfen. Lass dich ein auf ein Leben in Demut und Gottesfurcht! Du wirst es nicht bereuen, denn Gott kann die nicht enttäuschen, die ihm hundertprozentig vertrauen.

24. AUGUST

Aber David gab nicht nach. »Ich hüte die Schafe meines Vaters«, sagte er. »Wenn ein Löwe oder ein Bär kommt, um ein Lamm aus der Herde zu rauben, dann verfolge ich ihn, schlage auf ihn ein und reiße ihm das Lamm aus dem Maul. Wenn das Raubtier mich dann angreift, packe ich es an der Mähne und schlage es tot. Das habe ich schon mit Löwen und Bären gemacht, und so wird es auch diesem unbeschnittenen Philister ergehen, denn er hat das Heer des lebendigen Gottes verhöhnt!«

1. Samuel 17,34-36

David war ein Hirte. Tag und Nacht war er draußen im Freien mit den Tieren. Er kämpfte mit Löwen und Bären, um das Leben der ihm anvertrauten Herde zu schützen. Seine freie Zeit verbrachte er damit, Steine mit seinen Schleudern mit absoluter Sicherheit ins Ziel zu bringen. Außerdem spielte er auf der Harfe und lobte Gott.

Er nutzte die Zeit und übte sich in seinen Talenten, auch wenn ihn draußen auf dem Feld keiner sah. In jenen Stunden der Einsamkeit und Gefahr formte Gott seinen Charakter und David bewies, dass er ein guter Verwalter dessen war, was ihm anvertraut war. Er riskierte sein Leben für jedes Schaf, über das er wachen sollte. Er nutzte die Zeit, um seine Talente zu trainieren – ohne zu wissen, wie wichtig das für sein weiteres Leben sein würde. Er lebte im Jetzt und kaufte die Zeit aus.

Was machst du mit deiner Zeit, mit deinen Talenten und Gaben? Stellst du dich den Herausforderungen deines Lebens oder weichst du aus? Lass dich in den täglichen Herausforderungen schulen, sei dem Herrn treu und diene ihm mit deinen Gaben und Talenten dort, wo du bist.

25. AUGUST

Dann fragte er: »Sind das alle deine Söhne?« »Der Jüngste fehlt noch«, antwortete Isai. »Er ist draußen auf den Feldern und hütet die Schafe.« »Lass ihn sofort holen«, sagte Samuel. »Wir können nicht anfangen, bis er da ist.« Da ließ Isai ihn holen. Er war sonnengebräunt, gut aussehend und hatte schöne Augen. Und der Herr sprach: »Ja, das ist er; salbe ihn.« Und während David inmitten seiner Brüder stand, nahm Samuel das Öl, das er mitgebracht hatte, und goss es über Davids Kopf aus. Von diesem Tag an kam der Geist des Herrn über ihn und verließ ihn nicht mehr. Danach kehrte Samuel nach Rama zurück.

1. Samuel 16,11-13

Als Jüngster war David unter seinen Brüdern nicht geachtet, und als der Prophet Samuel kam, um einen neuen König zu salben, wurde er auf dem Feld vergessen. Erst als Isai gefragt wurde, ob das alle seine Söhne seien, wurde auch er herbeigeholt. Zur großen Überraschung der ganzen Familie wurde David vom Propheten gesalbt, der König von Israel zu werden.

Doch noch war David nicht offiziell König – Saul war der Regent. Er hatte noch eine intensive Schule vor sich, bevor er offiziell in sein Amt eingesetzt wurde.

Wir alle sind wie David in der Schule des Heiligen Geistes. Dort gibt es nur Einzelunterricht. Man kann nie durchfallen, nur wiederholen. Aber das ist schade, denn so vergeuden wir unsere Zeit und unser Potenzial. Lass uns durchbrechen wie David, denn eine große Berufung wartet auf jeden von uns.

26. AUGUST

Da befahl Saul seinen Dienern: »Sucht jemanden, der gut spielen kann, und bringt ihn her.« Einer der Diener erwiderte: »Ein Sohn Isais aus Bethlehem ist ein begabter Harfenspieler. Er ist auch mutig und tapfer im Kampf und wortgewandt. Außerdem ist er ein sehr gut aussehender Mann und der Herr ist mit ihm.«

1. Samuel 16,17–18

Saul wurde immer wieder von einem bösen Geist befallen. Weil er die Gabe hatte, den Herrn zu loben und anzubeten, wurde David in den Dienst des Königs aufgenommen. Er spielte für ihn und Saul gewann ihn sehr lieb. Schließlich wurde er sein Waffenträger.

Wann immer der böse Geist über Saul kam, nahm David die Harfe, spielte darauf und Saul fand Erleichterung. Sofort ging es ihm besser und der böse Geist wich von ihm. Die Gaben, die er täglich in der Wüste trainiert hatte, wo er alleine und vollkommen ohne Zuschauer war, wurden ihm jetzt zum echten Segen.

Wahrer Charakter wird in den Zeiten geformt, wo es dunkel ist, wir alleine sind und trotzdem die richtigen Entscheidungen treffen. Lass uns so handeln wie Jesus. Lass uns nicht nur reagieren, sondern agieren. Frag dich in allen Situation: »Wie würde Jesus jetzt handeln, und was kann ich in der Situation, in der ich mich gerade befinde, von ihm lernen?« Du wirst staunen, welche Offenbarungen Gott dir schenken wird, wenn du ihn nur fragst und in alle Situation miteinbeziehst.

27. AUGUST

»Mach dir keine Sorgen mehr«, sagte David zu Saul. »Ich werde mit diesem Philister kämpfen!«

1. Samuel 17,32

Durch sein tägliches Training in der Wüste war David ein geschickter Schütze geworden. Als er hörte, wie der Riese Goliat das Volk Gottes verhöhnte, verspottete und verängstigte, sagte er zu Saul, er solle sich keine Sorgen mehr machen, denn er würde mit diesem Philister kämpfen.

Keiner glaubte ihm, aber wir kennen die Geschichte. David nahm fünf glatte Steine und schleuderte einen davon direkt in Goliats Gesicht, auf seine Stirne. Der Riese fiel auf der Stelle tot um. Ohne militärische Rüstung, ohne Schwert oder Ähnliches hatte er den gefürchteten Gegner überwunden.

David war nicht die erste Wahl, wenn man an einen Krieger dachte. Aber Gott wollte genau ihn mit seinen Fähigkeiten. Keiner hätte gedacht, dass der Junge mit der Steinschleuder ein geeigneter Kämpfer wäre und es gegen den Furcht einflößenden Gegner Goliat aufnehmen könnte. Doch Gott hatte seinen Plan. Er weiß immer, was er tut.

Denke nicht gering von dem, was du kannst. Vielleicht erscheint es dir wie eine Kleinigkeit oder es ist dir gar nicht bewusst, weil du es unter widrigen Umständen lernen musstest. Doch Gott kann gerade das gebrauchen – zu seiner Ehre. Er begabt die Berufenen!

28. AUGUST

»Heute hat Gott dir deinen Feind ausgeliefert! «, flüsterte Abischai David zu. »Lass mich ihn mit diesem Speer durchbohren. Ich spieße ihn an den Boden. Ein einziger Stoß genügt; ich werde nicht ein zweites Mal zustechen müssen!«

1. Samuel 26,8

Nachdem David zum König von Israel gesalbt worden war, konnte er nicht direkt den Thron einnehmen, sondern war jahrelang gezwungen, als Flüchtling in der Wüste herumzuirren, denn Saul trachtete ihm nach dem Leben. Wahrscheinlich hat er sich öfter gefragt: «Was ist mit der Verheißung, die Gott mir gegeben hat?«

Und dann geschah etwas sehr Interessantes. David fand Saul schlafend und einer seiner Gefährten erbot sich, Saul mit dem Speer auf den Boden zu spießen. Welche Gelegenheit, endlich das Versteckspiel zu beenden und seine Position als König einzunehmen! Es gab nur ein Problem: Das war nicht Gottes Plan! Abischai dachte nur an David und wollte ihm helfen, aber es war nicht Gottes Wille.

Sei vorsichtig bei gut gemeinten Ratschlägen, die selbst Christen dir geben, damit du dein Ziel erreichen kannst. Höre auf Gott und nimm dein Schicksal nicht in die eigenen Hände. Vertraue Gott, dass er die Verheißungen, die er dir gegeben hat, selbst erfüllt. Er braucht nicht unsere Hilfe dazu, um schneller ans Ziel zu gelangen. Höre auf seine Stimme, er wird es recht machen!

29. AUGUST

Der Herr verspottet die Spötter, den Demütigen aber schenkt er Gnade.

Sprüche 3,34

Statt Gott in allem Herr sein zu lassen, ist der Stolze bemüht, seine Bedürfnisse selbst zu befriedigen. Somit kommt er unter die Knechtschaft und die Lügen seiner unbefriedigten Seele, statt Gott all seine Sehnsüchte stillen zu lassen und dadurch zur Ruhe zu kommen.

Ich ermutige dich, Gott darum zu bitten, dir alles stolze Verhalten deiner Seele zu offenbaren, und es dann bewusst ans Licht zu bringen. Es geht darum zu erkennen, wie verkehrt, töricht und selbstzerstörend es ist, in Stolz und Rebellion zu leben. Triff die klare Entscheidung, diese antigöttlichen Haltungen (die Grundhaltung Satans ist Stolz und Rebellion) abzulegen und dich wirklich Gott unterzuordnen – nicht nur mit dem Mund, sondern von Herzen. Sag dir selbst: »Demut und Sanftmut sind die Lösung für die meisten meiner Probleme und Nöte. Ich will mir darin Jesus zum Vorbild nehmen.«

Denke über Philipper 2,3-9 und 14-15 nach. Vergib dann allen, von denen du Stolz und Rebellion geerbt hast, sowie allen, die dich zu wenig geliebt und gefördert haben. Bitte auch für deine falschen Entscheidungen und deine antigöttlichen Herzenshaltungen um Vergebung, außerdem für dein Unabhängigkeitsstreben oder Vorwürfe, die sich gegen Gott in deinem Herzen entwickelt haben.

Als Nächstes kannst du auch deine Kinder, deinen Ehepartner, deine Eltern und andere Autoritätspersonen bitten, dir zu vergeben. Lege bewusst alle stolzen und rebellischen Herzenshaltungen am Kreuz Jesu Christi wie ein altes Kleid ab und ziehe als Auserwählte Gottes, als Heilige und Geliebte, das neue Kleid des herzlichen Erbarmens, der Freundlichkeit, Demut, Sanftmut und Geduld an.

30. AUGUST

Simon, Simon, Satan hat euch alle haben wollen. Er wollte euch durchsieben wie Weizen. Doch ich habe für dich gebetet, dass dein Glaube nicht aufhöre. Wenn du also später umgekehrt und zu mir zurückgekommen bist, dann stärke deine Brüder.

Lukas 22,31-32

Durch das Sieben oder die Erschütterungen unseres Lebens wird jeder Stolz, jede Selbstbezogenheit, jede anklagende Gesinnung, jedes Selbstmitleid, jedes falsche Selbstvertrauen und noch vieles mehr aus uns herausgeschüttelt, damit wir uns schließlich nur noch auf den Herrn verlassen. Stehen wir dieses Sieben glaubensvoll, ohne Bitterkeit im Herzen durch? Oder werden wir ärgerlich und fragen: »Wie kann Gott so etwas zulassen? Wo ist der gütige und liebende Gott?« Wenn wir das Tal durchquert haben, ist unser Selbstvertrauen zwar dahin, aber unser Vertrauen auf Gottes Gnade trägt uns wie nie zuvor.

Betrachten wir das Leben von Hiob, dann sehen wir, dass er den Verlust seiner Kinder, seines Besitzes und seiner Gesundheit noch einigermaßen hinnehmen konnte, aber als sich seine drei besten Freunde anklagend gegen ihn wandten, wäre er fast zerbrochen. Doch er blieb weiter an Gott dran.

Wie ist das bei uns? Wenden wir uns weiter Gott zu, wenn uns unsere besten Freunde verlassen und kritisieren? Eine der Haupttaktiken Satans in unserer Zeit ist es, Christen vom Weg des Glaubens abzubringen, indem sie sich gegenseitig kritisieren und voneinander abwenden. Jesus hat selbst erlebt, wie ihn einer seiner engsten Weggefährten ablehnte. Dennoch hat er nie mit Ablehnung oder Bitterkeit reagiert.

Bleibe fest im Glauben und auf dem Weg Gottes, auch wenn andere dich kritisieren oder erpressen und verleumden. Gerade in einer solchen Lage ist uns Jesus ganz nahe! Willst du ihn heute suchen?

31. AUGUST

Als Jesus die Straße entlangging, sah er Matthäus in seiner Zollstation sitzen. »Komm mit und folge mir nach«, sagte er zu ihm. Und Matthäus stand auf und folgte ihm nach.

Matthäus 9,9

Vier Beispiele, wie Jesus mit Menschen umging:

Diejenigen, die ihm noch nicht nachfolgten, hat er gerufen.

Denen, die ihm nachfolgen wollten, sagte er, dass sie sein Kreuz auf sich nehmen sollten.

Diejenigen, die ihr Kreuz auf sich nehmen wollten, bat er, die Kosten zu überschlagen.

Zu denjenigen, die zögerten, ihm nachzufolgen, sagte er: »Lasst die Toten ihre Toten begraben!«

Zu welcher Gruppe gehörst du? Was ruft Jesus dir zu?

SEPTEMBER

1. SEPTEMBER

Vertraue von ganzem Herzen auf den Herrn und verlass dich nicht auf deinen Verstand.

Sprüche 3,5

Gehorsam sein heißt, Gott und seinen Möglichkeiten mehr zu vertrauen als den eigenen Einschätzungen und Erwartungen. Wollen wir seiner Botschaft glauben und uns ihm überlassen, damit er uns auf seinen Wegen führen kann?

Ich habe vor Jahren gewagt, den Herrn kurz vor meiner Pensionierung zu fragen: »Lord, shall I retire?« (Herr, soll ich in Rente gehen?). Seine klare Antwort lautete: »No, Maria, refire!« (Nein, Maria, bekomme neues Feuer!).

Und der Herr hat mich in einem Alter, in dem andere nur noch vom »Ruhestand« träumen, von Kreuzfahrten, Enkelkindern, Golfspielen und Spaziergängen mit dem Hund, nach Afrika zu den Ärmsten der Armen geschickt. Niemals hätte ich mir vorstellen können, dass damit der beste Teil meines Lebens beginnen würde und alle meine noch unerfüllten Träume und Herzenswünsche in Erfüllung gehen. Ich bin heute eine überaus glückliche Mutter (über 10 000 Kinder nennen mich Mama Maria) und erfüllte Missionarin, die Tausenden von Menschen mit der Frohbotschaft des Evangeliums in Wort und Tat dienen darf.

Glaub mir, Gottes Bestes liegt noch vor dir! Öffne dein Herz für die wunderbaren Pläne Gottes und lass dich täglich führen!

2. SEPTEMBER

Man kann sich das Himmelreich auch am Beispiel eines Königs vorstellen, der ein großes Hochzeitsfest für seinen Sohn vorbereitete. Viele Gäste waren eingeladen, und als alles fertig war, schickte er seine Diener, um ihnen zu sagen, dass es Zeit wäre zu kommen. Doch keiner wollte kommen! Also schickte er andere Diener, die ihnen sagen sollten: »Das Festmahl ist angerichtet, und das beste Fleisch wurde dafür gebraten. Alles ist bereit, beeilt euch!«

Matthäus 22,2-4

Gott lädt uns ein, er ruft uns, er wirbt um unsere Aufmerksamkeit, aber er zwingt uns zu nichts. Er wartet auf unsere Entscheidung. Gott macht uns täglich Angebote seiner Liebe, aber er respektiert unseren Willen. Das ist Liebe. Sie ist immer freiwillig, man kann zur Liebe nie zwingen, nur einladen. Der Teufel hingegen schiebt, drängt und manipuliert uns, seine Wege zu gehen, um uns für seine Zwecke zu missbrauchen.

Leider ist es uns oft lieber, gezwungen zu werden. Dadurch können uns die Beherrscher dieser Welt erfolgreich manipulieren. Wir folgen ihren so gut verpackten Angeboten und Versprechungen, nur um am Ende vor einer großen ENTtäuschung zu stehen.

Lass dich auf die Einladung Gottes und sein liebevolles Werben ein – jeden Tag neu. Er kann nämlich vieles und nur eines nicht: die enttäuschen, die ihm bedingungslos vertrauen.

3. SEPTEMBER

Wenn ihr mich liebt, werdet ihr meine Gebote halten.

Johannes 14,15

Gehorsam ist Gottes Weg, um für unser Leben zu sorgen. *»Wenn ihr willig seid und hört, sollt ihr das Gute des Landes essen«* (Jesaja 1,19). Wer gehorsam ist, wird gesegnet werden.

Alles, was du aufschiebst, wird schwierig und mit der Zeit sogar unmöglich. Aufgeschobener Gehorsam ist Ungehorsam. Was man nicht gleich tut, dauert lang. Gehorsam bedeutet »sofort«! Heute ist der richtige Tag. Wir wollen oft erst verstehen, bevor wir gehorsam sind. Doch dadurch schieben wir alles auf die lange Bank. Hören wir damit auf!

Du bist kein unwichtiger Mensch. Gott braucht dich, um sein Reich hier auf Erden zu bauen, und dazu braucht er besonders dein bedingungsloses Vertrauen, das sich in sofortigem Gehorsam ausdrückt. Du bist eine neue Schöpfung, wunderbar gemacht, äußerst bevorzugt. Ein Mensch wird nie das sein, was er sein sollte, bis er tut, was er tun sollte!

Du und ich sind in Gottes Augen dafür verantwortlich, das zu werden, was Gott uns in Jesus Christus ermöglicht hat. Werde kühn und wagemutig! Tritt allen Problemen und Gelegenheiten in deinem Leben mit Entschiedenheit entgegen.

Vergiss nie: Du wurdest geschaffen, um Beziehung zu leben. Zuerst mit Gott, deinem Vater, durch seinen Geist, dann mit dir selbst und schließlich mit deinen Mitmenschen, mit deiner Umwelt, dieser Welt. Suche dir Freunde, die dich nach oben ziehen.

Freunde, mit denen du lernst, zu fliegen, zu glauben, zu vertrauen, zu wachsen. Du wirst dein Leben lieben, weil Gott zur ersten Priorität geworden ist! Der Herr segne dich weit über deine Erwartungen hinaus!

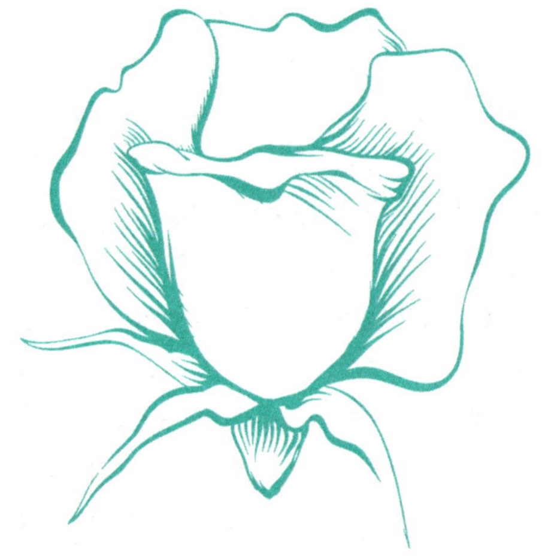

4. SEPTEMBER

Obwohl sie schwere Zeiten durchgemacht haben, sind sie voll Freude und haben trotz ihrer Armut viel gegeben. Denn ich kann bezeugen, dass sie nicht nur gegeben haben, was sie ohne Not entbehren konnten, sondern weit darüber hinaus, und dies aus freien Stücken. Immer wieder baten sie inständig um das große Vorrecht, sich an der Sammlung für die Gemeinde in Jerusalem beteiligen zu dürfen.

2. Korinther 8,2-4

In diesen Versen lobt Paulus die Gemeinde in Mazedonien, dass sie der Gemeinde in Jerusalem so gerne und viel gegeben hat. Er freut sich über ihre so hingebungsvolle Großzügigkeit trotz ihrer Armut und eigenen Bedürfnisse. Sie gaben, ohne auf sich zu schauen. Und an dieser Stelle beginnt Gott, Wunder zu wirken.

Oft erkennen wir erst, wie sehr wir uns an Materielles klammern, wenn der Heilige Geist uns bittet, unser Letztes zu geben. Wie viel dürfen dich deine Gaben kosten? Welche Ängste kommen hoch, wenn es an dein Existenzminimum geht? Kannst du Gott vertrauen, dass er dich versorgt, auch wenn du dich nicht für den nächsten Tag absicherst?

In unseren westlichen Breitengraden haben viele Menschen eine Klingelbeutelmentalität. Dabei soll unser Opfer nicht klingeln, sondern still sein. Wir sollen lautlose Scheinwerfer werden! Wir sollen bereit sein, zu geben, ohne auf uns zu schauen.

Warum betest du nicht? »Vater, ich bitte dich, setze mich frei davon, nicht loslassen zu wollen, weil ich Angst habe, nicht zu bekommen, was ich brauche. Ich bitte dich, befreie mich von allem Armutsdenken und schenk mir ein gebendes Herz, wie es Jesus Christus vorgelebt hat.«

5. SEPTEMBER

Senkt eure Wurzeln tief in seinen Boden und schöpft aus ihm, dann werdet ihr im Glauben wachsen und in der Wahrheit, in der ihr unterwiesen wurdet, standfest werden. Und dann wird euer Leben überfließen von Dankbarkeit für alles, was er getan hat.

Kolosser 2,7

Meine Mutter war von Herzen eine Geberin und Dienerin. Wann immer ich ein Problem hatte, sagte sie mir, ich solle mir jemanden suchen, dem es auf dem gleichen Gebiet noch schlechter ging, und ich solle überlegen, wie ich dieser Person helfen könne. Wenn ich das dann umsetzte und anfing, dort zu geben, wo ich selbst Mangel hatte, wendete der Herr das Blatt und machte mich dankbar und glücklich.

Möchtest du geehrt und respektiert werden? Dann fang an, andere zu ehren und zu respektieren.

Möchtest du gelobt werden? Dann fang an, andere zu loben.

Möchtest du, dass dir Menschen zuhören? Dann fang an, anderen bewusst zuzuhören.

Möchtest du geliebt werden? Dann fang an, andere bedingungslos zu lieben.

Möchtest du aus deiner Einsamkeit ausbrechen? Dann such dir jemanden, der noch einsamer ist als du und lade diese Person zum Kaffee oder auf einen Spaziergang oder zu einem guten Essen ein. Deiner Fantasie ist da viel Raum gegeben.

Bald wirst du erkennen, wie dankbar du bist, weil es dir gut geht und du dein Leben investiert hast, um anderen zu helfen. Deine Dankbarkeit und auch deine Lebensfreude werden sich unglaublich steigern. Probier es aus! Nicht die Glücklichen sind dankbar, sondern die Dankbaren sind glücklich.

6. SEPTEMBER

Dein Reich komme bald. Dein Wille erfülle sich hier auf der Erde genauso wie im Himmel.

Matthäus 6,10

Wir sollen den Willen Gottes vom Himmel auf die Erde bringen – so hat uns Jesus im Vaterunser zu beten gelehrt. Es ist unsere Aufgabe, auf der ganzen Welt die Reich-Gottes-Kultur zu verbreiten! Nutzen wir den Einfluss, der uns gegeben ist – in unserer Nachbarschaft, in unserer Stadt, in unserem Land!

In Uganda, wo ich gerade lebe, hat das britische Königsreich einen sehr starken Einfluss ausgeübt. Selbst nach vielen Jahren der Unabhängigkeit wird in Uganda Englisch gesprochen. Wir fahren auf der linken Seite der Straße und haben das englische Schul- sowie Gerichtssystem. Sogar bei einer »Affenhitze« tragen unsere Richter diese komischen weißen Perücken! Und schließlich sind auch die Gesellschaftsformen sehr britisch!

Die Engländer haben überall ihre Spuren hinterlassen, viele Aspekte des Lebens beeinflusst. Nun ist es notwendig, den Ugandern zu helfen, wieder zu ihrer wahren Identität als Afrikaner zurückzukehren.

Willst du die Umgebung, in der du lebst, mit der Reich-Gottes-Kultur durchdringen? Dann darfst du dich allerdings von der Welt nicht beeinflussen lassen. Bist du bereit, ein Botschafter Jesu Christi zu sein? Was darf dich das kosten?

7. SEPTEMBER

Auch das folgende Gleichnis erzählte Jesus: »Das Himmelreich ist wie Sauerteig, den eine Frau zum Brotbacken gebrauchte. Obwohl sie eine große Menge Mehl nahm, durchdrang der Sauerteig doch den ganzen Teig.«

Matthäus 13,33

Sauerteig bzw. Hefe schaut so hilflos aus. Hefe ist nie laut. Sie wächst unter Druck und braucht den eigentlichen Teig dazu. Die Hefe selbst wird aber nie Teig, und wenn sie einmal untergemischt ist, kann man sie nicht mehr herausholen. Der Teig schließlich ist immer größer und umfangreicher als die Hefe. Mit anderen Worten: Werde kühn und breite das Reich Gottes in deiner Umgebung aus. Wo immer du bist, soll ein Stück Reich Gottes entstehen. Sei in der Welt, aber nicht von der Welt. Bleib guter Sauerteig!

Das Reich Gottes bringt eine drastische Veränderung, die in unserem Herzen beginnt. All jene, die von der Welt nicht verändert werden, werden die Welt verändern! Wir passen uns der Umgebung nicht an, sondern wir verändern unsere Umgebung durch das Wirken Gottes in uns und durch uns.

Kann Gott mit dir als seinem Botschafter und Mitarbeiter rechnen?

8. SEPTEMBER

Gott hat jedem von euch Gaben geschenkt, mit denen ihr einander dienen sollt. Setzt sie gut ein, damit sichtbar wird, wie vielfältig Gottes Gnade ist.

1. Petrus 4,10

Ein kleiner Junge wird von seiner Mutter zu einem Konzert mitgenommen, um für sein eigenes Klavierspiel motiviert zu werden. Als sie ihre Plätze eingenommen haben, die sich ziemlich weit vorne befinden, wird die Mutter von ihrem Sitznachbarn in ein Gespräch verwickelt. Sie merkt nicht, wie ihr Kind auf Entdeckungsreise geht.

Zu Beginn des Konzerts wird der Saal dunkel und das Raunen der Menge verstummt. Im Licht der Scheinwerfer sieht das Publikum an dem majestätischen Steinway-Flügel einen kleinen Jungen, der mit unschuldiger Miene »Der Mond ist aufgegangen« klimpert.

Bevor die entsetzte Mutter ihren Sohn von der Bühne zerren kann, kommt der berühmte Pianist nach vorne und geht schnellen Schrittes zum Flügel. »Hör nicht auf, spiel weiter«, flüstert er dem Jungen ins Ohr.

Dann beugt sich der Musiker zu ihm hinunter und beginnt, eine Bassstimme dazu zu spielen. Anschließend nimmt er die zweite Hand dazu, umgibt das Kind mit beiden Armen und entwickelt ein Obligato, eine selbstständig geführte Einzelstimme. So ziehen der alte Meister und der junge Anfänger das Publikum gemeinsam in ihren Bann.

Dieser kleine Junge hatte nicht viel zu geben, aber durch die Unterstützung des großen Meisters wurde etwas daraus, das das

Publikum begeisterte. Auch wir dürfen uns darauf verlassen: In unserer Schwachheit wird uns unser himmlischer Vater mit seinen ausgestreckten Armen umfangen, uns zur Seite stehen und etwas Wunderbares aus dem machen, was wir ihm hinhalten.

Welche ist deine kleine Melodie, die du Gott in ein Meisterwerk verwandeln lassen kannst?

9. SEPTEMBER

Gott segnet die, die ein reines Herz haben, denn sie werden Gott sehen.

Matthäus 5,8

Dieses Wort hat mich schon vor Jahren zutiefst berührt und mir gezeigt, dass ein reines Herz vor Gott das wertvollste ist. Denn wie unser Herz ist, so ist unsere Wahrnehmung von Gott, von der Welt, von uns selbst, von unseren Mitmenschen.

Psalm 18,26-27 gilt jedem von uns. Die Worte rufen uns dazu auf, uns nach einem reinen Herzen auszustrecken.

»Den Treuen erweist du dich als treu, den Aufrichtigen begegnest du mit Aufrichtigkeit. Den Reinen erweist du dich als rein, doch den Falschen überführst du.«

Bitte den Herrn um ein reines Herz und einen beständigen Geist. Er wird es tun, aber fürchte die Prozesse nicht, die dich dahin bringen!

10. SEPTEMBER

Jesus antwortete: »Wenn ich mich nur selbst rühme, ist das ohne Bedeutung. Doch es ist mein Vater, der mich ehrt. Ihr behauptet: ›Er ist unser Gott‹, aber ihr kennt ihn ja nicht einmal. Ich dagegen kenne ihn. Wenn ich etwas anderes behaupten würde, dann wäre ich ein ebensolcher Lügner wie ihr! Aber es ist wahr – ich kenne ihn und gehorche ihm.«

Johannes 8,54-55

Jesus kannte seinen Vater, deshalb konnte er ihm gehorchen. Können wir auch von uns sagen, dass wir den Vater kennen? Das ist mehr, als etwas über ihn zu wissen. Es bedeutet, ihn in der Tiefe unseres Seins zu erkennen.

Die Bibel verwendet dasselbe Wort für »erkennen« und »miteinander schlafen«. Wenn Mann und Frau eins werden, bedeutet das eine innige, intime Begegnung. Haben wir eine solche Herzensbegegnung mit dem lebendigen Gott, dem Vater des Universums, mit unserem Schöpfer, der sein Allerliebstes gab, seinen Sohn Jesus Christus, um uns zu erlösen?

Wenn wir diese innige, intime Liebesbeziehung entdecken und mit dem Geist des Vaters eins werden, wird es uns auch selbstverständlich werden, sein Wort zu halten. Strecke dich deshalb nach dieser intimen Liebesgemeinschaft mit deinem Vater aus. Er wartet mit offenen Armen auf dich.

11. SEPTEMBER

Und ich bete nun, dass der Glaube, den wir miteinander teilen, in dir zunimmt, indem du erkennst, wie viel Gutes wir in Christus haben.

Philemon 6

Unser Glaube nimmt zu, wenn ich die guten Dinge bekenne, die in mir in und durch Jesus Christus sind. Ich setze meinen Glauben frei, indem ich ausspreche, dass dies der beste Tag meines Lebens ist: Ja, dies ist der Tag, den der Herr gemacht hat, ich will mich freuen und fröhlich sein.

Ich bin ein neues Wesen, alte Dinge sind vergangen und es ist alles neu geworden. Ich bin im Bild Gottes geschaffen. Ich bin Gottes Werk und vollständig in Christus. Ich bin voll seines Geistes und seiner göttlichen Macht.

Ich habe die Frucht seines Geistes – Liebe, Freude, Frieden, Geduld, Freundlichkeit, Güte, Treue, Nachsicht und Selbstbeherrschung. Ich ordne mich demütig seinem heiligen Wort unter, denn er und sein Wort sind eins.

Ich bin Gottes Eigentum und wurde teuer mit dem Blute Jesu Christi erkauft. Deshalb bin ich frei vom Fluch des Gesetzes und von Sünde, Krankheit, Armut, Angst, Zweifel, Sorge, Verwirrung. Alles, was Satan repräsentiert, darf keine Herrschaft über mich ausüben.

12. SEPTEMBER

Ihr werdet die Wahrheit erkennen, und die Wahrheit wird euch frei machen.

Johannes 8,32

Und so bekenne ich:

Ich bin eine disziplinierte Person. Ich studiere täglich das Wort Gottes. Ich meditiere es.

Ich bekenne, wer ich in Jesus Christus bin, was er für mich getan hat und was er in mir und durch mich tut.

Ich handle gemäß dieser Wahrheit, und ich erwarte, dass Gott alle meine Bedürfnisse befriedigt, gemäß seines Reichtums in Herrlichkeit.

13. SEPTEMBER

Ihr könnt sogar zu diesem Berg sagen: »Hebe dich empor und wirf dich ins Meer«, und es wird geschehen.

Matthäus 21,21b

Ich bin ein geliebter Mensch, voll von Gottes Vergebung und Liebe. Ich vergebe, wie Gott mir vergeben hat. Ich liebe, wie Gott mich liebt. Deshalb arbeitet sein Glaube in mir durch Liebe. Ich spreche zu jedem Berg in meinem Leben und befehle ihm zu weichen, in Jesu Namen. Durch den Überfluss der Gnade Gottes habe ich die Gnade der Gerechtigkeit empfangen und regiere mit und im Namen von Jesus Christus.

14. SEPTEMBER

Wenn ihr gebt, werdet ihr erhalten. Was ihr verschenkt, wird zusammengepresst und gerüttelt, in einem vollen, ja überreichlichen Maß zu euch zurückfließen. Nach dem Maß, mit dem ihr gebt, werdet ihr zurückbekommen.

Lukas 6,38

Wenn ich materielle Bedürfnisse habe, darf ich mich auf Gottes Wort stellen. Ich habe gegeben und es wird mir zurückgegeben, gedrückt, geschüttelt und überfließend. Ich darf außerdem bekennen: »Gott aber vermag mir jede Gnade überreichlich zu geben, damit ich in allem allezeit alle Genüge habe und überreich bin zu jedem guten Werk (nach 2. Korinther 9,8; ELB). Ich habe Überfluss in allen Dingen und habe genug für gute Werke, denn mein Gott lässt mir seine Gnade im Übermaß zukommen.«

15. SEPTEMBER

Mein Gott wird euch aus seinem großen Reichtum, den wir in Christus Jesus haben, alles geben, was ihr braucht.

Philipper 4,19

Ich bekenne: »Es gibt keinen Mangel in meinem Leben, denn Gott wird alle meine Bedürfnisse gemäß seines Reichtums in Herrlichkeit stillen. Wenn ich mich am Herrn erfreue, dann werden seine Herzenswünsche zu meinen, und diese wird er dann auch erfüllen« (Psalm 37,4).

16. SEPTEMBER

Wenn der Geist der Wahrheit kommt, wird er euch in alle Wahrheit leiten. Er wird nicht seine eigenen Anschauungen vertreten, sondern wird euch sagen, was er gehört hat. Er wird euch von dem erzählen, was kommt.

Johannes 16,13

Wenn ich Weisheit und Führung brauche, dann bekenne ich, dass Gott mich in alle Wahrheit leiten wird. Der Geist der Wahrheit ist in mir und lehrt mich alle Dinge. Er lenkt mich und zeigt mir, was kommen wird.

»Ich rufe den Herrn, dann wird er mir antworten und mir gewaltige und unglaubliche Dinge zeigen, von denen ich noch nie gehört habe (nach Jeremia 33,3). Ich vertraue von ganzem Herzen auf ihn und verlasse mich nicht auf meinen Verstand. Ich denke an ihn, was immer ich tue, dann wird er mir den richtigen Weg zeigen (nach Sprüche 3,5-6). Sein Wort ist eine Leuchte für meinen Fuß und ein Licht auf meinem Weg« (nach Psalm 119,105).

17. SEPTEMBER

Seid nicht traurig, denn die Freude am Herrn ist eure Zuflucht!

Nehemia 8,10b

Wenn ich Trost und Stärke brauche, dann bekenne ich: »Ich bin nicht traurig, denn die Freude am Herrn ist meine Zuflucht! (nach Nehemia 8,10). Ich bin ein Kind Gottes und ich habe die Fähigkeit, den Feind zu überwinden, weil der, der in mir ist, größer ist als der, der in der Welt ist (nach 1. Johannes 4,4). Der Weg der Gottesfürchtigen ist wie der erste Sonnenstrahl am Morgen, der immer heller leuchtet, bis das volle Licht des Tages erstrahlt (nach Sprüche 4,18). Jesus Christus wird mir die Schlüssel zum Himmelreich geben. Was ich auf der Erde binde, wird auch im Himmel gebunden sein, und was ich auf der Erde öffne, wird auch im Himmel offen sein (nach Matthäus 16,19).«

18. SEPTEMBER

Stattdessen lasst uns in Liebe an der Wahrheit festhalten und in jeder Hinsicht Christus ähnlicher werden, der das Haupt seines Leibes – der Gemeinde – ist.

Epheser 4,15

Ich spreche die Wahrheit in Liebe und wachse in allen Dingen. Ich verzichte auf schlechtes Gerede, sondern was ich rede, soll für andere gut und förderlich sein, damit sie im Glauben ermutigt werden (nach Epheser 4,29). Ich lasse kein gemeines Wort aus meinem Munde kommen, sondern alles, was ich sage, soll zu meiner und anderer Auferbauung dienen.

Ich sündige nicht, wenn ich zornig bin, und lasse die Sonne nicht über meinem Zorn untergehen. Ich gebe dem Teufel keine Möglichkeit, durch den Zorn Macht über mich zu gewinnen (nach Epheser 4,26-27). Durch mein rechtes Verhalten verweigere ich dem Feind jeden Platz in meinem Leben.

19. SEPTEMBER

Gott hat euch in seiner Gnade durch Christus zu seiner ewigen Herrlichkeit berufen. Nachdem ihr eine Weile gelitten habt, wird er euch aufbauen, stärken und kräftigen; und er wird euch auf festen Grund stellen.

1. Petrus 5,10

Wir dienen einem Gott der Herrlichkeit! Wenn wir nur mit offenen Augen durch diese Welt gehen, kommen wir aus dem Staunen nicht mehr heraus.

Diese Vielfalt, die Gott in allem geschaffen hat! Die Farbenpracht der Blumen, der Sonnenaufgänge und -untergänge, der Morgen- und Abendstimmungen! Die Verschiedenheit der Menschen auf dieser Welt – einmalig ist jeder von uns erschaffen. Noch nie gab es jemanden wie dich, niemand hatte je deinen Fingerabdruck, deine Zusammensetzung an Talenten und Begabungen, keiner hat die gleiche Geschichte wie du.

Gib dich nicht mit Mittelmäßigkeit zufrieden. Lade Gottes Herrlichkeit in alle Bereiche deines Lebens ein! Und bete täglich: »Herr, dein Reich komme, dein Wille geschehe in meinem Leben, wie im Himmel so auf Erden!«

20. SEPTEMBER

Dann fuhr der Herr fort: »Stell dich hier auf diesen Felsen neben mich.«

2. Mose 33,21

Gott nimmt nicht alle Probleme und Sorgen von uns, wenigstens nicht so schnell, wie wir es uns oft wünschen, aber er verspricht uns Frieden inmitten aller Probleme.

Wenige Menschen auf der Welt hatten so viele Probleme wie Mose. Es war seine Aufgabe, zwei Millionen Menschen zu versorgen, zu führen und zu beschützen. Und ganz egal, was er tat, das Volk Israel hat sich immer beschwert, gejammert, gemurrt und rebelliert.

Mose wurde jedoch reichlich für seine Treue belohnt. Eines Tages sagte Gott zu ihm: *»Stell dich hier auf diesen Felsen neben mich. Wenn ich dann in meiner Herrlichkeit vorüberziehe, werde ich dich in die Felsspalte stellen und meine Hand schützend über dich halten, bis ich vorübergegangen bin«* (2. Mose 33,21-22).

Welches Problem hast du heute? Wenn du Gott darum bittest, dann wird er auch dich an den Ort des Friedens und der Geborgenheit bei und in ihm bringen.

21. SEPTEMBER

Ich kann bezeugen, mit welcher Hingabe sie Gott dienen, aber es fehlt ihnen die richtige Erkenntnis. Denn sie haben nicht erkannt, auf welche Weise Gott die Menschen gerecht erklärt. Stattdessen gehen sie ihren eigenen Weg, indem sie versuchen das Gesetz zu halten, um dadurch die Anerkennung Gottes zu gewinnen. Damit lehnen sie den Weg Gottes ab. Denn mit Christus ist die Absicht des Gesetzes vollkommen erfüllt. Wer an ihn glaubt, wird vor Gott gerecht gesprochen.

Römer 10,2-4

Bei jeder Erweckung gibt es Menschen, die dem Wirken des Heiligen Geistes durch Zeichen und Wunder sehr misstrauisch gegenüberstehen. Sie sind bemüht, ein heiliges Leben zu führen – nicht zu stehlen, nicht zu lügen oder die Ehe zu brechen. Und das ist alles sehr gut, aber sie verpassen dabei das Wirken des Heiligen Geistes durch Zeichen und Wunder.

Keiner wird sich vor Gott aufgrund seiner persönlichen Hingabe, seiner Gebete, seines Glaubens, seiner Heiligkeit oder seines Gehorsam rühmen können. Das einzige Rühmen, das vor Gott gilt, ist das Rühmen im Herrn. Jeder, der nur auf sich selbst vertraut, wird den Weg des Glaubens nicht gehen, sondern immer wieder fallen.

Gott ist sehr eifersüchtig, wenn es um die Ehre geht. Gib Gott in allem und für alles die Ehre. Du darfst die Freude behalten.

22. SEPTEMBER

Gott beschneidet auch die Reben, die bereits Früchte tragen, damit sie noch mehr Frucht bringen.

Johannes 15,2

Wenn wir zurechtgestutzt werden, geschieht viel mehr in uns, als wir denken oder zunächst sehen können. Es ist die Voraussetzung für natürliche und geistliche Fruchtbarkeit. Manchmal bedeutet Leiden auch tiefere Segnungen. Unsere Arbeit wird durch Prüfungen nicht behindert, sondern vertieft und erweitert.

Das Einzige, was wir nötig haben, ist, dass unsere Verbindung mit dem Herrn, unser Einssein mit ihm, immer lebendigere Wirklichkeit wird. Fast alle Schwierigkeiten könnten vermieden oder leichter überwunden werden, wenn wir das mehr beherzigen würden. Fürchte deshalb Gottes Erziehung nicht!

Wo hast du gerade den Eindruck, dass Gott dich »zurechtstutzt«?

23. SEPTEMBER

Er hat das erwählt, was von der Welt verachtet und gering geschätzt wird, und es eingesetzt, um das zunichtezumachen, was in der Welt wichtig ist, damit kein Mensch sich je vor Gott rühmen kann.

1. Korinther 1,28-29

Dieser Vers ist nicht nur im neuen Testament eine Wahrheit, er traf auch schon zu Moses Zeiten zu. Mose konnte das Volk Gottes nicht aus eigener Kraft befreien. Er musste lernen, dass das Werk Gottes nicht durch menschliches Vermögen, sondern nur durch absolutes Vertrauen auf Gott und absolute Abhängigkeit von ihm getan werden kann.

Dies gilt auch heute für jeden Christen. Jedes Werk, das der Mensch versucht, aus eigener Kraft zu Gott zu bringen, muss zerstört werden. Tatsächlich sagt Gott zu uns genau wie zu Mose am Dornbusch: »Es gibt nur einen Boden, auf dem du mich erreichen kannst, und das ist heiliger Boden. Du kannst kein Vertrauen in dein Fleisch setzen, weil kein Fleisch in meiner Gegenwart bestehen kann.«

Nicht umsonst sagt uns Jesus im Johannesevangelium 15,5 eindrücklich: *»Ich bin der Weinstock; ihr seid die Reben. Wer in mir bleibt und ich in ihm, wird viel Frucht bringen. Denn getrennt von mir könnt ihr nichts tun.«*

Bleib in dieser Verbindung mit Jesus und in seinem Wort – allezeit und in allen Umständen!

24. SEPTEMBER

Mose hütete die Herde seines Schwiegervaters Jitro, des Priesters von Midian. Eines Tages trieb er die Tiere durch die Wüste und kam zum Horeb, dem Berg Gottes. Da erschien ihm der Engel des Herrn in einer Feuerflamme, die aus einem Dornbusch schlug. Mose sah, dass der Busch zwar in Flammen stand, aber nicht verbrannte. »Das ist ja seltsam«, sagte er zu sich selbst. »Warum verbrennt dieser Busch nicht? Das muss ich mir näher ansehen.«

2. Mose 3,1-3

Mose war schockiert, als er mitten in der Wüste einen Dornbusch brennen sah, der aber nicht verbrannte. Gott wollte ihm etwas zeigen, was sein Leben grundlegend verändern sollte. Bisher hatte Mose oft aus seiner eigenen Energie und Kraft heraus gehandelt. Doch Gott wollte ihn in ein Leben führen, in dem er mit Leidenschaft für Gott brannte, aber nicht ausbrannte. Gott will keine »Burn-outs«, die in unserer westlichen Gesellschaft so häufig sind.

In Johannes 15,6 lesen wir: *»Wer nicht in mir bleibt, wird fortgeworfen wie eine nutzlose Rebe und verdorrt. Solche Reben werden auf einen Haufen geworfen und verbrannt.«* Und hier sieht Mose einen Dornbusch, der brennt und doch nicht verbrennt.

Ich weiß, was ein Burn-out ist, denn ich hatte vor vielen Jahren selbst einen. Es war die Zeit, wo ich Gott, mich selbst und andere davon überzeugen wollte, wie gut ich bin und was ich leisten kann. Befindest du dich auch auf diesem Weg der Selbsterlösung? Ich strengte mich extrem an, bis Gott mir klarmachte, dass ich sehr anstrengend war! Vertrau dich ihm an und lass los – dann wird er Großes tun.

25. SEPTEMBER

Als der Herr sah, dass Mose herankam, um es genauer zu betrachten, rief er ihn aus dem Busch heraus: »Mose! Mose!« »Hier bin ich!«, antwortete Mose. »Komm nicht näher!«, befahl Gott ihm. »Zieh deine Sandalen aus, denn du stehst auf heiligem Boden.«

2. Mose 3,4-5

Als Gott zu Mose sprach, legte er ein besonderes Augenmerk auf die Schuhe. Unsere Füße gehören zu den empfindlichsten Teilen unseres Körpers, unsere Schuhe sollen sie schützen – vor Steinen, Schlangen, vor Schmutz und Staub, vor dem heißen Straßenpflaster. Verstehst du, was Gott Mose hier letztendlich sagen wollte?

Er gebrauchte einen gewöhnlichen Alltagsgegenstand, um ihm eine geistliche Lektion zu erteilen, genau wie Jesus später von Münzen, Perlen, Kamelen und Senfsamen sprach, um geistliche Wahrheiten deutlich zu machen. Gott sagte quasi: »Mose, du trägst eine Rüstung, um dich vor Verletzungen zu schützen, aber nichts wird in der Lage sein, dich zu schützen, wenn ich dich nach Ägypten – in diese Lasterhöhle – schicke, um dem kaltherzigen Diktator gegenüber zu treten. Du wirst in Situationen kommen, aus denen nur ich dich befreien kann.«

Gott wird auch dich und mich in Situationen führen, aus denen wir nur durch eine innige Herzensverbindung mit ihm siegreich hervorgehen werden.

26. SEPTEMBER

Erinnert euch, liebe Brüder, dass nur wenige von euch in den Augen der Welt weise oder mächtig oder angesehen waren, als Gott euch berief. Gott hat das auserwählt, was in den Augen der Welt gering ist, um so diejenigen zu beschämen, die sich selbst für weise halten. Er hat das Schwache erwählt, um das Starke zu erniedrigen. Er hat das erwählt, was von der Welt verachtet und gering geschätzt wird, und es eingesetzt, um das zunichtezumachen, was in der Welt wichtig ist, damit kein Mensch sich je vor Gott rühmen kann.

1. Korinther 1,26-29

Gott sagte zu Mose am brennenden Dornbusch, als er ihn bat, die Schuhe auszuziehen, letztlich: »Wenn du nicht alles Zutrauen in deine eigenen Fähigkeiten aufgibst – auch deine selbst gebastelte Demut und Ergebenheit, deinen Eifer –, wirst du nicht in der Lage sein, das zu tun, was ich dir auftrage. Alle deine Fähigkeiten, auch solche, die in deinen Augen positiv erscheinen, werden wertlos sein, wenn ich sie nicht heilige.«

In der Tat bestritt Mose alle Arten von Prüfungen und Proben, als er geschätzte zwei Millionen Menschen durch die Wüste führte. Ohne Lebensmittel, Geschäfte, Einkaufszentren – nicht einmal Brunnen gab es – musste er sich in Bezug auf alles gänzlich auf Gott verlassen.

Übrigens hatte Mose schon versucht, aus eigener Kraft als Retter zu fungieren. Vierzig Jahre zuvor hatte er einen grausamen ägyptischen Sklaventreiber getötet. Doch nun, am brennenden Dornbusch, sagte er: »Mose, deine Hingabe muss geheiligt werden oder sie wird dich zerstören. Bist du bereit, all dein Vertrauen auf mich zu setzen?«

Das Gleiche fragt uns der Herr heute. Viele von uns denken zu gering von sich, aber gleichzeitig versuchen sie doch, ihr Vertrauen in ihre eigenen Fähigkeiten zu setzen, selbst, wenn sie diese nicht sehr schätzen. Doch wir müssen niemals unsere Kraft und Gaben zusammensammeln, um unserer Bestimmung nachzukommen. Nein, es ist immer umgekehrt, Gott beruft – und dann dürfen wir ihm alles hingeben, was wir haben!

27. SEPTEMBER

Wer in mir bleibt und ich in ihm, wird viel Frucht bringen. Denn getrennt von mir könnt ihr nichts tun.

Johannes 15,5

Das ist die Wahrheit, denn Gott kann nicht lügen! Gott schenkt uns durch seinen Heiligen Geist die Möglichkeit, reiche Frucht zu bringen. Hudson Taylor, ein wahres Vorbild im Glauben, lebte ein Leben in völliger Verbundenheit mit Jesus Christus. Er schrieb:

Wie also soll ein Christ Frucht bringen? Dadurch, dass er sich anstrengt und müht, das zu erreichen, was ihm umsonst gegeben wird? Durch Meditation über Wachsamkeit, über Gebet, über das, was er tun und lassen soll, über Versuchungen und Gefahren? Nein, er muss seine Gedanken und seine Liebe voll und ganz auf Christus konzentrieren, sein ganzes Wesen ihm völlig übergeben und dauernd auf ihn schauen, um in seiner Gnade zu bleiben. Christen, die in diesem Zustand einmal fest geworden sind, sind still und ruhig wie Kinder in den Armen der Mutter. Christus mahnt sie zur rechten Zeit und am rechten Ort an ihre Aufgaben und Pflichten, er tadelt sie wegen jeden Fehlers, er berät sie in jeder Schwierigkeit und spornt sie zu allem an, was nötig ist. In ewigen und zeitlichen Dingen machen sich solche Christen keine Sorgen um das Morgen; denn sie wissen, dass Christus für sie heute ebenso gut erreichbar ist wie morgen, und dass die Zeit seiner Liebe keine Grenzen setzt. Ihre Hoffnung und ihr Vertrauen beruhen einzig darauf, was er für sie tun kann und will; nicht darauf, was sie nach ihrer Meinung selbst für ihn tun könnten und wollten. Ihr Schutz gegen jede Versuchung und

Sorge ist die immer neue kindliche Übergabe ihres ganzen Seins an ihn.

Auch du bist berufen und in Christus durch den Heiligen Geist bevollmächtigt, reiche Frucht zu bringen!

28. SEPTEMBER

Gott zu lieben heißt, seine Gebote zu befolgen, und das ist nicht schwer.

1. Johannes 5,3

Wir sind berufen, in der Liebe Gottes und in Ehrfurcht vor ihm zu leben. Doch wir können ihm nur dann unsere Liebe erweisen, wenn wir im Gehorsam seinem Wort gegenüber leben. Und das ist alles nicht schwer, wenn er die oberste Priorität unseres Lebens ist, wenn er unsere erste Liebe ist.

Ein Liebender freut sich, wenn er dem anderen eine Freude machen kann. Hast du schon einmal überlegt, was deinem himmlischen Vater Freude bereitet? Und manchmal kommt es zu einem richtigen Wettstreit zwischen Ehepartnern – einer will den anderen überbieten in dem, was er für ihn tut. Wollen wir uns auf so einen Wettkampf mit Gott einlassen? Ich garantiere dir, er wird mit seiner Liebe und seinen Segnungen den Sieg davontragen und dich weit mehr beschenken, als du ihn erfreuen kannst.

Lass uns in der Kraft des Heiligen Geistes in Liebe und Gottesfurcht leben und für die Welt ein Wohlgeruch Christi werden!

29. SEPTEMBER

Jedes Mal sagte er: »Meine Gnade ist alles, was du brauchst. Meine Kraft zeigt sich in deiner Schwäche.« Und nun bin ich zufrieden mit meiner Schwäche, damit die Kraft von Christus durch mich wirken kann. Da ich weiß, dass es für Christus geschieht, bin ich mit meinen Schwächen, Entbehrungen, Schwierigkeiten, Verfolgungen und Beschimpfungen versöhnt. Denn wenn ich schwach bin, bin ich stark.

2. Korinther 12,9-10

Im Johannesevangelium 15,5 lesen wir, dass Jesus der Weinstock ist, wir die Reben. Wenn wir in ihm bleiben und er in uns, dann bringen wir viel Frucht, denn getrennt von ihm (also unabhängig von ihm) können wir nichts tun.

Ich glaube, das ist eine der wichtigsten Wahrheiten, die Gott in unser Herz schreiben muss, damit wir voll und ganz überzeugt sind, dass wir in unserer Kraft nichts sind, nichts haben und nichts können, was es braucht, um das Reich Gottes zu bauen und seine Werke zu tun. Das zu erkennen und zuzugeben, ist eine der größten Demutsübungen des Lebens. Wir wehren uns oft vor dieser Bankrotterklärung! Aber genau da beginnt die Möglichkeit, dass der Heilige Geist in uns wirken kann.

Als ich Gott vor einigen Jahren fragte, warum er ein so schwaches Weib wie mich in bereits »vorgerückter Jugend« gebrauchte, um ein großes Werk unter den Armen in Uganda aufzubauen, sagte er nur: »Weil du mir nicht im Wege stehst!« »Ja, das stimmt, dazu bin ich zu schwach und zu unfähig!«, lautete meine Antwort. Und dann sah ich nur sein großes Lächeln.

Gott ist in den Schwachen mächtig, also in jenen, die in allem voll und ganz von ihm abhängig sind. Mutter Teresa wurde einmal gefragt, woher sie ihre Kraft nähme. Ihre Antwort war: »Der Tag hat 24 Stunden und ich hänge mich 24 Stunden an Jesus Christus – er ist meine Kraft.«

Danke Gott für alle »Schwierigkeiten«, die dir zeigen, dass du nur in der permanenten Verbindung mit Jesus Christus – durch seinen Geist, in seiner Kraft – leben und wirken darfst und sollst zur Ehre Gottes.

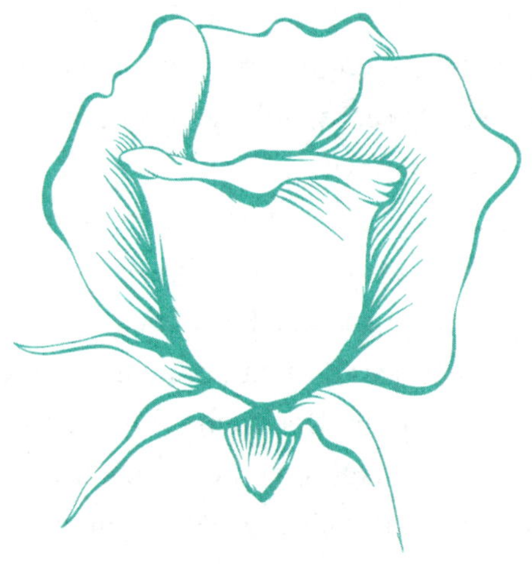

30. SEPTEMBER

Diejenigen, die zu Christus Jesus gehören, haben die Leidenschaften und Begierden ihrer sündigen Natur an sein Kreuz geschlagen.

Galater 5,24

Das Kreuz ist nicht nur eine Glaubenslehre. Es muss von uns erfahren werden. Alles, was wir sind, haben, können (Gaben, Wissen, Erkenntnisse, Eigenschaften etc.) und worin wir unsere Identität finden, muss durchs Kreuz gehen, bevor es fruchtbar von Gott eingesetzt werden kann. Es muss durch den Tod mit Jesus Christus. Übrigens stirbt der schlechte äußere Mensch viel leichter als der gute, freundliche, humanistische, menschenbezogene, soziale, dienende.

Gott möchte, dass wir sehen, wie arm wir in unserer eigenen Kraft sind, wie schwach; dass wir im Widerstand gegen ihn gelebt haben, in Dunkelheit gewandelt sind und unsere eigenen Wege gegangen, Gedanken gedacht, Entscheidungen getroffen haben; wie stolz, arrogant und unabhängig wir gelebt haben. Dabei geht es ihm nicht darum, uns zu demütigen, sondern uns aufzubauen. Er will uns zum Leben in Fülle bringen.

OKTOBER

1. OKTOBER

Jesus erwiderte: »Ich versichere dir: Wenn jemand nicht von Neuem geboren wird, kann er das Reich Gottes nicht sehen.«

Johannes 3,3

Nikodemus war ein angesehener Theologe, der Jesus bei Nacht aufsuchte, weil er nicht wollte, dass andere das mitbekamen. Zwar glaubte er an Gott, aber etwas Wesentliches fehlte ihm (Johannes 3,1-15). Er hatte keine echte Beziehung zu Gott. Mehrere Male sprach Jesus davon, dass es nötig sei, von Neuem geboren zu werden:

Jesus erwiderte: »Ich sage dir: Niemand kommt in das Reich Gottes, der nicht aus Wasser und Geist geboren wird. Menschen können nur menschliches Leben hervorbringen, der Heilige Geist jedoch schenkt neues Leben von Gott her. Darum wundere dich nicht, wenn ich sage, dass ihr von Neuem geboren werden müsst.«

Johannes 3,5-7

Hast du auch Sehnsucht nach Mehr von Gott? Jesus will uns neu machen. Lass dich vom Heiligen Geist mit diesem neuen Leben erfüllen, immer wieder!

2. OKTOBER

»Aber wie geschieht so etwas?«, fragte Nikodemus.

Johannes 3,9

Nikodemus hatte eine tiefe Sehnsucht nach einer echten Beziehung zu Gott. Er wollte wissen, wie man Gott besser kennenlernen kann, wie man von Neuem geboren werden kann. Damals bestand die Gottesbeziehung bei vielen Menschen nur im Halten von religiösen Vorschriften. Auch in unserer christlichen, westlichen Welt ist das häufig so – wir denken, Kirchenzugehörigkeit, Taufe, Erstkommunion, Konfirmation oder Firmung, das Bezahlen der Kirchensteuer würden reichen, um Christ zu sein. Viele Menschen sind auf dem Papier Mitglieder einer Kirche, aber Gott ist kein Bestandteil ihres Alltags und hat keine Auswirkungen auf ihr Leben.

Wo stehst du in deinem Glaubensleben? Bist du nur Mitglied einer Konfession oder ein lebendiges Glied am Leib Jesu Christi? Ist Jesus Christus der Herr deines Lebens? Darf er in dein Leben hineinsprechen?

Wer in ein einer Beziehung lebt, weiß, dass dazu tägliche Kommunikation, Vertrauen und viele Gemeinsamkeiten gehören. Dasselbe gilt auch für unsere Freundschaft mit Gott.

3. OKTOBER

All denen aber, die ihn aufnahmen und an seinen Namen glaubten, gab er das Recht, Gottes Kinder zu werden.

Johannes 1,12

Ganz gleich, welche Rolle Gott bisher in deinem Leben gespielt hat: Wenn du Sehnsucht hast und innerlich weißt: »Ich will mehr, ich will einen neuen Weg einschlagen, ich will diese enge Beziehung und Freundschaft mit Gott!«, dann kann dieser Tag ein sehr entscheidender in deinem Leben werden.

Echtes Leben fängt damit an, dass wir Jesus Christus aus einem freiwilligen und selbstständigen Entschluss in unser Leben einladen und ihm erlauben, Zugang zu allen Bereichen unseres Lebens zu haben. Es findet dann wirklich ein Wechsel statt. Gott ist der Herr über unser Leben. Nicht mehr er folgt uns nach, sondern wir ihm. Wir begegnen ihm nicht in einer beratenden, sondern in einer dienenden Haltung.

Bist du dazu bereit? Es wird die beste Entscheidung deines Lebens sein. Denn Gott weiß so viel besser, was nicht nur gut für dich, sondern was das Beste für dich ist.

4. OKTOBER

Ich nenne euch nicht mehr Diener, weil ein Herr seine Diener nicht ins Vertrauen zieht. Ihr seid jetzt meine Freunde, denn ich habe euch alles gesagt, was ich von meinem Vater gehört habe.

Johannes 15,15

Wer ein Kind Gottes wird, für den beginnt schon hier auf Erden ein Leben in einer neuen Dimension. Durch Jesus Christus ist der Weg für eine tiefe und innige Freundschaft zu Gott frei. In dieser neuen Beziehung gibt es eine Menge zu lernen. Ein junger Christ muss erste Schritte wagen. Er muss herausfinden, was zu tun und was zu lassen ist. Und immer wieder braucht er Ermutigung, Korrektur und Hilfestellung. Es beginnt ein lebenslanger Prozess.

Dazu gehört auch die Erziehung Gottes. Scheue dich nicht vor ihr, denn Gott weiß, welches Potenzial in dir liegt, und auch, wie er es ans Licht bringen kann. In dir steckt so viel mehr, als du ahnst, und Gott hat wunderbare Pläne mit dir! Er will dich freisetzen, um dich zum Segen werden zu lassen.

Schau jeden Tag mindestens einmal in den Spiegel und sag dir selbst: »Gottes Bestes liegt noch vor mir. Und Gott hatte einen superguten Tag, als er mich erschaffen hat. Ich danke dir, Vater, für mein Leben!«

5. OKTOBER

Wenn ich die Gabe der Prophetie hätte und wüsste alle Geheimnisse und hätte jede Erkenntnis und wenn ich einen Glauben hätte, der Berge versetzen könnte, aber keine Liebe hätte, so wäre ich nichts.

1. Korinther 13,2

Meine Teenagersöhne haben mich das Wort »fake« gelehrt. Eine Nachahmung, ein Schwindel oder eine Vortäuschung falscher Tatsachen ist ein Fake. Fake ist auch der Begriff für den damit verbundenen Betrug. Wer etwas vortäuscht, ist ein Faker. Eine wunderschöne Rose aus Kunststoff mag aussehen wie eine echte, und doch ist sie nur ein Fake. Zu erkennen ist das erst, wenn man näher hinschaut oder daran riecht. Ein Fake ist auch ein Mensch, der sich als Christ bezeichnet, aber ohne Liebe ist.

Die Liebe Gottes ist es, die mein Herz zum Leben erweckt. Seine Liebe lässt die Sonne für mich scheinen – am Himmel und in mir. Diese Liebe macht das Leben lebenswert und lässt mich zuversichtlich und in freudiger Erwartung in die Zukunft blicken. Sie gibt mir festen Boden unter den Füßen und schenkt Halt und Sicherheit.

Ohne die Liebe Gottes in meinem Herzen bin ich ein Fake. Würde ich täglich beten, regelmäßig in den Gottesdienst gehen und fasten, aber ich hätte keine Liebe, es wäre nichts. Würde ich jeden Tag predigen und Tausende hinzuströmen, würde ich Kranke heilen und Tote auferwecken und würden durch mich allerlei Wunder geschehen, ohne seine Liebe bin ich nichts. Alles Reden wäre in Gottes Ohren nur »Bla Bla«, und die Wunder wären für ihn nichts wert. Jesus wird mich einmal fragen: »Hast du geliebt? Hast du mich geliebt, deinen Nachbarn geliebt?«

Ich entscheide mich immer wieder, Liebe zu leben – heute, bei dem Menschen, der mir begegnet. Das ist der Weg zur Freude und zum erfüllten Leben!

6. OKTOBER

Denn diese gute Botschaft wurde uns genauso verkündet wie ihnen. Aber sie nützte ihnen nichts, weil sie nicht glaubten, was Gott ihnen sagte. Denn nur wir, die wir zum Glauben gefunden haben, werden zur Ruhe Gottes gelangen. Über diejenigen, die nicht geglaubt haben, sagte Gott: »Deshalb schwor ich in meinem Zorn: ›Sie sollen meine Ruhe niemals finden‹«, obwohl diese Ruhe bestand, seit er die Welt erschaffen hatte.

Hebräer 4,2-3

Oft lesen wir eine Verheißung im Wort Gottes, aber sie erreicht uns nicht in der Tiefe, weil wir sie nicht mit Glauben im Herzen vermischen.

Mit erging es vor Jahren so. Ich machte mir um alles Sorgen und glaubte, dass gerade das mich als echten und verantwortungsvollen Christen auszeichnete. Welche Lüge! Doch dann las ich, dass wir uns demütigen sollen, indem wir alle Sorgen auf den Herrn werfen. Das war mir sehr fremd und ich musste sogar lachen, als ich diese Worte las.

Wochenlang musste ich mir diese Wahrheit des Wortes Gottes selbst laut predigen, damit es mein Herz endlich begriff und gehorsam wurde. Seither werfe ich wirklich alle meine Sorgen auf den Herrn und fühle mich nicht länger selbst verantwortlich. Immer wieder darf ich erleben, wie Gott mein Herz und meine Gedanken mit dem Frieden und der inneren Ruhe erfüllt, die nur er geben kann. Er kümmert sich viel besser um alles als ich.

Leider werden die, welche nicht bereit sind, sich aus dem »gewohnten« Leben hinausführen zu lassen, nie dieses Land der echten Herzensruhe erreichen. Bist du bereit, dem Herrn mehr zu vertrauen als allen deinen bisherigen Lebenserfahrungen und -erwartungen?

7. OKTOBER

Eure Zustimmung oder Ablehnung kümmert mich nicht, weil ich weiß, dass ihr Gottes Liebe nicht in euch habt. Ich bin im Namen meines Vaters gekommen, aber ihr wollt mich nicht akzeptieren, obwohl ihr andere, die nur in ihrem eigenen Namen auftreten, bereitwillig akzeptieren werdet. Kein Wunder, dass ihr nicht glauben könnt! Denn ihr seid stets bereit, euch gegenseitig zu ehren, die Ehre aber, die nur von Gott kommen kann, bedeutet euch nichts.

Johannes 5,41-44

Nicht was Menschen von uns denken, ist wichtig, sondern was Gott von uns hält.

Der Herr hat mich einmal gefragt, ob ich lieber geliebt oder respektiert werden will. Meine spontane Antwort: »Geliebt!«, und er erwiderte darauf: »Dann kann ich dich in meinem Reich nicht einsetzen, denn dann bist du äußerst manipulierbar.«

Das hat meine Herzenseinstellung drastisch verändert und mein tägliches Leben erleichtert. Was der Vater von mir denkt, zählt – alles andere ist nebensächlich.

Was ist dir wichtiger: von Menschen geliebt oder respektiert zu werden?

8. OKTOBER

Bleibt in mir, und ich werde in euch bleiben. Denn eine Rebe kann keine Frucht tragen, wenn sie vom Weinstock abgetrennt wird, und auch ihr könnt nicht, wenn ihr von mir getrennt seid, Frucht hervorbringen. Ich bin der Weinstock; ihr seid die Reben. Wer in mir bleibt und ich in ihm, wird viel Frucht bringen. Denn getrennt von mir könnt ihr nichts tun.

Johannes 15,4-5

Diese Worte sind so klar und klingen so einfach, und doch ist es für uns oft so schwer, am Weinstock zu bleiben und die Dinge nicht selbst in die Hand zu nehmen, um Gott, den Menschen oder uns selbst etwas zu beweisen. Jesus brauchte sich nicht zu beweisen.

Höre in allen Situationen auf den Herrn, lass dich von ihm führen und er wird es richtig machen. Vertraue ihm allezeit und für alles. Fang heute damit an.

9. OKTOBER

Da rief er seine Jünger zu sich und sagte: »Ich versichere euch: Diese arme Witwe hat mehr gegeben als alle anderen. Denn sie alle haben nur einen winzigen Bruchteil von ihrem Überfluss abgegeben, während diese Frau, so arm sie ist, alles gegeben hat, was sie besaß.«

Markus 12,43-44

Ein solch radikales Geben wie bei der Witwe ist mir in Rumänien bei meiner ersten Reise nach Öffnung der Grenzen begegnet. Ich habe mich immer sehr gefreut, wenn ich in den baufälligen Häusern trotz deutlich sichtbarer Armut etwas Schönes entdecken konnte – ein geschliffenes Glas auf einem Regal, eine edle Figur, eine prächtige Handarbeit. Jedes Mal brachte das ein dankbares Lächeln auf mein Gesicht. Das müssen die Geschwister beobachtet haben, denn bei meiner Abreise haben sie mir alles geschenkt. Ich wollte es nicht annehmen, aber sie bedrängten mich und baten mich, diese Gaben anzunehmen.

Bei meiner Rückreise erzählte ich einer Freundin, was mir da Peinliches passiert war. Sie erwiderte, dass sie bei ihren Rumänien-Hilfstransporten dieselbe Erfahrung gemacht hatte. Alles, was sie irgendwie bewundert hatte, war ihr sofort geschenkt worden. Daher hatte sie beschlossen, beim nächsten Besuch nur noch auf den Boden zu schauen. Und was war geschehen? Man hatte ihr den Teppich geschenkt! Das war radikales Geben, denn es war wahrscheinlich der einzige Teppich, den die Familie besaß.

Ich lade dich ein zu beten: »Vater, zeig mir, wo ich mich an Dinge klammere, die ich nicht nur besitze, sondern die vielleicht schon mich besitzen. Hilf mir, ein guter Verwalter zu werden, nicht ein guter Besitzer!«

10. OKTOBER

Was immer auch geschieht, seid dankbar, denn das ist Gottes Wille für euch, die ihr Christus Jesus gehört.

1. Thessalonicher 5,18

Vor vielen Jahren hat es mir sehr geholfen, aus meiner Undankbarkeit herauszukommen, als ich Gott, meinem lieben Vater im Himmel, einen sehr langen und ausführlichen Brief geschrieben habe. Darin habe ich ihm für alles gedankt, was mir eingefallen ist – nicht nur für das Gute. Ich dankte auch für Verluste, Versagen, Entbehrungen, Enttäuschungen, unerfüllte Wünsche, meine Feinde und alle Ablehnungen.

Diese Gehorsamsübung hat mich frei gemacht und mein Herz mit Freude erfüllt, sodass ich es mir zur Angewohnheit gemacht habe, Gott jeden Tag für alles und allezeit zu danken, nicht weil ich alles verstehe oder mag, sondern weil Gott es zugelassen hat und besser weiß, was für mich gut ist als ich.

Wie wäre es, wenn du das auch einmal versuchst? Du wirst erleben, wie sich viele Knoten und Spannungen in deinem Herzen lösen und neues Vertrauen entsteht. Danken schützt vor Wanken und Loben zieht nach oben!

11. OKTOBER

Wenn wir mit ihm leiden, werden wir mit ihm herrschen.

2. Timotheus 2,12a

Du und ich sind dazu berufen, »Reich-Gottes-Herrscher« zu werden! Das Wort »herrschen« berührt unsere Herzen unangenehm, weil wir an die vielen negativen Beispiele von Herrschern in dieser Welt denken. Doch im Reich Gottes gelten andere Regeln und Gesetze.

Das Königreich Gottes steht unter der Herrschaft des Königs und beeinflusst das Land durch die Kinder Gottes, damit alles ihm ähnlich wird und ihn verherrlicht! Im Reich Gottes wird dir eine neue Lebensdimension von Vergebung, Versöhnung, Heilung, Befreiung, Wiederherstellung von Beziehungen auf allen Ebenen, Friede, Freude, Liebe, Geduld, Vollmacht, Autorität, neuem Lebenssinn, neuer Lebenskraft und neuen Zielen geschenkt. Deine wahre Heimat, deine echte Staatsbürgerschaft ist der Himmel, nicht mehr die Erde! Du bist ein vom Himmel Ausgesandter! Du bist ein Botschafter des Königs aller Könige! Du bist ein Sohn oder eine Tochter des Allerhöchsten! Du bist ein Partner und Mitarbeiter Gottes!

Was wäre, wenn du heute genau so lebst?

12. OKTOBER

Ich nenne euch nicht mehr Sklaven, denn der Sklave weiß nicht, was sein Herr tut; euch aber habe ich Freunde genannt, weil ich alles, was ich von meinem Vater gehört, euch kundgetan habe.

Johannes 15,15 (ELB)

Denkst du wie ein Freund Gottes oder wie ein Sklave? Es geht dabei um deine Herzenseinstellung. Der Unterschied sieht so aus:

1. Ein Freund Gottes sieht das Herz des Vaters sowie den Erfolg der väterlichen Arbeit, mit der er sich voll identifiziert. Ein Sklave sorgt sich nur um seine eigenen Angelegenheiten.

2. Ein Freund Gottes verwendet die Worte »uns«, »wir« und »unser«, weil er familienorientiert ist. Ein Sklave verwendet »ich«, »mich« und »mein«, weil er nur in Bezug auf Dienst, Arbeit, Pflicht usw. denkt.

3. Ein Freund Gottes ehrt Leiter und bedeckt die Blöße seiner Väter, denn er hat keine Freude daran. Ein Sklave freut sich, wenn er Schwächen seiner Leiter entdeckt, und offenbart sie gerne.

4. Ein Freund Gottes würdigt von Natur aus Anordnungen und befolgt sie. Ein Sklave führt Anordnungen nur sehr widerwillig aus und ist sehr wählerisch in der Auswahl jener, die er achtet.

Auf welcher Seite erkennst du dich wieder? Willst du die Seiten wechseln?

13. OKTOBER

Wer in kleinen Dingen treu ist, wird auch in großen treu sein. Und wer schon in geringen Angelegenheiten betrügt, wird auch bei größerer Verantwortung nicht ehrlich sein.

Lukas 16,10

Bereits gestern haben wir uns Herzensmerkmale von Freunden und Sklaven Gottes angesehen. Es gibt noch weitere:

5. Ein Freund Gottes strebt Freude bei der Arbeit an und kennt keine Menschenfurcht. Ein Sklave ist unsicher, beharrt auf Positionen, hat immer den Wunsch nach Privilegien; er tut nur das, was sich auszahlt.

6. Ein Freund Gottes erzählt von seinen Gedanken, von seinen Zweifeln, Ängsten, Unsicherheiten und Sorgen. Ein Sklave teilt nur das mit, was er mitteilen möchte.

7. Ein Freund Gottes bittet stets den Vater und möchte von ihm angeleitet werden. Ein Sklave distanziert sich von ihm.

8. Ein Freund Gottes hat eine Vision, sowohl geistlich als auch im Natürlichen für viele Generationen. Ein Sklave ist engstirnig, selbstbezogen und eher mit dem eigenen Dienst beschäftigt als mit dem der geistlichen Kinder und Enkelkinder.

9. Ein Freund Gottes bindet neue, noch schwache Menschen in die Familie ein. Ein Sklave bindet neue, noch schwache Menschen an sich selbst.

10. Ein Freund Gottes ist sicher und kann Konfrontation und Veränderung annehmen. Ein Sklave empfindet Korrektur als sehr verletzend.

Wie sieht es mit deiner Herzenshaltung aus? Möchtest du den Herrn bitten, dich zu seinem Freund zu machen?

14. OKTOBER

Alle Schrift ist von Gott eingegeben und nützlich zur Lehre, zur Überführung, zur Zurechtweisung, zur Unterweisung in der Gerechtigkeit, damit der Mensch Gottes richtig ist, für jedes gute Werk ausgerüstet.

2. Timotheus 3,16-17 (ELB)

Wissen ist immens wichtig im Leben, dasselbe gilt für die Gerechtigkeit. Wenn wir gerecht oder besser: in richtiger Verbindung mit Gott leben wollen, dann müssen wir die Anweisungen Gottes kennen. Denn wie sollen wir Gottes Willen gehorchen, wenn wir ihn gar nicht kennen?

Als Bürger des Reiches Gottes leben wir unter der Regentschaft des Königs und sein Wort ist unser »Gesetz«. Deshalb sollten wir es lesen, studieren und anwenden. Durch das »Erkennen« der Gesetze, durch das Meditieren seines Wortes lernen wir auch den König viel besser kennen – sein Herz, seine Gedanken, seinen Willen, seine Wege. Das erst ermöglicht es uns, gute Königsreichbürger zu werden. Denn wer die Gesetze seines Landes nicht kennt, kann sich leicht strafbar machen, oder er versäumt etwas. Wie können wir unsere Rechte geltend machen, wenn wir gar nicht wissen, was uns zusteht?

Gott gab uns sein Wort, damit wir lernen, als Königsreichbürger zu leben und unser ganzes Leben mit dem Willen Gottes und seinen Wünschen eins zu machen. Lies das Wort Gottes daher täglich und bitte den Heiligen Geist, zu dir zu sprechen!

15. OKTOBER

»Ich will deinen Willen gerne tun, mein Gott, denn dein Gesetz ist tief in mein Herz geschrieben.« Vor der ganzen Gemeinde habe ich deinem Volk von deiner Gerechtigkeit erzählt. Herr, du weißt, dass ich dabei keine Angst hatte. Was du getan hast, habe ich nicht für mich behalten. Ich habe von deiner Treue und Hilfe erzählt. Vor der ganzen Gemeinde habe ich von deiner Gnade und Treue berichtet.

Psalm 40,9-11

Wir wissen, dass David kein Priester war, sondern ein König, und trotzdem hat David bei vielen Angelegenheiten über die Gerechtigkeit, die Treue und das Erbarmen Gottes gesprochen. Seine Beziehung zu Gott im Alltag war für ihn genauso normal wie das Atmen. Er war ein Mann nach dem Herzen Gottes und es war für ihn eine Freude, über die Herrlichkeit, die Liebe, die Kraft, die Majestät des Herrn zu sprechen.

In Uganda, wo ich die meiste Zeit des Jahres verbringe, haben wir zur Zeit einen gottesfürchtigen Präsidenten mit einer sehr gläubigen und betenden Gattin. Sie fühlen sich frei, auch bei politischen Treffen über die Kraft und die Liebe Gottes zu sprechen und das Wort Gottes zur jeweiligen Situation passend zu verkündigen. Wir brauchen solche Staatsmänner und -frauen, die sich nicht schämen, über ihre Zugehörigkeit zum König aller Könige zu sprechen, und die seine Maßstäbe in ihren Ländern geltend machen.

Wenn das Herz voll ist, geht der Mund über! Lasst uns die Herrlichkeit, Güte, Liebe, Barmherzigkeit, Wahrheit und Größe Gottes bei jeder Gelegenheit freimütig proklamieren, die sich uns bietet!

16. OKTOBER

Sie (die gute Botschaft) zeigt uns, wie Gott uns in seinen Augen gerecht spricht. Dies geschieht einzig und allein durch Glauben. Denn es heißt schon in der Schrift: »Durch den Glauben hat ein Gerechter Leben.«

Römer 1,17

Es ist so eine unglaubliche Gnade, dass Gott selbst die Gerechtigkeit geschaffen hat, die wir alle zutiefst nötig haben. Das Evangelium, die gute Nachricht ist, dass keiner von uns sich vor Gott aus seiner eigenen Kraft gerecht machen kann, sondern dass Gott uns seine Gerechtigkeit als Geschenk anbietet. Ein Geschenk muss man dankend annehmen, bevor es einem gehört. Wenn wir glauben, dass Jesus Christus stellvertretend für jeden von uns zum Sünder wurde, alle unsere Schuld auf sich nahm und dafür am Kreuz bezahlte, und wir den auferstandenen Herrn Jesus Christus einladen, in unser Herz zu kommen, um in, mit und durch uns zu leben, dann gibt er uns seine Gerechtigkeit als Geschenk.

Gott sagt uns durch das Kreuzesopfer seines Sohnes: »Du konntest dich nicht selbst retten, deshalb habe ich dich gerettet. Du konntest deine Schuld nicht von dir abwaschen, deshalb habe ich dich mit dem Blut meines Sohnes reingewaschen. Ich habe dich wieder in die richtigen Ordnungen meines Königreiches versetzt.«

Keiner von uns kann sich rühmen, dass er die Erlösung von aller Schuld verdient habe. Im Himmel werden nur die Einlass finden, die im Blute Jesu reingewaschen sind. Bist du das?

17. OKTOBER

Daraufhin erwiderte Jesus: »Ich versichere euch: Der Sohn kann nichts aus sich heraus tun. Er tut nur, was er den Vater tun sieht. Was immer der Vater tut, das tut auch der Sohn. Denn der Vater liebt den Sohn und zeigt ihm alles, was er selbst tut; und der Sohn wird noch weit Größeres tun. Ihr werdet staunen über das, was er tun wird.«

Johannes 5,19-20

Ist das nicht beruhigend? Selbst Jesus konnte aus seiner menschlichen Kraft nichts tun, was dem Vater gefiel. Bevor wir nicht erkennen, dass jeder von uns in derselben Situation steckt – dass wir nichts aus unserer eigenen Kraft sind und nichts können, was von uns verlangt wird, haben wir noch nicht begriffen, um was es geht.

Viele Christen beten: »Ich, mich, meiner, mir, Herr, segne doch uns vier!« Richtiger wäre es, darum zu bitten: »Herr Jesus, bitte zeig mir, was du heute, jetzt, für mich vorbereitet hast, damit ich darin wandle. Denn was du vorbereitet hast, dazu schenkst du auch die Gnade, und was du anschaffst, das bezahlst du, und was du anfängst, das vollendest du.« So sieht ein Leben als Kind, nicht als Waise aus.

18. OKTOBER

Denn wer in den Wolken ist mit dem Herrn zu vergleichen? Wer ist dem Herrn gleich unter den Göttersöhnen? Gott ist gefürchtet im Kreis der Heiligen, groß ist er und furchtbar über alle, die rings um ihn her sind.

Psalm 89,7-8 (ELB)

Wir brauchen keinen großen Glauben, sondern Glauben an unseren großen Gott. Zuerst müssen wir eine Vorstellung von der Größe, Majestät und Herrlichkeit Gottes bekommen, bevor unser Herz von wahrer Gottesfurcht ergriffen werden kann. Er möchte, dass wir über seine unergründliche Herrlichkeit und unermessliche Größe nachdenken, denn wie können wir ihn gebührend ehren und respektieren, wenn wir uns seiner Größe nicht bewusst sind?

Nimm dir heute ein wenig Zeit und werde still vor Gott. Bitte ihn darum, dir seine Größe zu zeigen.

19. OKTOBER

Die Jünger waren sehr erstaunt, als sie das sahen, und fragten: »Wie kommt es, dass der Feigenbaum so schnell verdorrt ist?« Da sagte Jesus zu ihnen: »Ich versichere euch: Wenn ihr fest glaubt und nicht zweifelt, könnt ihr auch solche Dinge tun und noch viel mehr als das. Ihr könnt sogar zu diesem Berg sagen: ›Hebe dich empor und wirf dich ins Meer‹, und es wird geschehen. Wenn ihr glaubt, werdet ihr alles bekommen, worum ihr im Gebet bittet.«

Matthäus 21,20-22

Bete für das, was für dich unmöglich ist und das Gott dir ins Herz gelegt hat, und glaube. Beim Unmöglichen können wir nichts hinzutun. Gott wird uns nie ins »Handwerk pfuschen«, wenn wir alles selbst meistern wollen. Er fängt jedoch dort an, mächtig zu wirken, wo wir alles seinem Wirken überlassen. Wenn ich alles im Griff habe, dann kann und wird Gott nichts tun.

Wir wollen auch immer alles beschleunigen. Doch wir sollten nicht in Gottes Pläne eingreifen! Glaube, dass Gott das Unmögliche zu seiner vollkommenen Zeit vollbringt. Nicht dem, der nachhilft, ist alles möglich, sondern dem, der glaubt (Markus 9,23). Der Zeitpunkt, wann ein Gebet erhört wird, liegt in Gottes Hand!

Gleiche deine Gebete der Größe Gottes an und du wirst die Wunder Gottes erleben. Sie sollten nicht die Ausnahme in deinem Leben sein, sondern an der Tagesordnung. Ein wahrer Realist glaubt an Wunder!

Denke über folgende Worte aus dem Matthäusevangelium 7,7-8 nach:

Bittet, und ihr werdet erhalten. Sucht, und ihr werdet finden. Klopft an, und die Tür wird euch geöffnet werden. Denn wer bittet, wird erhalten. Wer sucht, wird finden. Und die Tür wird jedem geöffnet, der anklopft.

20. OKTOBER

Was sollen wir nun dazu sagen? Nur dies: Die Menschen aus den anderen Völkern sind durch den Glauben von Gott gerecht gesprochen worden, obwohl sie die Gerechtigkeit, die vor Gott gilt, nicht gesucht haben. Die Juden aber, die durch das Halten des Gesetzes vor Gott gerecht werden wollten, haben dieses Ziel nicht erreicht. Warum nicht? Weil sie versuchten, durch ihre eigenen guten Taten vor Gott gerecht zu werden und dadurch das Gesetz zu erfüllen, statt auf den Glauben zu vertrauen. So stolperten sie über den »Stein des Anstoßes«, wie es schon in der Schrift steht: »Ich lege in Jerusalem einen Stein, über den die Menschen stolpern werden, und einen Felsen, an dem viele zu Fall kommen werden. Doch wer an ihn glaubt, wird nicht umkommen.«

Römer 9,30-33

Paulus sagt: Die Heiden, also die Menschen aus den anderen Völkern, die Gottlosen, haben Gottes Gnade nicht gesucht, aber dennoch gefunden! Gerechtigkeit, die durch das Vertrauen auf den Sohn Gottes kommt, ist das Einzige, was vor Gott zählt. Gott schenkt denjenigen Wohlwollen, die ihr Vertrauen bedingungslos auf Jesus Christus setzen. Wer nur auf sich selbst vertraut, kommt letztlich zu kurz.

Israel hat verzweifelt versucht, sich durch das Einhalten der Gesetze Wohlwollen bei Gott zu verdienen, doch das war der falsche Weg. Das Volk Gottes hat sein Vertrauen auf seine Hingabe an Gott gesetzt, nicht auf Gottes Hingabe an sie.

Worauf setzt du dein ganzes Vertrauen?

21. OKTOBER

Denn alles ist mir möglich durch Christus, der mir die Kraft gibt, die ich brauche.

Philipper 4,13

Ich hätte Jesus Christus nie als meinen Erlöser kennengelernt, wenn ich nicht zutiefst verloren gewesen wäre.

Ich hätte Jesus Christus nie als meinen Herrn, Meister und Hirten kennengelernt, wenn ich nicht ein verirrtes Schaf gewesen wäre.

Ich hätte Jesus Christus nie als meinen besten Freund kennengelernt, wenn ich nicht extrem einsam gewesen wäre.

Ich hätte Jesus Christus nie als meinen Versorger kennengelernt, wenn ich nicht in großer Not gewesen wäre.

Ich hätte Jesus Christus nie als meinen Verteidiger kennengelernt, wenn ich nicht in großer Bedrängnis gewesen wäre.

Ich hätte Jesus Christus nie als meinen Geliebten kennengelernt, wenn ich nicht abgelehnt gewesen wäre.

Ich hätte Jesus Christus nie als meinen Heiler kennengelernt, wenn ich nicht krank gewesen wäre.

Ich hätte Jesus Christus nie als meine Wahrheit kennengelernt, wenn ich nicht in Lüge verstrickt gewesen wäre.

Ich hätte Jesus Christus nie als meinen Weg kennengelernt, wenn ich nicht verirrt gewesen wäre.

Ich hätte Jesus Christus nie als mein Leben kennengelernt, wenn ich nicht innerlich am Ende und ohne Hoffnung gewesen wäre.

22. OKTOBER

Man kann sich das Himmelreich auch am Beispiel eines Königs vorstellen, der ein großes Hochzeitsfest für seinen Sohn vorbereitete. Viele Gäste waren eingeladen, und als alles fertig war, schickte er seine Diener, um ihnen zu sagen, dass es Zeit wäre zu kommen. Doch keiner wollte kommen! Also schickte er andere Diener, die ihnen sagen sollten: »Das Festmahl ist angerichtet, und das beste Fleisch wurde dafür gebraten. Alles ist bereit, beeilt euch!«

Matthäus 22,2-4

Bist du bereit, dieser Einladung Jesu Christi zu folgen? Auch wenn es herausfordernd werden kann und du nicht immer weißt, was dich erwartet?

Als mich Gott mit sechzig Jahren dazu berief, nach Afrika zu gehen, war das ein richtiger Schock. Eigentlich bereitet man sich in diesem Alter auf den Ruhestand vor (was mich allerdings nie mit Vorfreude erfüllt hat), aber sicherlich erwartet man nicht eine vollkommene Lebensveränderung mit einer ganz neuen Aufgabe.

Wenn ich auf die vergangenen fast zwanzig Jahre zurückblicke, dann bin ich so dankbar, dass ich gehorcht habe und mich aus meiner gewohnten Lebensumgebung herausreißen ließ, um in Afrika den Witwen und Waisen zu dienen. Ich hatte ursprünglich keine Ahnung, was Gott mit mir vorhatte, ich wusste nur, es würde ein Dienst an den Ärmsten sein.

Meine Jahre in Afrika sind so erfüllt mit überschwänglicher Freude, Frieden und Fruchtbarkeit, wie ich es mir in meinen wildesten Träumen nicht hätte vorstellen können. Ich fühle mich heute aktiver, jünger, lebendiger und gesünder als vor zwanzig Jahren.

Willst du heute den Einladungen Gottes folgen?

23. OKTOBER

Überlasst all eure Sorgen Gott, denn er sorgt sich um alles, was euch betrifft!

1. Petrus 5,7

Es nützt nichts, in Gefahr angstvoll und aufgeregt zu sein, das macht zu allem unfähig. Wälze deine Last stattdessen auf den Herrn! Es gibt nur einen Weg, nicht unter unseren Pflichten zusammenzubrechen: alles sofort vor den Meister zu bringen. Er hilft und versteht uns immer. Wenn wir Gott gehorchen, trägt er die Verantwortung für unser Leben, nicht mehr wir! Das zu lernen, was Gott uns durch die Not lehren will, ist wichtiger, als aus ihr so schnell wie möglich herauszukommen.

Wenn Sein Wille und Weg uns genügen, haben wir Ruhe. Der, der für uns ist, ist größer als alle, die gegen uns sein könnten. Es ist ein Beweis der Treue Gottes, dass er für die, welche ihm vertrauen, immer einen Ausweg weiß und dass keine Prüfung schwerer ist, als wir ertragen können.

Lasst uns alle Lasten, wie zahlreich und schwer sie auch sind, auf unseren allmächtigen, allwissenden, liebenden Vater werfen. Sie sind für ihn nur Federn.

24. OKTOBER

Noah aber fand Gnade vor dem Herrn. Dies ist die Geschichte von Noah und seiner Familie. Noah war ein Gerechter, der einzige fehlerlose Mensch, der damals auf der Erde lebte. Er lebte in enger Gemeinschaft mit Gott. Noah hatte drei Söhne: Sem, Ham und Jafet. Die Menschen waren böse und gewalttätig. Gott sah auf die Erde, und sie war voller Verbrechen, denn die Menschen handelten böse.

1. Mose 6,8-12

Noah war ein einfacher Mann, der kein Fachwissen für die Aufgabe hatte, die er erfüllen sollte. Und doch beauftragte Gott ihn, der nichts hatte außer seinem unerschütterlichen Vertrauen auf Gott, die Arche zu bauen. Hundert Jahre werkelte er, verspottet und ausgelacht von vielen, an einem Schiff auf einem Berg, auf dem es nie regnete und wo weit und breit kein Wasser zu sehen war. Doch er gehorchte Gott, als er vor diese wahrhaft schwierige Aufgabe gestellt wurde, hatte er doch sicherlich keine Ahnung, wie man ein Schiff konstruieren musste.

Immer wieder heißt es: *Noah führte alles genauso aus, wie Gott es ihm befohlen hatte* (1. Mose 6,22 und 1. Mose 7,5). Noah vertraute Gott auch inmitten von Unglauben und Menschen, die ihn verhöhnten und auslachten.

Oft glauben wir schon, dass wir Verfolgung erleiden, wenn uns jemand schief anschaut und nicht gleich positiv auf unser Zeugnis reagiert. Ich hatte einmal den Eindruck, dass Gott mich fragte, ob ich den Glauben von Noah wollte. Als ich darüber nachdachte und mir klar war, wie mühsam sein Glaubensweg und wie widrig die Umstände waren, bat ich Gott um ein leichteres Los! Seither bitte ich ihn, dass er die Veränderungen in mir, die noch notwendig sind, in der kürzesten Zeit und mit dem geringsten Schmerz vollbringt – weil ich bereit bin, auf dem Altar zu bleiben, und nicht davonlaufe oder herunterspringe!

25. OKTOBER

Durch den Glauben baute Noah eine Arche, um seine Familie vor der Flut zu retten. Er gehorchte Gott, der ihn vor etwas warnte, das noch nicht zu sehen war. Sein Glaube war das Urteil über den Unglauben der übrigen Welt; er aber wurde Erbe der Gerechtigkeit, die aus dem Glauben kommt.

Hebräer 11,7

Noah wurde aufgrund seines Glaubens an Gott (nicht sich selbst!) gerettet. Außerdem wurde er mit einem ewigen Bund geehrt. Noch heute erinnert uns der Regenbogen daran, dass Gott die Erde niemals mehr mit einer Flut vernichten wird.

Noah ist ein gewaltiges Vorbild für uns. Nicht die Meinung anderer Menschen war ihm wichtig, sondern einzig und allein das, was Gott ihm auftrug. Und obwohl er keine Ahnung von der Konstruktion von Schiffen hatte, vertraute er Gott, dass das Vorhaben gelingen würde, wenn er ganz genau auf sein Wort hörte und alles so ausführte, wie Gott es ihm auftrug.

Das ist auch deine und meine tägliche Aufgabe: auf Gott zu hören, genau hinzuhören und dann zu tun, was er sagt. Dann folgen wir in den Fußstapfen Jesu Christi, der uns in Johannes 14,12-14 Folgendes verheißt:

»Ich versichere euch: Wer an mich glaubt, wird dieselben Dinge tun, die ich getan habe, ja noch größere, denn ich gehe, um beim Vater zu sein. Ihr dürft in meinem Namen um alles bitten, und ich werde eure Bitten erfüllen, weil durch den Sohn der Vater verherrlicht wird. Bittet, um was ihr wollt, in meinem Namen, und ich werde es tun!«

Welche Verheißung! Setzen wir doch unseren ganzen Glauben auf den Gott, für den nichts unmöglich ist!

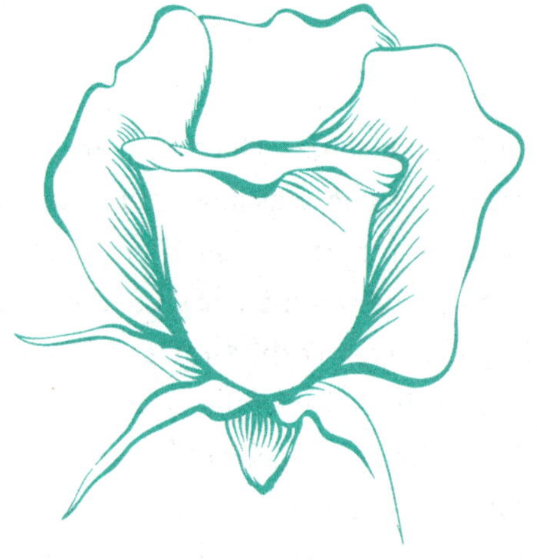

26. OKTOBER

Wir haben erkannt, wie sehr Gott uns liebt, und wir glauben an seine Liebe. Gott ist Liebe, und wer in der Liebe lebt, der lebt in Gott und Gott lebt in ihm.

1. Johannes 4,16

Wenn dich jemand fragt, ob du verheiratet bist, wirst du sehr genau wissen, ob du mit Ja oder Nein antworten sollst. Auf keinen Fall wirst du sagen: »Vielleicht!« Es kann sein, dass du gerade nicht sehr glücklich in deiner Ehe bist, dennoch ist die Antwort klar. Auch kann man nicht halb schwanger sein – entweder bist du schwanger oder nicht.

Auch auf die Frage, ob du Gott liebst, kannst du nicht mit »Vielleicht« antworten. Entweder bist du Christ (auch wenn du dich momentan möglicherweise nicht so verhältst) oder nicht. Denn ein halber Christ ist ein ganzer Mist!

Wir wollten Gott nicht nur in den Momenten an die erste Stelle setzen, in denen wir uns besonders geistlich fühlen, sondern gerade dann, wenn es uns nicht leichtfällt. Vertraue dich ihm bedingungslos an und lass ihn in deinem Leben wirken.

27. OKTOBER

So halte ich mir stets das Ziel vor Augen und laufe mit jedem Schritt darauf zu.

1. Korinther 9,26a

Solange wir auf dieser Erde leben, arbeitet Gott an jedem von uns, um uns seinem Sohn Jesus Christus ähnlicher zu machen. Dies gelingt jedoch nur, wenn wir in engster Verbindung mit ihm leben und in seiner Gegenwart bleiben – durch regelmäßiges Lesen des Wortes Gottes, durch Gebet, durch Herzenskommunikation mit ihm in allen Situationen.

Viele fangen begeistert Projekte an, aber es ist wichtig, dass man eine Aufgabe nicht nur anfängt, sondern sie treu und mit viel Durchhaltevermögen zu Ende führt – durch Gottes Hilfe. Als unser himmlischer Vater sich vornahm, diese Welt zu retten, gab er auch nicht auf, als es schwierig wurde. Es forderte das größte Opfer von ihm. Er war bereit, seinen Sohn Jesus Christus in diese Welt zu schicken und am Kreuz sterben zu lassen.

Zu was bist du bereit?

28. OKTOBER

Hier machten die Israeliten Mose und Aaron wieder heftige Vorwürfe. »Hätte uns der Herr doch nur in Ägypten getötet«, klagten sie. »Dort hatten wir immerhin Fleisch und genügend Brot zu essen. Stattdessen habt ihr uns in diese Wüste geführt, damit wir hier alle verhungern.«

2. Mose 16,2-3

Vom Volk Gottes können wir viel für unseren eigenen Glaubensweg lernen: In Ägypten war Israel versklavt und an den Pharao gebunden. Den Pharao können wir mit dem Teufel vergleichen. Nach dem Durchzug durchs Rote Meer kam es in die Wüste. Das Rote Meer ist ein Symbol für unsere Bekehrung und Taufe. Gott tut alles für uns – wir müssen ihn und sein Erlösungswerk am Kreuz nur annehmen. In der Wüste murrten und knurrten und jammerten und meckerten die Israeliten. Sie rebellierten gegen die Leiterschaft und machten sich Götzen, für die sie bereit waren, ihr Kostbarstes zu opfern. Letztlich waren sie in der Wüste an sich selbst gebunden, was eine große Gefahr ist, denn man erkennt das Problem sehr schlecht und macht immerzu die Umstände oder andere Menschen für seine Erfahrungen verantwortlich.

Das Erschreckende für mich ist, dass es nur zwei Menschen, die aus Ägypten auszogen, wirklich ins Verheißene Land geschafft haben, das für das Leben aus dem Geist steht: Josua und Kaleb. Gott schickte dem Volk Gottes eine Züchtigung nach der anderen, aber sie haben die Botschaften nicht verstanden, blieben hartnäckig, rebellisch und ungläubig. Nicht einmal Mose durfte Kanaan betreten, weil er ebenfalls ungehorsam gewesen war.

Wo befindest du dich auf deinem Glaubensweg?

29. OKTOBER

Doch als die Priester, die die Lade trugen, an den Jordan kamen und vom Ufer ins Wasser traten, begann sich der Fluss bei der Stadt namens Adam, gegenüber von Zaretan, stromaufwärts zu stauen. Das Wasser blieb wie ein Damm stehen. Unterhalb der Staustelle floss es weiter ins Tote Meer, bis das Flussbett schließlich trocken war. In der Nähe von Jericho überquerte das Volk nun den Fluss.

Josua 3,15-16

Wenn wir ins Verheißene Land einziehen wollen, müssen wir vorher den Jordan überqueren. Erst als die Ältesten die Bundeslade bis zur Mitte des Flusses getragen hatten, staute sich das Wasser. Das war ein gewaltiger Glaubensakt, der viel von den Beteiligten forderte. Und das Wunder geschah. Der obere Teil des Jordans stand still und die Israeliten konnten den Fluss problemlos überqueren.

Oft müssen wir erst einen Schritt wagen, bevor wir die Wunder Gottes erleben. Der Segen, den Gott für uns hat, muss erobert werden, indem wir ihm und seinem Wort gehorchen. Wenn wir nicht mehr aus unserer Kraft, sondern aus der Kraft Gottes leben, nicht mehr aus unserer Weisheit, sondern aus Gottes Weisheit, nicht mehr auf Basis unserer guten Ideen, sondern im Gehorsam gegenüber den Anweisungen Gottes, werden wir aus dem Staunen nicht herauskommen!

30. OKTOBER

Haltet die Ehe in Ehren und bleibt einander treu!

Hebräer 13,4a

Was sollte man über die Ehe wissen?

Die Ehe ist die einzige Schule, in der man ein Zertifikat bekommt, bevor man anfängt. Man lernt lebenslänglich und hat keine Pausen oder Ferien. Jeden Tag besucht man sie aufs Neue und es ist nicht erlaubt, »abzubrechen«.

Und diese Schule ist gegründet von Gott –

- auf dem Fundament der Liebe,
- die Wände sind Vertrauen,
- die Türen sind aus Annahme gemacht,
- die Fenster bestehen aus Verstehen,
- die Einrichtung besteht aus Segnungen,
- das Dach aus Glauben.
- Man sollte immer wieder daran denken, dass man hier immer Schüler bleibt und niemals Rektor wird. Denn das ist Gott.

Auch in stürmischen Zeiten sollte man weise bleiben und nicht davonrennen, denn man kann darauf vertrauen, dass diese Schule der sicherste Platz ist. Niemals sollte man schlafen gehen, bevor nicht die Hausaufgaben erledigt sind. Das Wichtigste ist die Kommunikation mit dem Mitschüler sowie dem Rektor. Auch der Mitschüler, also der Partner, ist nur ein Student und hat seine Ausbildung noch nicht abgeschlossen. Mit ihm zusammen kann man die Herausforderung annehmen und gemeinsam an allen Aufgaben arbeiten.

31. OKTOBER

Deshalb sage ich noch einmal, dass jeder Ehemann seine Frau so lieben soll, wie er sich selbst liebt, und dass die Ehefrau ihren Mann achten und respektieren soll.

Epheser 5,33

Das wichtigste Buch in der Schule der Ehe ist das Wort Gottes. Es ist sehr ratsam, jeden Tag gemeinsam mit Bibellesen zu beginnen und zu beenden.

Manchmal hat man vielleicht keine Lust dazu, das Studium fortzuführen; man ist versucht aufzuhören. Doch man sollte unbedingt weitermachen. Manche Tests sind sehr schwierig, aber der Rektor weiß, wie viel er seinen Schülern zumuten kann.

Die Schule der Ehe ist eine der besten Schulen auf Erden, denn Freude, Frieden und Glückseligkeit begleiten die Lektionen des Tages. Obwohl es ihrer viele gibt, ist die Liebe doch die wichtigste. Geliebt zu werden ist sehr gut und wunderbar, aber lieben zu lernen ist das größte Privileg von allen.

NOVEMBER

1. NOVEMBER

Wie dankbar bin ich Christus Jesus, unserem Herrn, der mich stark gemacht, als vertrauenswürdig erachtet und zu seinem Dienst berufen hat.

1. Timotheus 1,12

Gott macht keine Fehler – das hat mein lieber Herbert, der schon vor zwanzig Jahren heimgerufen wurde, immer wieder zu mir gesagt und davon bin ich bis heute fest überzeugt.

Herbert war fünfzehn Jahre älter als ich. Als er starb, war er 69 und ich 54 Jahre alt. Er sagte mir kurz vor seinem Tod: »Maria, du schaust auf Jesus und machst weiter. Der Herr wird dir starke Männer und Frauen zur Seite stellen. Mein Leben ist erfüllt. Ich habe alles von Gott bekommen, was ich mir je gewünscht habe. Und vergiss nie: Gott ist immer gut; er macht keine Fehler. Er ist der Schöpfer und wir sind die Geschöpfe.«

Das hat sich tief in mein Herz gegraben … Gott ist gut und er macht keine Fehler. Heute, zwanzig Jahre später, kann ich nur staunen, welch gute Pläne der Herr für mich hatte und wie wunderbar sich mein Leben im Reich Gottes entfalten darf. Ich bin schon oft so tief von der Liebe Gottes berührt worden, dass ich aus Dankbarkeit nur weinen konnte. Es kommt immer auf den richtigen Blick und die richtige Einstellung an.

2. NOVEMBER

Also gibt es jetzt für die, die zu Christus Jesus gehören, keine Verurteilung mehr. Denn die Macht des Geistes, der Leben gibt, hat dich durch Christus Jesus von der Macht der Sünde befreit, die zum Tod führt.

Römer 8,1-2

Wenn diese Worte des Lebens wirklich in unserem Herzen mit Glauben vermischt werden, dann sollten wir den ganzen Tag dankend und strahlend durch die Gegend marschieren. Es gibt keine Verdammnis mehr für die, die in Christus Jesus sind! Welch ein Privileg, welch eine Zusage, welche Gnade, welch unverdiente Liebe!

Wie sehr versucht doch der Feind immer wieder, uns gerade auf diesem Gebiet mit Angst und Furcht vor Strafe zu peinigen. Wenn ich dich in ein feines Restaurant als meinen Gast ausführe und alles bezahlen will, du dann aber ständig darauf bestehst, deine Rechnung selbst zu übernehmen, würde mich das kränken. Der Kellner, der das mitbekommt, würde sich bestimmt darüber wundern, warum du meine Einladung nicht annehmen willst. Genauso kränken wir Gott, wenn wir ihm nicht glauben, sondern immer noch selbst bezahlen wollen.

Fang an, den Herrn zu loben und zu preisen für dieses unwahrscheinliche Geschenk der vollen Vergebung!

3. NOVEMBER

Ich habe dich schon immer geliebt. Deshalb habe ich dir meine Zuneigung so lange bewahrt.

Jeremia 31,3b

Glaube Gott, seiner Liebe und seinem Wort mehr als all den Gefühlen in deinem Herzen, all den negativen Erfahrungen deines Lebens, die dir etwas anderes einflüstern wollen.

Du bist in Gottes Ebenbild geschaffen und es ist dein Auftrag, ihm immer ähnlicher zu werden. Du bist dazu da, ihn auf dieser Welt widerzuspiegeln. Und du bist gemacht für Liebe und Leben, Kraft und Fülle, Erfolg und Fortschritt, Fruchtbarkeit und Würde, Einfluss und Göttlichkeit.

Lass seine Worte reichlich in dir wohnen und bleib in permanenter Herzensverbindung mit ihm. Dann wirst du von Kraft zu Kraft gehen und Stück für Stück die Veränderungen sehen, die du in deinem Leben brauchst, um frei zu werden und das zu sein und zu werden, wovon Gott schon immer geträumt hat.

Wenn du immer mehr ergreifst, wer du in Gott bist und danach lebst, werden sich Probleme lösen, Angst und Sorge verschwinden und sich Unsicherheiten und Schuldgefühle auflösen.

Bist du bereit für die Veränderung in deinem Leben, nach der du dich so sehnst? Sprich mit Gott und bekunde deine Bereitschaft! Er wartet darauf, dich segnen zu können!

4. NOVEMBER

Wenn keine Offenbarung da ist, verwildert ein Volk.

Sprüche 29,18a (ELB)

Die Bibel sagt uns klar, dass Menschen ohne Vision ihr Ziel verfehlen. Wir brauchen eine Offenbarung Gottes, um zu erkennen, wer wir sind und wozu wir bestimmt sind.

Die größte Tragödie im Leben ist nicht der Tod, sondern ein Leben ohne Sinn. Viele Menschen streben danach, länger zu leben, ohne zu wissen, wofür. Ihr Potenzial wird nie freigesetzt und ihre Träume bleiben unerfüllt.

Früher wurde ich jedes Mal traurig und bedrückt, wenn ich einen Friedhof besuchte. Als mir das auffiel und ich den Herrn danach fragte, meinte eine leise Stimme in mir, dass ich all das Potenzial und die Talente derer wahrnahm, die hier begraben lagen, die allerdings nie zum Segen für andere geworden sind. Welch traurige Bilanz!

Daraufhin habe ich für mich entschieden: Ich will ganz leer in die Ewigkeit abberufen werden, weil das bedeutet, dass ich alles hier auf Erden eingesetzt und verschenkt habe.

Wie sieht es in deinem Herzen aus? Willst du leer oder voller ungenutztem Potenzial in die Ewigkeit gehen?

5. NOVEMBER

Denn das Lamm, das in der Mitte auf dem Thron ist, wird ihr Hirte sein und für sie sorgen. Es wird sie zu den Quellen führen, aus denen das Wasser des Lebens strömt. Und Gott wird alle ihre Tränen abwischen.

Offenbarung 7,17

Vor Jahren war bei einem unserer Seminare eine erfolgreiche Geschäftsfrau, die während der Predigt bitterlich weinte. Ich ging im Anschluss zu ihr und fragte sie, was los war. Doch sie schluchzte und schluchzte nur. Schließlich erzählte sie mir, dass sie Jesus vor sich stehen sehe. Er strecke ihr die Hand entgegen und bitte sie, vom Thron ihres Herzen herabzusteigen, sodass er Platz nehmen könne. Sie zitterte am ganzen Körper und sagte immer nur: »Ich verliere die Kontrolle, ich verliere die Kontrolle! Wenn ich heruntersteige, kann er mit mir machen, was er will!«

Letztendlich hat sie sich dem Willen Jesu untergeordnet, ist heruntergestiegen und stellte sich neben den Thron. Sie sah, wie Jesus hinaufstieg und den Thron ihres Herzens einnahm. Kurz darauf winkte er ihr und lud sie ein, zu ihm zu kommen. Er machte ihr Platz, damit sie neben ihm sitzen konnte. Der Besitzwechsel hatte stattgefunden und Jesus hat für immer den ersten Platz bekommen.

Der Friede Gottes, der alles menschliche Verstehen übersteigt, kam in ihr Herz. Sie war ein neuer Mensch, frei davon, immerzu getrieben zu sein und sich durchsetzen und beweisen zu müssen. Willst du Jesus auf den Thron deines Herzens lassen?

6. NOVEMBER

Wenn ihr also das kleinste Gebot brecht und andere dazu ermuntert, dasselbe zu tun, werdet ihr auch die Geringsten im Himmelreich sein. Dagegen wird jeder, der die Gesetze Gottes befolgt und sie anderen erklärt, im Himmelreich groß sein. Aber ich warne euch – nur wenn eure Gerechtigkeit die der Schriftgelehrten und Pharisäer weit übertrifft, dürft ihr ins Himmelreich hinein.

Matthäus 5,19-20

Größe im Reich Gottes wird gemessen an unserem Gehorsam dem Wort Gottes gegenüber. Da könnte man annehmen, dass die Pharisäer, die das Gesetz Gottes besser kannten als irgendjemand sonst, das Leben führten, das Gott am besten gefiel. Aber dem war nicht so, denn sie waren religiös. Sie wollten sich das Reich Gottes durch ihre eigene Anstrengung verdienen. Sie glaubten, dass sie sich das Wohlwollen Gottes durch die strikte Einhaltung aller Gesetze verdienen konnten. Letztlich waren die Pharisäer nie im Einklang mit dem Herzen Gottes, nie unter der Führung seines Heiligen Geistes.

Jesus kam nicht, um eine neue Religion zu bringen, sondern um uns die gute Nachricht zu vermitteln, dass das Reich Gottes auf die Erde gekommen ist. Es geht nicht um Selbstgerechtigkeit, sondern um die Gerechtigkeit Gottes, die ein Geschenk ist. Aus Liebe und Dankbarkeit zum Vater stellen wir uns unter seine Ordnungen und gehorchen den Anweisungen des Wortes Gottes durch den Heiligen Geist – nicht um geliebt und gesegnet zu werden, sondern weil wir geliebt und gesegnet sind.

2. Timotheus 3,5 warnt uns: »Sie werden so tun, als seien sie fromm, doch die Kraft Gottes, die sie verändern könnte, werden sie ablehnen. Von solchen Leuten halte dich fern!«

7. NOVEMBER

Was mich betrifft, hat Gott alles Böse, das ihr geplant habt, zum Guten gewendet. Auf diese Weise wollte er das Leben vieler Menschen retten.

1. Mose 50,20

Wenn wir das Leben von Josef betrachten, dann erkennen wir, wie unser Vater in seiner Weisheit Prüfungen in unserem Leben zulässt, um uns auf unsere Berufung vorzubereiten. (Die ganze spannende Geschichte von Josef findest du in 1. Mose 37-50.) Der Vater erzieht uns durch die Umstände in unserem Leben.

Je größer deine Berufung ist, umso größer sind die Prüfungen. Auch im normalen Leben hat ein Arzt viel mehr Prüfungen zu bestehen als ein Verkäufer.

Eines habe ich mittlerweile erkennen dürfen: Gott weiß genau, was er uns zumuten kann, um unseren Charakter zu formen und Charisma und Charakter in Einklang zu bringen. Gott möchte uns ganz viel anvertrauen, ohne dass wir unter der Last der Verantwortung zusammenbrechen. Vertrauen wir ihm, ganz gleich wie schwer die Zeiten sind, die wir durchmachen?

8. NOVEMBER

Demut und Ehrfurcht vor dem Herrn führen zu Reichtum, Ehre und Leben.

Sprüche 22,4

In diesem Wort Gottes erkennen wir, dass es bestimmte Bedingungen für den Segen Gottes gibt – Demut und Ehrfurcht vor dem Herrn.

Wir leben in einer Zeit, in der Autorität immer wieder infrage gestellt wird. Man will nur das tun, was man auch versteht und selbst einsieht – gegen alles andere wehrt man sich. Ein König ist jedoch eine Autoritätsperson, die zu respektieren ist. Erst wenn wir zu dieser Herzensehrfurcht vor Gott gefunden haben, kann Gott ungehindert in unserem Leben wirken und uns segnen.

David, ein Mann nach dem Herzen Gottes, sagt uns: »Durch deine Liebe darf ich in dein Haus kommen, voll Ehrfurcht bete ich dich in deinem heiligen Tempel an« (Psalm 5,8).

Lerne in der Ehrfurcht vor Gott und dem Reichtum dieser Wahrheit zu leben, dann wirst du keinen Mangel haben: »Fürchtet den Herrn, ihr seine Heiligen! Denn keinen Mangel haben die, die ihn fürchten« (Psalm 34,10;ELB).

9. NOVEMBER

Der Herr hat gesagt: »Dieses Volk sucht meine Nähe nur mit dem Mund und ehrt mich nur mit Lippenbekenntnissen. In seinem Herzen aber hält es einen weiten Abstand von mir. Seine Furcht vor mir erschöpft sich in auswendig gelernten Sprüchen.

Jesaja 29,13

Welch eine Rüge des Herrn! Damit drückt Gott aus, dass wir seine Herrlichkeit auf ein vergängliches, menschliches Maß reduziert haben. Wir beten ein Bild oder eine Vorstellung von Gott an, die wir uns selbst von ihm gemacht haben. Das nennt die Bibel Götzendienst. Wir orientieren uns nicht am Maßstab Gottes, sondern an unserem eigenen!

Wir begegnen diesem Mangel an Ehrerbietung und Respekt schon bei Adam. Er hörte auf die Weisheit der Schlange. Völlig verblendet setzte er Gott auf die menschliche Ebene herab und verlor alles, was der ihm so großzügig im Paradies anvertraut hatte. Sein Versuch, getrennt von Gott selbst Gott zu sein, war zwecklos und sinnlos.

Er verlor die Herrlichkeit Gottes, das Recht zu regieren und zu herrschen, er verlor die tiefe, intime Liebesbeziehung mit Gott. Er war der Lüge des Widersachers aufgesessen.

Welcher Lüge sitzt du in deinem Leben auf? Versuchst du dir etwas zu verschaffen, zu erwerben, was Gott dir freiwillig schenken möchte?

10. NOVEMBER

Erforsche mich, Gott, und erkenne mein Herz, prüfe mich und erkenne meine Gedanken. Zeige mir, wenn ich auf falschen Wegen gehe, und führe mich den Weg zum ewigen Leben.

Psalm 139,23-24

Das Herz ist die Zentrale unseres Lebens. Es bestimmt, wie wir Gott und die Welt sehen.

Viele Jahre lang wollte ich die Menschen um mich herum verändern, damit es mir endlich besser ging. Sie sollten mich nicht länger stören, der Mensch zu sein, der ich eigentlich sein wollte. Bis Gott mir die Frage stellte: »Darf ich mit der Veränderung deines Herzens beginnen?«

Mir war klar, dass dieser Prozess tief unter die Haut gehen würde. Und so war es auch! Aber die Befreiung und Heilung, die folgten, waren die wunderbarste Offenbarung. In dem Ausmaß, in dem der Herr mein Herz reinigen und verändern konnte, veränderte sich die ganze Welt für mich genau wie mein Gottesbild. Und Gott ist immer noch dran, zu reinigen, zu heilen, zu füllen und zu erfüllen.

Willst du dem Herrn erlauben, auch an deinem Herzen zu arbeiten und dich glückselig zu machen, indem er dein Herz rein macht, sodass du ihn, deinen Gott, erkennst, wie er wirklich ist?

11. NOVEMBER

Nicht ihr habt mich erwählt, ich habe euch erwählt. Ich habe euch dazu berufen, hinzugehen und Frucht zu tragen, die Bestand hat, damit der Vater euch gibt, um was immer ihr ihn in meinem Namen bittet.

Johannes 15,16

Wir sind berufene Botschafter Christi (2. Korinther 5,20). Wir sind Berufene des Königs aller Könige. Nach meiner Beobachtung, lassen sich diese Berufenen in drei Gruppen einteilen:

1. Berufene, durch die Dinge geschehen, weil sie Gott »aufs Wort« gehorchen, ihm allezeit vertrauen und glauben, dass er alles bezahlt, was er anschafft, also anordnet, und auch alles vollendet, was er beginnt.

2. Berufene, die beobachten, was geschieht. Diese Menschen dienen Gott oft in einer beratenden Haltung. Doch er braucht keine Berater, sondern gehorsame Botschafter, die sich zum Dienst melden.

3. Berufene, die sich wundern, was geschieht. Mich überrascht immer, dass die Fußballfans auf den Zuschauertribünen so reagieren, als hätten sie selbst die Tore geschossen. Wir müssen uns auf das »Spielfeld des Reiches Gottes« begeben und selbst ins Tor des Feindes schießen. Niemals sollten wir unterschätzen, was Gott alles tun kann!

In welcher Gruppe erkennst du dich? Und in welcher Gruppe möchtest du sein?

12. NOVEMBER

Als ein Gefangener für den Herrn fordere ich euch deshalb auf, ein Leben zu führen, das eurer Berufung würdig ist, denn ihr seid ja von Gott berufen worden. Seid freundlich und demütig, geduldig im Umgang miteinander. Ertragt einander voller Liebe.

Epheser 4,1-2

Gott gibt uns eine Wahl – er hat Leben und Tod vor uns hingelegt. Du und ich, wir sind frei zu entscheiden, was wir wollen! Er gab uns die Freiheit, das Leben zu wählen.

Unser Leben hier und heute ist die Konsequenz unserer Entscheidungen in der Vergangenheit. Wenn du möchtest, dass dein Leben für Gott zählt und immer mehr in dir vom Leben Jesu Christi bestimmt wird, dann musst du möglicherweise deine Entscheidungen verändern. Du kannst deine Probleme nicht wegbeten, sondern du musst dein Verhalten verändern!

Als wir noch Kinder waren, wurden für uns Entscheidungen getroffen, die manchmal unglückliche Situationen verursacht haben. Doch ganz gleich, wie arm, verletzt und missbraucht unser Leben begonnen hat, wichtig ist, wie es aufhört.

Hast du den Mut, die Verantwortung für dein Leben zu übernehmen und Entscheidungen im Sinne Gottes zu treffen?

13. NOVEMBER

Hab keine Angst und verliere nicht den Mut, denn der Herr selbst wird vor dir hergehen. Er wird bei dir sein. Er wird sich nicht von dir zurückziehen und dich nicht im Stich lassen!

5. Mose 31,8

Gott schickt dich nie allein in eine Situation.

Er geht vor dir her. Er steht neben dir. Er geht hinter dir her. Er lebt in dir.

Ganz gleich, in welcher Situation du dich gerade befindest, sei voller Vertrauen, dass Gott mit dir ist. Das ist unsere Gewissheit, dass Gott allgegenwärtig ist und wir nie alleine sind. Er weiß alles, er sieht alles, er ist größer als alles.

Gott steht nie vor einem Rätsel. Er ist die vollkommene Weisheit, die absolute Wahrheit, der allergrößte und intensivste Liebhaber. Ihn kann nichts überraschen und er hat immer eine Lösung. Er braucht nur unser vollkommenes, ungeteiltes Vertrauen und den Glauben an ihn, der Berge versetzt.

Unser Glaube kann so klein wie ein Senfkorn sein – wenn wir ihn auf Gott setzen, werden seine Größe, Kraft und Herrlichkeit immer greifbarer und erfahrbarer für uns. Denn nicht großen Glauben brauchen wir, sondern Glauben an unseren großen Gott.

14. NOVEMBER

Solange Jesus hier auf der Erde lebte, hat er mit lautem Schreien und unter Tränen seine Gebete und Bitten an den Einen gerichtet, der ihn aus dem Tod befreien konnte. Und weil er große Ehrfurcht hatte vor Gott, wurde er erhört. Obwohl Jesus der Sohn Gottes war, lernte er doch durch sein Leiden, gehorsam zu sein. Auf diese Weise machte Gott ihn vollkommen, und er wurde der Retter für alle, die ihm gehorchen.

Hebräer 5,7-9

»Ich weiß, dass Gott nie mehr von mir verlangen wird, als ich ertragen kann. Ich würde mir nur wünschen, er würde mir nicht gar so viel zutrauen«, sagte Mutter Teresa. Wenn ich diese Worte lese, dann muss ich schmunzeln, denn das waren auch oft schon meine Gedanken.

Dazu fällt mir die Geschichte von einem Pferdebesitzer ein, der sein junges, sehr talentiertes Pferd zu einem bekannten Pferdetrainer brachte, um es zu Höchstleistungen zu bringen. Er liebte es sehr und wollte nur das Beste für es.

Der Trainer übernahm das Tier, aber der Besitzer wollte dabei bleiben und zuschauen, wie er mit seinem Pferd arbeitete. Der Trainer war jedoch weise und riet dem Besitzer, dass er ihm das Pferd überlassen solle. Er würde verständigt werden, sobald die Trainingszeit abgeschlossen war. Das Pferd müsse jetzt Prozesse durchmachen, die seinen Willen brachen.

Mit anderen Worten musste das Pferd lernen, dem Willen des Trainers mehr zu vertrauen als seinem eigenen »Pferdeverstand«. Das Pferd erlebte Widerstand und lernte dadurch Gehorsam. Nur so konnte es für Spitzenleistungen trainiert werden.

Gott weiß genau, was in dir und mir steckt, und das ist viel mehr, als wir uns zumuten. Selbst Jesus Christus erfuhr das während seines Menschseins auf Erden.

Hattest du auch schon einmal das Gefühl, Gott würde dir mehr zutrauen, als dir lieb ist?

15. NOVEMBER

Auf seinem Weg nach Jerusalem gelangte Jesus an die Grenze zwischen Galiläa und Samaria. Als er dort in ein Dorf kam, standen in einiger Entfernung zehn Aussätzige und riefen: »Jesus, Meister, hab Mitleid mit uns!« Er sah sie an und sagte: »Geht und zeigt euch den Priestern.« Und während sie gingen, verschwand ihr Aussatz. Einer von ihnen kam, als er es merkte, zu Jesus zurück und rief: »Dank sei Gott, ich bin geheilt!« Und er fiel vor Jesus nieder und dankte ihm. Dieser Mann war ein Samariter. Jesus fragte: »Sind nicht zehn Menschen geheilt worden? Wo sind die anderen neun? Kehrt nur dieser Fremde zurück, um Gott die Ehre zu geben?« Und er sagte zu dem Mann: »Steh auf und geh. Dein Glaube hat dich gerettet.«

Lukas 17,11-19

An der Geschichte der Heilung der zehn Aussätzigen sehen wir, dass viele, die umsonst empfangen, nicht mit Dankbarkeit reagieren. Die Zahl derer, die zu Jesus zurückkam, ist bejammernswert – ein einziger! Dabei führt erst die Dankbarkeit zur Reinheit, zum wahren Heil-Werden. Und wie reagieren wir?

Umsonst zu empfangen ist allerdings nicht das Ende, sondern der Anfang. Es geht um ein gehorsames, dankbares Herz. Der gesetzliche oder religiöse Mensch ist diszipliniert, um sich etwas von Gott zu verdienen; dabei vertraut er auf seine eigene Hingabe. Der Mensch der Gnade hingegen, der wahrhaft Gläubige, gehorcht aus Liebe und Dankbarkeit, weil er schon empfangen hat. Wenn wir nur gehorchen, um etwas von Gott zu bekommen, nennt Gott das Selbstgerechtigkeit. Stolz stinkt vor Gott. Wir beten und gehorchen, weil sich Jesus Christus, der Anfänger und Vollender, uns geoffenbart hat. Alles, worauf wir unser Vertrauen setzen, abgesehen von Jesus Christus und seinem vollendeten Werk am Kreuz, wird uns zum Stein des Falles.

Worauf setzt du dein ganzes Vertrauen?

16. NOVEMBER

Verweigere keinem die nötige Hilfe, wenn es in deiner Macht steht. Wenn du deinem Nächsten sofort helfen kannst, dann sag nicht: »Komm morgen wieder, dann werde ich dir helfen.« Plane nichts Böses gegen deinen Nächsten, denn er vertraut dir. Klage niemanden an, der dir nichts getan hat. Beneide den nicht, der sein Ziel mit Gewalt erreicht, und nimm ihn dir nicht zum Vorbild. Denn der Herr verabscheut die, die sich von ihm abwenden, den Gottesfürchtigen aber schenkt er seine Freundschaft. Der Fluch des Herrn liegt auf dem Haus des Gottlosen, aber die Wohnung der gerechten Menschen segnet er. Der Herr verspottet die Spötter, den Demütigen aber schenkt er Gnade. Die Weisen erlangen Ehre, die Narren aber nur Schande!

Sprüche 3,27-35

Wir brauchen Weisheit in den verschiedenen Situationen unseres Lebens. Dietrich Bonhoeffer, ein Mann Gottes, der im Gefängnis war und von den Nazis umgebracht wurde, schrieb dazu: »Weisheit ist etwas anderes als Wissen und Verstand und Lebenserfahrung. Wissen ist menschlich, aber Weisheit ist göttlich. Weisheit ist das Geschenk, den Willen Gottes in den konkreten Aufgaben des Lebens zu erkennen.«[5]

---

5 Illegale Theologenausbildung: Finkenwalde 1935–1937, DBW Band 14, Seite 868.

Wir dürfen um Weisheit beten und Gott wird uns seine Sicht der Dinge in jeder Lebenssituation schenken. Bleib nur immer eng mit ihm und seinem Wort verbunden.

17. NOVEMBER

Jakob ließ sich im Land Kanaan, in dem schon sein Vater gelebt hatte, nieder. Dies ist die Geschichte von Jakob und seiner Familie. Josef war 17 Jahre alt. Er hütete häufig gemeinsam mit seinen Halbbrüdern, den Söhnen von Bilha und Silpa, die väterlichen Schaf- und Ziegenherden. Doch Josef hinterbrachte es seinem Vater, wenn sie etwas Schlechtes taten. Jakob liebte Josef mehr als seine anderen Söhne, weil er ihm erst im Alter geboren worden war. Deshalb ließ er Josef eines Tages ein prächtiges Gewand machen. Seine Brüder hassten Josef, weil sie merkten, dass ihr Vater ihn lieber hatte als sie, und redeten kein freundliches Wort mehr mit ihm.

1. Mose 37,1-4

Eines der besten Beispiele aus der Bibel von einem Mann mit einem hohen persönlichen moralischen Maßstab ist Josef. Er war ein junger Träumer, verpetzte seine Brüder des Öfteren und wurde deshalb von ihnen gehasst. Außerdem wurde er sehr von seinem Vater geliebt, doch das reizte ihre Eifersucht und ihren Zorn umso mehr.

Josef war anders als seine Brüder. Er war erst siebzehn Jahre; gerade in diesen Alter ist es schwer, dem Gruppendruck zu widerstehen. Doch große Männer und Frauen müssen lernen, Konflikte anzugehen und den Stier bei den Hörnern zu packen! Eine Leitungsperson, die dem Gruppendruck nichts entgegensetzen kann, ist zum Scheitern verurteilt.

Wichtig auf dem Weg in die Berufung Gottes ist es, sich von geistlichen Vorbildern, einem Mentor leiten zu lassen. Wenn wir uns das Leben Josefs anschauen, sehen wir, dass er viel Zeit mit seinem Vater verbrachte. Auch Mose hatte einen väterlichen Freund, seinen Schwiegervater Jitro, der ihm gute Ratschläge erteilte.

»Bemuttert« oder »bevatert« zu werden, hilft uns dabei, einen festen Charakter zu entwickeln. Mentoren verringern die Reifezeit in allen Lebensbereichen. Suche dir deshalb Menschen, deren Leitung du dich von Herzen unterstellen kannst, und lass dich leiten. Ein natürlicher oder geistlicher Vater stiftet einen Sinn für Sicherheit und Geborgenheit, sowohl spirituell als auch physisch. Er fördert Stabilität und Charakter.

Bete, dass der Heilige Geist dir zeigt, wem du dich zu deinem Schutz und zu seiner Führung freiwillig unterstellen kannst, und dann bitte diese Person, diese wichtige Aufgabe für dich zu übernehmen.

18. NOVEMBER

Ein Mensch kann viele Pläne schmieden, doch der Wille des Herrn wird sich erfüllen.

Sprüche 19,21

Träume den Traum, den Gott für dich hat! Jeder von uns hat Gaben und Talente. Wenn wir sie täglich einsetzen, werden wir selbst und andere dadurch gesegnet werden. Sei nicht neidisch auf das, was andere gut können. Segne sie und bitte sie, dir die Hand aufzulegen und die gleiche Gabe in dir freizusetzen, die du bei ihnen als so segensreich empfindest.

Arbeite sorgfältig und fleißig und mach alles zur Ehre Gottes. Wahrer Erfolg, echte Fruchtbarkeit, besteht zu einem Prozent aus Inspiration und zu 99 Prozent aus Transpiration!

Wenn wir das Leben von Josef in der Bibel betrachten, dann können wir viel von seinem Verhalten lernen. Er hielt sein Herz rein und konnte deshalb göttliche Träume empfangen. Entwickle gottgemäße Maßstäbe und bleib eng mit deinem Herrn verbunden, sodass dein Herz ebenso göttliche Träume empfangen kann. Gott erschuf uns für einen herrlichen Zweck und mit einem wundervollen Plan in seinem Geist.

Ich bat den Herrn schon in sehr jungen Kindheitsjahren, mich nicht sterben zu lassen, bevor ich nicht den Traum lebe, den er für mich träumt. Es hat sich gelohnt zu warten!

19. NOVEMBER

Der Herr half Josef und ließ ihm alles gelingen, während er im Haus seines ägyptischen Herrn arbeitete. Potifar bemerkte, dass der Herr mit Josef war und ihm in allem, was er unternahm, Erfolg schenkte. Deshalb fand er seine Gunst und wurde Potifars persönlicher Diener. Schon bald übertrug Potifar Josef die Aufsicht über sein Haus und die Verwaltung seines gesamten Besitzes. Von jenem Tag an segnete der Herr Potifar um Josefs willen. Alle Arbeiten im Haus gelangen, die Ernte fiel gut aus und sein Viehbestand vergrößerte sich ständig. Deshalb gab Potifar Josef Vollmacht über seinen ganzen Besitz. Er kümmerte sich in seinem Haus um nichts mehr, außer um sein eigenes Essen.

1. Mose 39,2-6a

Wir sehen, dass der Herr Josef absolute Gunst geschenkt hat; an Gottes Segen ist alles gelegen. Josef hatte ein dienendes Herz und sehr fleißige Hände. Er war von Herzen demütig und hatte Ehrfurcht vor Gott.

Josef war ein Mann, der absolut treu war, und zwar in allem, was ihm anvertraut wurde. Das hat Gott sehr gefallen, denn wenn wir mit dem uns anvertrauten Gut treu umgehen und ehrlich bleiben, kann er uns immer mehr anvertrauen. Dabei hatte Josef schon so viele Prüfungen hinter sich bringen müssen. Der Schmerz, von den eigenen Geschwistern als Sklave verkauft zu werden, ist nicht vorstellbar. Vom geliebten Sohn des Vaters war er zum Sklaven degradiert. Dennoch wurde er nie bitter. Er diente immer, wo er gerade war, von ganzem Herzen und war treu gegenüber Gott und den Menschen. Doch die größte Prüfung stand Josef noch bevor …

Je größer unsere Berufung im Reich Gottes ist, umso größer und schwieriger werden die Prüfungen sein.

20. NOVEMBER

Josef war ein gut aussehender junger Mann. Daher fing Potifars Frau an, ihn zu begehren und forderte ihn auf, mit ihr zu schlafen. Doch Josef weigerte sich. »Mein Herr vertraut mir in allem, was sein Hauswesen betrifft. Er hat in diesem Haus nicht mehr Macht als ich! Er hat mir nichts vorenthalten außer dir, denn du bist seine Frau. Wie könnte ich so etwas tun? Es wäre eine große Sünde gegen Gott.« Obwohl sie ihn Tag für Tag bedrängte, weigerte er sich, mit ihr zu schlafen. Eines Tages jedoch war keiner der anderen Sklaven da, während er seiner Arbeit im Haus nachging. Da packte sie ihn an seinem Gewand und verlangte: »Schlaf mit mir!« Josef riss sich los, ließ sein Gewand in ihrer Hand zurück und floh aus dem Haus. Als sie merkte, dass sie sein Gewand in der Hand hielt, er selbst aber geflohen war, rief sie ihre Diener. »Mein Mann hat diesen hebräischen Sklaven hierher gebracht, der nur seinen Mutwillen mit uns treibt«, sagte sie. »Er wollte mich vergewaltigen, ich aber habe laut geschrien. Da rannte er davon, doch sein Gewand ließ er bei mir zurück.« Sie ließ das Gewand neben sich liegen. Und als ihr Mann am Abend nach Hause kam, erzählte sie ihm dieselbe Geschichte. »Dieser hebräische Sklave, den du ins Haus gebracht hast, wollte mich zum Gespött machen«, sagte sie. »Nur mein Schreien hat mich gerettet. Er rannte hinaus und ließ sein Gewand bei mir zurück!« Als Potifar das hörte, war er außer sich vor Zorn. Er ließ Josef in das Gefängnis werfen, in dem die Gefangenen des Königs eingesperrt waren.

1. Mose 39,6b–20

Wie würdest du reagieren, wenn du Gott stets treu und gehorsam bist, die richtigen Entscheidungen triffst, und dann mit solchen Konsequenzen wie Josef konfrontiert wirst? Was wären deine Gedanken und Gefühle?

Bevor uns Gott in unsere Berufung führen kann, wird er Prüfungen auf den Gebieten von Autorität, Finanzen und Sexualität zulassen. Josef hat diesen Test voll und ganz zur Ehre Gottes bestanden.

21. NOVEMBER

Er ließ Josef in das Gefängnis werfen, in dem die Gefangenen des Königs eingesperrt waren. Doch der Herr war auch dort mit Josef und sorgte dafür, dass Josef die Gunst des Gefängnisverwalters gewann. Der Verwalter übertrug Josef die Aufsicht über alle anderen Gefangenen und über alles, was im Gefängnis geschah. Der Verwalter musste sich um nichts mehr kümmern. Denn der Herr war mit Josef und ließ alles gelingen, was er tat.

1. Mose 39,20-23

Mit keinem Wort erkennen wir, dass Josef vor Wut und Enttäuschung schäumte und rebellierte, dass er Gottes Handeln hinterfragte oder seinen irdischen Herrn und dessen verführerische Frau verfluchte. Und wiederum lag die Gunst Gottes auf Josef, denn sein Herz war in Einklang mit ihm und er wusste, dass Gott alles, was er zulässt, vorher prüft. Es darf nur dann geschehen, wenn es für uns letztendlich zum großen Segen wird. Denn denen, die Gott lieben, werden alle Dinge zum Besten dienen (Römer 8,28).

Der Oberste des Gefängnisses übergab alle Gefangenen in Josefs Hände und wieder genoss er das volle Vertrauen seiner Vorgesetzten und wurde als Leiter eingesetzt. Was immer er tat, ließ der Herr gelingen. Seine Gunst war mit ihm. Dieselbe Gunst möchte Gott in dein Leben ausgießen.

Bevor mein geliebter Mann Herbert nach nur sechs Jahren Ehe in die Ewigkeit abgerufen wurde, sagte er immer wieder zu mir: »Maria, Gott hat noch große Pläne mit dir. Schau auf Jesus, mach weiter und er wird dir starke Männer und Frauen zur Seite stellen. Aber mach mutig weiter.«

Mein größter Wunsch damals wäre gewesen, mit Herbert zu sterben, aber Gott hatte viel bessere Pläne. Wie dankbar bin ich heute für diese ermahnenden Worte meines Mannes, die mich bis heute durchgetragen und mir den Mut gegeben haben, auf Jesus zu schauen und weiterzumachen. Wie immer deine Situation aussieht, glaube mir, das Beste liegt noch vor dir.

22. NOVEMBER

Sofort schickte der Pharao nach Josef und er wurde schnell aus dem Gefängnis herbeigeholt. Josef ließ sich die Haare schneiden, wechselte seine Kleider und trat vor den Pharao. »Letzte Nacht hatte ich einen Traum«, erzählte der Pharao ihm, »und keiner kann mir sagen, was er bedeutet. Doch ich habe gehört, dass du Träume deuten kannst, deshalb habe ich dich rufen lassen.« »Es steht nicht in meiner Macht, das zu tun, Majestät«, antwortete Josef, »nur Gott kann es. Aber er wird Ihnen sicher etwas Gutes ankündigen.«

1. Mose 41,14-16

Als Josef den Traum des Pharao richtig deutete, kamen seine Prüfungen zu einem Ende. Er wurde zum Zweithöchsten im ganzen Reich erhoben. Josef diente Gott in allen Lebenssituationen und hielt sein Herz rein. Er bestand alle Tests, die ihm gegeben wurden – siegreich, im vollen Vertrauen auf Gott. Er rechnete immer mit der Gnade und dem Wohlwollen seines Herrn.

Gott war allezeit mit Josef. Er lebte sein Leben als Diener in Bescheidenheit und in Heiligkeit, ganz gleich, was es ihn kostete. Er war nie bitter, sondern fand eine immer tiefere und innigere Verbindung zu Gott, seiner einzigen Quelle des Heils.

Gott ist auch allezeit mit dir. Bist du ebenfalls allezeit mit dem Herrn verbunden?

Baue eine tiefe und liebevolle Beziehung zu unserm Herrn Jesus Christus auf. Lies das Wort Gottes täglich, nähre deinen

Geist darin und erneuere dein Denken dadurch. Dann kann dich nichts daran hindern, zu einem einflussreichen Mann Gottes oder zu einer leuchtenden Frau Gottes zu werden.

23. NOVEMBER

Und wir wissen, dass für die, die Gott lieben und nach seinem Willen zu ihm gehören, alles zum Guten führt.

Römer 8,28

Egal, was in deinem Leben geschieht, es hat alles einen Sinn, davon bin ich überzeugt. Auf jedes »Wozu?« gibt es irgendwann einmal eine Antwort. Vielleicht nicht sofort, nicht heute und auch nicht morgen, aber irgendwann. Was uns gestern noch in tiefe Verzweiflung gestürzt hat, in unglaubliche Hoffnungslosigkeit, kann schon morgen den Weg zu etwas Wunderschönem ebnen. Nur wer die Dunkelheit kennengelernt hat, wird auch das Licht zu schätzen wissen, denn in jeder dunklen Stunde leuchtet ein heller Stern.

Wenn wir mit unserer Weisheit am Ende sind, dann fängt Gott an, Wunder zu wirken – wenn wir ihm vertrauen, auf ihn schauen und Dankbarkeit im Herzen bewahren, obwohl wie die Situationen nicht gesucht haben, nicht mögen und nicht verstehen. Danke einfach, und du wirst sehen, wie sich die Hand Gottes zu deinen Gunsten bewegt.

In Momenten der Verzweiflung habe ich schon manchmal zum Herrn gesagt: »Geliebter Herr, es ist spannend, wie du aus dieser Situation noch etwas Gutes hervorbringen kannst, aber du hast es mir verheißen und so vertraue ich dir weiterhin.« Kannst auch du das heute sagen?

24. NOVEMBER

Und Gott segnete sie und sprach zu ihnen: Seid fruchtbar und mehret euch und füllet die Erde und machet sie euch untertan und herrschet über die Fische im Meer und über die Vögel unter dem Himmel und über das Vieh und über alles Getier, das auf Erden kriecht.

1. Mose 1,28 (LUT)

Adam und Eva hatten im Paradies eine innige, intime Liebesbeziehung und herzliche Gemeinschaft mit dem Vater. Sie hatten von Gott volle Autorität, über die Erde und die Schöpfung zu herrschen und zu regieren. Permanent waren sie von der Herrlichkeit Gottes umgeben und genossen das volle Vertrauen des Vaters.

Was hat der Mensch durch den Ungehorsam verloren? Die Herrlichkeit Gottes! Die Liebes- und Vertrauensbeziehung zum Vater wurde gestört. Deshalb hat der Mensch auch das Recht verloren, zu herrschen und zu regieren. Gleichzeitig hat er sich angewöhnt, die Schuld für sein Versagen auf andere abzuladen. Er übernimmt die Verantwortung für sein Handeln nicht mehr.

Seither versuchen Menschen auf allen Kontinenten, zu allen Zeiten das zurückzugewinnen, was sie verloren haben. Spüren auch wir dieses Loch in uns? Wie versuchen wir es zu stopfen?

25. NOVEMBER

Nun aber sehnen sie sich nach einem besseren Vaterland, nämlich dem himmlischen.

Hebräer 11,16 (LUT)

Weil wir das Loch der verlorenen Herrlichkeit Gottes in uns tragen, sind alle Menschen letztlich auf der Suche nach dem Vater. Einzelne haben diese Sehnsucht ausgenutzt und ganze Völker versklavt, indem sie sich selbst zum Vater gemacht haben: Väterchen Stalin, Chauchesku in Rumänien, Mao Zedong …

Auf der Suche nach der verlorenen, innigen Liebesbeziehung zum Vater sind Menschen, die diese Beziehung noch nicht gefunden haben, sehr manipulier- und verführbar.

Erst in der innigen Liebesbeziehung zu Gott, dem Vater, wird diese Sehnsucht gestillt.

Hast du Gott als deinen Vater erlebt?

26. NOVEMBER

Trachtet aber zuerst nach dem Reich Gottes und nach seiner Gerechtigkeit! Und dies alles wird euch hinzugefügt werden.

Matthäus 6,33 (ELB)

Wenn der Herr uns in seinem Wort sagt, dass wir seine Gerechtigkeit suchen sollen (genauso wie sein Reich), dann meint er damit »Gottes Rechtschaffenheit«.

Ein Königreich reflektiert immer das Wesen des Königs. Gerechtigkeit bringt gute Früchte hervor, genauso wie Ungerechtigkeit schlechte Früchte bewirkt, denn was wir säen, werden wir ernten. Wenn Gott sagt, dass wir zuerst seine Gerechtigkeit, also Rechtschaffenheit suchen sollen, dann bedeutet das so viel wie, seine Herrschaft, seine Leiterschaft in dieser Welt anzustreben.

Leider ist das Wort »Herrschaft« heute oft negativ besetzt. Doch wenn Gott uns auffordert, dass wir uns die Erde untertan machen sollen, dann heißt das eigentlich, dass wir der Erde dienen sollen, sie kultivieren, verbessern, nicht ausnützen und nur auf unseren Profit bedacht sein. Damit wir das tatsächlich können, müssen wir zuerst unter Gottes Regentschaft kommen und lernen, über die Lügen in unserem Leben zu herrschen. Ordnen wir uns Gott wirklich unter?

27. NOVEMBER

Denn Gott, der Herr, ist für uns Sonne und Schutz. Er schenkt uns Gnade und Ehre. Der Herr wird denen nichts Gutes vorenthalten, die tun, was recht ist.

Psalm 84,12

Wir sollen im Herzen die Staatsbürgerschaft Gottes suchen. Weder Religion noch Denominationszugehörigkeit noch irgendwelche Logen oder Geheimbünde werden unsere Probleme lösen. Der einzige Weg ist, sich unter das Königreich Gottes auf Erden zu stellen. Dann werden wir erleben, wie uns Gott beschenkt und schützt. Wir werden seinen überfließenden Segen erleben!

28. NOVEMBER

An jedem Tag des Herrn soll jeder von euch so viel Geld beiseitelegen, wie es ihm möglich ist, und für diese Sammlung aufbewahren. Wartet nicht bis zu meiner Ankunft, um dann alles auf einmal einzusammeln.

1. Korinther 16,2

Viele Christen geben nur, wenn sie sich danach »fühlen« oder bei besonderen Umständen. Sie versäumen dadurch, in ihrem kurzen Leben auf Erden ihre materiellen Mittel großzügig für den Herrn einzusetzen.

Mancher mag sich fragen, wie man es richtig macht. Zuerst mach dir immer wieder neu bewusst, dass Jesus Christus dich mit seinem Blut – dem höchsten Preis, der möglich war – erkauft hat und du nicht mehr dir selbst, sondern ihm gehörst. Alles, was wir sind und haben, gehört daher ihm. Wir sind nur Verwalter, aber keine Besitzer von dem, was Gott uns anvertraut hat.

Wir sollten es uns zur Gewohnheit machen, wie Paulus es den Christen empfiehlt, dass wir an jedem ersten Tag der Woche etwas zurücklegen, damit wir sofort bereit sind, wenn sich die Gelegenheit bietet, ein Segen zu sein. Ich persönlich glaube, dass diese Aufforderung des Heiligen Geistes, durch den Mund des Apostels Paulus ausgesprochen, nicht besagt, dass nur bestimmte Leute so handeln sollen, sondern dass jeder danach verfahren sollte – Wohlhabende, Normalverdiener und auch die Geringverdienenden.

Warum betest du nicht? »Herr, alles, was ich habe, ist dein: Gebrauche es, wie es dir gefällt!« Du wirst staunen, welcher Segen und welche Gnade und welch unaussprechliches Glück dieses neue Verhalten in deinem Leben letztlich freisetzen wird!

29. NOVEMBER

Dies aber sage ich: Wer sparsam sät, wird auch sparsam ernten, und wer segensreich sät, wird auch segensreich ernten.

2. Korinther 9,6 (ELB)

Der Bauer, der sparsam sät, wird auch sparsam ernten. Das eine bedingt das andere. Deshalb werden alle, die entsprechend dem Maß ihrer Zeit, Fähigkeit, Gelegenheit und Mittel nur wenig einsetzen (ob geistlich, zeitlich oder materiell), auch nur wenig ernten, sei es in diesem oder im zukünftigen Leben.

Deshalb lasst uns nicht sparsam, sondern reichlich säen! Wer das tut, der wird reichlich ernten, sowohl jetzt als auch in der zukünftigen Welt. Das gilt natürlich nur, wenn das Säen für den Herrn geschieht und nicht aus irdischen Beweggründen, wie etwa um Menschen zu gefallen oder etwas Bestimmtes für sich zu erreichen.

Das ist ganz sicher: Wir werden nichts verlieren, wenn wir als treue Verwalter des Herrn handeln. Sogar ein Trunk frischen Wassers, den wir in seinem Namen reichen, wird uns vergolten werden! Lasst uns nie vergessen, wie kurz dieses Leben im Vergleich zur Ewigkeit ist und wie herrlich und unaussprechlich kostbar die Segnungen sind, die den Gläubigen am Tage Christi erwarten!

Ich lade dich ein, mit mir zu beten: »Herr Jesus Christus, lass mich zu jeder Zeit erkennen, wie ich ein Geber sein kann, und mach mich kreativ in der Disziplin des Gebens. Du lebst in mir und bist der beste Geber der Welt. Wirke durch mich!«

30. NOVEMBER

Wer großzügig gibt, wird dabei immer reicher; wer aber sparsamer ist, als er sein sollte, wird immer ärmer dabei.

Sprüche 11,24

Oft schon habe ich erlebt, dass Kinder Gottes, die sehr großzügig waren und »ausstreuten«, mehr bekamen, als sie gegeben hatten. Viel öfter noch habe ich jedoch erlebt, dass Kinder Gottes mehr gespart haben, als recht ist, und plötzlich unerklärliche und unerwartete Verluste hinnehmen mussten. Das Geld, das sie entgegen dem Willen Gottes für sich selbst behalten wollten, ging ihnen verloren. Damit will ich nicht sagen, dass es falsch ist, überhaupt zu sparen. Mehr sparen, als recht ist, bedeutet für mich, dass man zu wenig gibt im Verhältnis zu dem, was man besitzt.

Seit ich mein ganzes Leben für die Armen in Uganda zur Verfügung gestellt habe, geht es mir so gut, dass ich mich oft fast entschuldigen muss. Da gab mir der Herr das Wort in Sprüche 19,17: »*Wer dem Armen hilft, leiht dem Herrn – und er wird ihm zurückgeben, was er Gutes getan hat!*« Ich kann dieses Wort nur voll und ganz bestätigen, denn ich erfahre es täglich in meinem Leben.

Möge der Herr dir die Gnade schenken, seinen Willen von Herzen zu tun und täglich daran zu denken, dass Gott den fröhlichen Geber liebt!

DEZEMBER

1. DEZEMBER

Doch obwohl die Welt durch ihn geschaffen wurde, erkannte die Welt ihn nicht, als er kam. Er kam in die Welt, die ihm gehört, und sein eigenes Volk nahm ihn nicht auf.

Johannes 1,10-11

Es ist unfassbar und furchtbar traurig, dass derjenige, der das Universum und die ganze Welt, in der wir leben, erschaffen hat, nicht die Ehre erhielt und nicht so empfangen wurde, wie es ihm angemessen gewesen wäre. Noch tragischer ist es, dass er zu seinem eigenen Volk kam – zu seinem Volk, das auf sein Kommen mit großer Freude wartete –, aber es erkannte ihn nicht, als er schließlich kam.

Erkennst du die Gegenwart des Herrn in deinem Leben und ehrst du seine Gegenwart mit Freude und Respekt?

2. DEZEMBER

Die Augen des Herrn blicken über die ganze Erde, um die zu stärken, deren Herzen ganz ihm gehören.

2. Chronik 16,9a

Unsere »Selbstbefreiungsversuche« sind mannigfaltig. Viele Menschen versuchen, durch natürliche Qualitäten von der Nacktheit ihres Lebens abzulenken. Da gibt es die Schönen, die Verführer, die Ästheten, die Starken, die Lüstlinge, die Playboys, die Ironischen, die Clowns, die Arroganten, die Faulen, die Moralisten, die Superedlen, die Gebildeten aus guter Familie.

Andere wieder verstecken sich hinter den Feigenblättern des Machtmenschen, der Launischen, des Agressiven, des Weltverbesserers, des Zynikers, der Gefühllosen, der Stimmungskanone, des Schweigers, des Menschengefälligen, der Liebessüchtigen, des Ausbeuters, der Misstrauischen.

Kannst du dich in einer dieser Kategorien wiederfinden? Überall, wo wir uns auf natürliche Begabungen und Qualifikationen oder auch unsere Masken und Rollen verlassen, sind wir nicht im echten Leben, sondern überleben nur. Doch Gott hat so viel mehr für uns! Gehören unsere Herzen ganz ihm?

3. DEZEMBER

In diesem Augenblick wurden den beiden die Augen geöffnet und sie bemerkten auf einmal, dass sie nackt waren. Deshalb flochten sie Feigenblätter zusammen und machten sich Lendenschurze.

1. Mose 3,7

Unsere Kreativität im Verbergen unserer Nacktheit übertrifft bei Weitem die Kreativität von Adam und Eva. Egal, welcher Taktik wir uns bedienen, wirkt sie auch noch so positiv, wir alle stricken an einem Gewand der Selbstgerechtigkeit, um die darunterliegend Blöße unseres Werts, unserer Bedeutung und unseres Ansehens zu bedecken.

Auch ich war ganz stark in dieser Gruppe »aktiv«. Doch dann hörte ich eines Tages die ernüchternden Worte des Herrn: »Ich will nicht deine guten Werke, ich will dich!« In diesem Moment konnte ich meine Masken fallen lassen. Wie befreiend!

In welchen Bereichen trägst du eine Maske?

4. DEZEMBER

So hat uns Christus also wirklich befreit. Sorgt nun dafür, dass ihr frei bleibt und lasst euch nicht wieder unter das Gesetz versklaven.

Galater 5,1

Wenn alle Mechanismen der »selbst gebastelten Feigenblätter«, die mit Leistung und unseren Werken zu tun haben, versagt haben, wird oft noch der »schwache Weg« gewählt. Man sieht sich dann als krankes, armes, zerschlagenes, zu kurz gekommenes, immer auf der Schattenseite lebendes, missbrauchtes Opfer.

Die Empfindlichen, die Selbstmitleidigen, die eingebildeten Kranken, die Resignierenden und die ständig Beleidigten ziehen ihren Wert daraus, dass sie den anderen abwerten. Sie begegnen ihrer Umgebung mit ständigen impliziten Anklagen. Immer sind die anderen Schuld, nie sie selbst.

Findest du dich in dieser Gruppe wieder?

Eine Frau war bei mir zur Seelsorge. Nach einigen Treffen hatte ich den Eindruck, sie wollte gar nicht aus ihrem »Gefängnis« ausbrechen, deshalb fragte ich, ob sie überhaupt frei werden wolle. Ihre klare Antwort lautete: »Nein, denn dann kümmert sich ja niemand mehr um mich.«

Willst du in die Freiheit kommen, die Jesus dir so teuer am Kreuz erkauft hat?

5. DEZEMBER

Er möchte, dass jeder gerettet wird und die Wahrheit erkennt. Denn es gibt nur einen Gott und nur einen Vermittler zwischen Gott und den Menschen: Das ist Christus Jesus, der Mensch geworden ist. Er gab sein Leben, um alle Menschen freizukaufen.

1. Timotheus 2,4-6a

Die allerfeinste und raffinierteste Form des Stolzes, der Unabhängigkeit von Gott beherrscht der Religiöse, der durch eigenes, menschliches Bemühen und durch Anstrengung und Verdienste und Beachtung vieler Gesetze und Vorschriften die Brücke zu Gott zu schlagen versucht. Er glaubt zwar, dass es Gott gibt und wir in Beziehung zu ihm treten sollen, aber verlässt sich dabei ganz auf sich. Er ist wie ein Mensch, der permanent Seile in den Himmel wirft und hofft, dass Gott sie endlich fängt.

Doch es sollte so sein: Der Mensch fängt das Seil, das Gott ihm zuwirft, und hängt sich daran. Dieses Seil ist sein Sohn Jesus Christus! In ihm allein finden wir Erlösung und die Befreiung von unseren Masken!

Hängen wir uns fest an Gottes Seil.

6. DEZEMBER

Habe deine Lust am Herrn, so wird er dir geben die Bitte deines Herzens.

Psalm 37,4 (ELB)

Es ist schon pathetisch, auf welchen Gebieten wir uns »Lust« verschaffen, auch wenn das Leid dabei viel größer ist als der Lustgewinn. Auf alle möglichen Arten versuchen wir, das Loch in unserem Herzen zu stopfen und basteln uns unsere Feigenblätter. Nur zu Gott gehen wir in der Regel nicht. Dabei möchte er uns alles geben, was unser Herz sich wünscht!

Der Vers aus Psalm 37,4 stimmt, ich lebe ihn und mein Leben ist in vielerlei Hinsicht »lustig« geworden!

Gehen wir einfach zu Gott!

7. DEZEMBER

»Denn bei Gott ist nichts unmöglich.« Maria antwortete: »Ich bin die Dienerin des Herrn und beuge mich seinem Willen. Möge alles, was du gesagt hast, wahr werden und mir geschehen.« Darauf verließ der Engel sie.

Lukas 1,37-38

Maria war ein gehorsames, Gott ergebenes, tiefgläubiges, demütiges, junges Mädchen. Sie war bereit, Jesus in sich aufzunehmen und ihn wachsen zu lassen, bis er auf die Welt kam.

Man muss sich bewusst machen, dass sie in Gefahr war, gesteinigt zu werden, als sie schwanger wurde, denn sie war zu dieser Zeit nicht verheiratet. Genauso hätte es sein können, dass man sie für verrückt erklärte wegen der Geschichte, die sie zu erzählen hatte. Und es bestand die Möglichkeit, dass sie den Mann verlor, mit dem sie verlobt war. Doch obwohl sie vieles nicht verstand und sicher auch Angst und Bedenken hatte, lobte sie Gott von ganzem Herzen.

Maria erwiderte: »Gelobt sei der Herr! Wie freue ich mich an Gott, meinem Retter! Er hat seiner unbedeutenden Magd Beachtung geschenkt, darum werden mich die Menschen in alle Ewigkeit glücklich preisen. Denn er, der Mächtige, ist heilig, und er hat Großes für mich getan. Seine Barmherzigkeit gilt von Generation zu Generation allen, die ihn ehren. Sein mächtiger Arm vollbringt Wunder! Wie er die Stolzen und Hochmütigen zerstreut! Er hat Fürsten vom Thron gestürzt und niedrig Stehende erhöht. Die Hungrigen hat er mit Gutem gesättigt und die Reichen mit leeren

Händen fortgeschickt. Und nun hat er seinem Diener Israel geholfen! Er hat seine Verheißung nicht vergessen, barmherzig zu sein, wie er es unseren Vorfahren – Abraham und seinen Kindern – immer verheißen hat«.

Lukas 1,46–55

8. DEZEMBER

Seine Mutter bewahrte all diese Dinge in ihrem Herzen.

Lukas 2,51b

Maria bewahrte alle Worte in ihrem Herzen, auch die, die für sie noch keinen Sinn ergaben. Sie achtetet sorgfältig auf alles, was sie mit ihrem Sohn erlebte, und behielt es in Erinnerung. Sie blieb Jesus treu bis zu seinem Tod am Kreuz.

Maria hatte in den Augen der Welt sicherlich nicht viel vorzuweisen. Sie war ein einfaches, junges, unbekanntes Mädchen. Alles, was sie auszeichnete, war ihr Glaube an Gott. Ihr Gehorsam, ihre Demut, ihre Treue und Hingabe an den Herrn. Nachdem sie Jesus geboren hatte, half sie ihm, groß zu werden, und dann verwies sie alle Menschen auf ihn, als sie sagte: *»Tut, was immer er euch befiehlt«* (Johannes 2,5).

Auch wir brauchen nicht viel – es reicht, wenn wir Gott vertrauen, ihm glauben, hinhorchen und gehorchen und ihm unser ganzes Leben uneingeschränkt hingeben! Gott kann mächtige Dinge mit Menschen bewirken, die ihm nicht im Wege stehen. Und noch ein Geheimnis verrate ich dir, das ich erst nach Jahren entdeckte: Wenn du den Willen Gottes zu deinem Willen machst, dann lässt er dich immer deinen Willen durchsetzen!

9. DEZEMBER

Dann stieg Mose mit den beiden steinernen Tafeln in der Hand vom Berg herab. Er wusste aber nicht, dass sein Gesicht leuchtete, weil er mit dem Herrn gesprochen hatte. Als Aaron und die Israeliten das Leuchten auf Moses Gesicht sahen, hatten sie Angst, sich ihm zu nähern.

2. Mose 34,29-30

Wenn du lernst, in der Gegenwart des Herrn zu leben, dann wird dich diese Verbindung verwandeln. Der Heilige Geist wird an deinem inneren Menschen arbeiten und deinen Charakter und dein Verhalten verändern. Du wirst verwandelt werden in das, was du im Geiste betrachtest.

Mose hat von sich weggeschaut, als er in das Antlitz Gottes schaute.

In der Gegenwart Gottes manifestiert sich nicht Stolz, sondern Demut.

In der Gegenwart Gottes manifestiert sich nicht Angst, sondern Glauben.

In der Gegenwart Gottes manifestiert sich nicht Misstrauen, sondern Vertrauen.

In der Gegenwart Gottes wird nicht fleischliches Verhalten offenbar, sondern die Frucht des Heiligen Geistes.

Lies Galater 5,19-26 und bitte Gott, die Frucht seines Geistes in dir reich werden zu lassen.

10. DEZEMBER

Das Himmelreich ist auch vergleichbar mit einem Perlenhändler, der nach kostbaren Perlen Ausschau hielt. Als er eine Perle von großem Wert entdeckte, verkaufte er alles, was er besaß, und kaufte die Perle!

Matthäus 13,45-46

Jesus hat sich mit der Perle selbst gemeint. Er vergleicht sie mit dem, was jemandem im Leben am wertvollsten ist. Gegenüber allem Schönen auf dieser Erde wird die Gemeinschaft mit ihm als das Wichtigste erkannt. »Alles verkaufen« heißt nicht: alles weggeben und dann anderen zur Last fallen, sondern sein Herz Jesus geben und ihm das ganze Leben schenken.

Der kluge Kaufmann, von dem Jesus hier spricht, war ein Fachmann. Er wusste genau, was er wollte; daher suchte er, bis er schließlich eine so einzigartige Perle fand, die nicht nur sein Kennerauge, sondern auch sein Herz befriedigte. Es ging ihm nicht darum, möglichst viele minderwertige Perlen zu besitzen, sondern er suchte nach einer Kostbarkeit von bleibendem Wert. Als er schließlich eine solche fand, schlug sein Herz höher.

Hast du diese »Perle« in deinem Leben gefunden, die dein Herz höher schlagen lässt? Weißt du, dass diese Perle es wert ist, dein ganzes Leben, alles, was du bist und hast, zu investieren?

11. DEZEMBER

Wer Vater oder Mutter mehr liebt als mich, ist es nicht wert, zu mir zu gehören; und wer seinen Sohn oder seine Tochter mehr liebt als mich, der ist es nicht wert, zu mir zu gehören.

Matthäus 10,37

Was ist dir mehr wert als das Reich Gottes?

Der Kaufmann betrachtete die Perle immer wieder und wusste ihren Wert zu schätzen. Doch sie hatte natürlich auch ihren Preis. Sie kostete ihn alles, was er besaß. Alles, was er hatte, musste er einsetzen, damit er sie kaufen und sein Eigen nennen konnte.

Genauso ist es mit Jesus. Wer ihn als sein Eigentum »besitzen« will, muss alles hergeben, was ihm in der Welt mit all ihrer Lust und Sünde lieb geworden ist. Alles wird Jesus untergeordnet, er steht an allererster Stelle.

Jesus wird uns so groß und unentbehrlich werden, dass dem gegenüber sogar die Familienangehörigen zurücktreten. Er, der das ewige Leben gibt, begehrt, der Allergeliebteste von allen zu sein.

Als der Kaufmann die Kostbarkeit der Perle erkannte, schien ihm all das, woran sein Herz bislang hing, als wertloser »Krimskrams«. Wie ist das bei dir?

12. DEZEMBER

Ja, alles andere erscheint mir wertlos, verglichen mit dem unschätzbaren Gewinn, Jesus Christus, meinen Herrn, zu kennen. Ich habe alles andere verloren und betrachte es als Dreck, damit ich Christus habe und mit ihm eins werde. Mein Wunsch ist es, Christus zu erkennen und die mächtige Kraft, die ihn von den Toten auferweckte, am eigenen Leib zu erfahren.

Philipper 3,8-9a.10a.

Auch Paulus erkannte, wie einzigartig die Perle war. Mit deutlichen Worten bezeugte er das den Christen zu Philippi.

Menschen, die wertvollen Schmuck tragen, wollen, dass er von anderen gesehen wird. Genauso ist es im Reich Gottes. Jesus Christus soll in unserem Leben gesehen werden. Jeder soll diese Perle an uns bemerken – sei es der Nachbar, der Freund oder der Geschäftspartner. Freudig bekennen wir, dass Jesus Christus in unserem Leben eine Realität ist.

Hängt die Perlenkette Jesu schon unübersehbar um deinen Hals?

13. DEZEMBER

Er nahm unsere Krankheiten auf sich und trug unsere Schmerzen.

Jesaja 53,4a

Jesus vergleicht sich nicht ohne Grund mit einer Perle, denn zwischen ihm und den Perlen gibt es einige markante Parallelen:

Eine Perle entsteht durch Schmerzen. Ein Sandkorn dringt in das weiche Muschelfleisch ein und verursacht eine Schnittwunde. Weil dieses Quarzkörnchen ein Fremdkörper ist, wird es von flüssigem Perlmutt eingehüllt.

Hat nicht auch Jesus um unseretwillen Schmerzen auf sich genommen? Wurde nicht auch in seine Seite eine Lanze gestochen, als er am Kreuz hing? Doch er reagierte nicht mit Hass oder Ablehnung, sondern hat uns mit seinem göttlichen Perlmutt, also seiner Liebe und Barmherzigkeit, eingehüllt.

Wie reagierst du auf Schmerz und Ablehnung?

14. DEZEMBER

Euer Leben ist wie ein Brief, der in unsere Herzen geschrieben wurde. Jeder kann ihn lesen und erkennen, was wir unter euch getan haben.

2. Korinther 3,2b

Eine Perle ist so kostbar, dass sich ihr Preis pro Millimeter Größe verdoppelt. Außerdem steigt der Wert von Jahr zu Jahr, wie mir ein Juwelier sagte. Und sie soll immer schöner werden, wenn man sie direkt auf der Haut trägt.

Paulus drückt das ähnlich aus, indem er sagt, dass wir ein Brief sind, der von allen Menschen gelesen wird. Hoffentlich ein schöner!

Der große Glaubensmann Franz von Assisi meinte einmal: »Predige Jesus allezeit, in der Familie, beim Essen, beim Arbeiten, in der Freizeit, und wenn es notwendig ist, verwende Worte!«

Dieser Liebesbrief Gottes, der wir berufen sind zu sein, wird von unseren Mitmenschen täglich gelesen. Christus soll nicht nur, sondern er muss sogar in unserem Leben sichtbar sein. Möge das Edle, das Echte, die kostbare Perle Jesus Christus an jedem wiedergeborenen Christen zu sehen sein.

Was lesen deine Mitmenschen heute in dir?

15. DEZEMBER

Meine Kinder, kommt und hört mir zu! Ich will euch lehren, den Herrn ernst zu nehmen. Wollt ihr ein glückliches Leben führen und gute Tage erleben? Dann hütet eure Zunge vor bösen Worten und verbreitet keine Lügen! Wendet euch ab vom Bösen und tut Gutes. Bemüht euch, mit anderen in Frieden zu leben.

Psalm 34,12-15

Halleluja! Glücklich ist der Mensch, der Ehrfurcht hat vor dem Herrn. Ja, glücklich ist, der sich über seine Gebote freut. Ihre Nachkommen werden zu Macht und Ansehen gelangen, die Kinder der Gottesfürchtigen werden gesegnet werden. Sie werden reich werden, und ihre gerechten Taten werden unvergessen bleiben.

Psalm 112,1-3

In der Furcht des Herrn zu leben, heißt, ihm die Ehre in allem zu geben! Wenn wir also unsere Zunge hüten, das Böse hassen, den Geboten Gottes gehorchen, den Frieden suchen und uns nicht auf unseren eigenen Verstand verlassen, sondern seiner Kraft vertrauen (Sprüche 3,5-6), leben wir in der Furcht des Herrn. Und darin liegt das Geheimnis einer erfüllten Lebens!

16. DEZEMBER

Dann sagte Jesus: »Kommt alle her zu mir, die ihr müde seid und schwere Lasten tragt, ich will euch Ruhe schenken. Nehmt mein Joch auf euch. Ich will euch lehren, denn ich bin demütig und freundlich, und eure Seele wird bei mir zur Ruhe kommen. Denn mein Joch passt euch genau, und die Last, die ich euch auflege, ist leicht.«

Matthäus 11,28-30

Ich lebe jetzt schon viele Jahre auf dem Missionsfeld, und da trifft man viele Menschen, die sich zwar als Christen verstehen, aber noch nicht in die von Gott verheißene Ruhe durchgebrochen sind. Wie beim Volk Israel steht und fällt auch bei uns die Erfüllung dieser Verheißung damit, ob wir Gott wirklich glauben und dann danach handeln.

Viele Christen strahlen Unzufriedenheit, Misstrauen, Anklage, Kontrolle, Unruhe etc. aus, obwohl sie schon großen Projekten vorstehen. Immer noch sind sie jedoch ruhelos und unerfüllt. Jesus will uns in das Land seiner Ruhe führen; den Weg dahin kennt nur er. Wir kommen jedoch mit Sicherheit dorthin, wenn wir täglich mit ihm in inniger Herzensverbindung leben und uns von ihm führen lassen, denn er ruft uns zu: *»Doch wenn ihr mit mir verbunden bleibt und meine Worte in euch bleiben, könnt ihr bitten, um was ihr wollt, und es wird euch gewährt werden!«* (Johannes 15,7).

17. DEZEMBER

Glaube, Hoffnung und Liebe, diese drei bleiben. Aber am größten ist die Liebe.

1. Korinther 13,13

Wie siehst du dein Leben? Hast du den Eindruck, dass du deine Prioritäten richtig setzt? Was ist für dich am wichtigsten, was ist dein größtes Ziel?

Gott hat uns als Beziehungswesen geschaffen, mit der Sehnsucht, eine innige Herzensverbindung zu ihm und zu anderen zu haben. Beziehungen genießen deshalb bei ihm die höchste Priorität.

In den Zehn Geboten sehen wir, dass sich die ersten vier mit unserer Beziehung zu Gott auseinandersetzen und die anderen sechs für unsere Beziehungen zu unseren Mitmenschen gegeben wurden. In allen Geboten ist sie der höchste Wert.

Nichts hinterlässt in unserem Leben einen größeren Eindruck als die Liebe. Mutter Teresa hat einmal gesagt: »Es kommt nicht darauf an, was ich tue, sondern mit wie viel Liebe ich es tue.« Die Liebe ist das Geheimnis unseres Lebens, und nichts hinterlässt einen so bleibenden Eindruck wie die Liebe.

Wollen wir uns für ein Leben der Liebe entscheiden?

18. DEZEMBER

Wie echte Liebe aussieht:

Dann wird der König zu denen auf seiner rechten Seite sagen: »Kommt, ihr seid von meinem Vater gesegnet, ihr sollt das Reich Gottes erben, das seit der Erschaffung der Welt auf euch wartet.

Denn ich war hungrig, und ihr habt mir zu essen gegeben. Ich war durstig, und ihr gabt mir zu trinken. Ich war ein Fremder, und ihr habt mich in euer Haus eingeladen. Ich war nackt, und ihr habt mich gekleidet. Ich war krank, und ihr habt mich gepflegt. Ich war im Gefängnis, und ihr habt mich besucht.«

Dann werden diese Gerechten fragen: »Herr, wann haben wir dich jemals hungrig gesehen und dir zu essen gegeben? Wann sahen wir dich durstig und haben dir zu trinken gegeben? Wann warst du ein Fremder und wir haben dir Gastfreundschaft erwiesen? Oder wann warst du nackt und wir haben dich gekleidet? Wann haben wir dich je krank oder im Gefängnis gesehen und haben dich besucht?«

Und der König wird ihnen entgegnen: »Ich versichere euch: Was ihr für einen der Geringsten meiner Brüder und Schwestern getan habt, das habt ihr für mich getan!«

Matthäus 25,34-40

19. DEZEMBER

Die Liebe soll euer höchstes Ziel sein.

1. Korinther 14,1a

Spätestens am Ende unseres Lebens werden wir erkennen, dass letztlich nur Beziehungen wirklich zählen. Als ich am offenen Grab meines geliebten Mannes Herbert stand, wurde mir das sehr deutlich bewusst.

Ich war schon einige Male dabei, als Menschen ihre letzten irdischen Stunden verlebten, aber niemand verlangte seine Diplome, seine Medaillen, ja, nicht einmal seinen Bankkontostand, sondern alle wollten umgeben sein von Menschen, die sie liebten und zu denen sie eine enge Herzensbeziehung hatten. Aus diesem Grund sollten wir rechtzeitig unsere Prioritäten überdenken. Für was leben wir?

20. DEZEMBER

Warum wollt ihr leben wie die Menschen, die Gott nicht kennen und diese Dinge so wichtig nehmen?

Matthäus 6,32a

Ich bin sicher, dass Gott uns in der Ewigkeit nie nach unseren Hobbys, unserer Karriere, unserem Besitz und unseren Leistungen fragen wird. Es wird nicht wichtig sein, was wir für ihn geleistet und getan haben. Und er wird sich nicht dafür interessieren, wie viele geistliche Konferenzen wir besucht oder wie viele fromme Bücher wir gelesen haben.

Sicherlich wird er uns fragen, wie wir mit unseren Mitmenschen umgegangen sind, besonders mit denen, die Hilfe brauchten, schwach und arm waren. Er wird uns fragen, ob wir ihm vertraut, ihm gehorcht und ihm unsere Liebe geschenkt haben.

Was im Leben wirklich zählt, sind unsere Beziehung zu Gott und unsere Beziehungen zu unseren Mitmenschen. Liebe soll unser Miteinander bestimmen.

Wie kann ich heute und an jedem Tag ganz bewusst jemanden mit Liebe überschütten?

21. DEZEMBER

Und du sollst den Herrn, deinen Gott, von ganzem Herzen, von ganzer Seele, mit all deinen Gedanken und all deiner Kraft lieben.

Markus 12,30

Dieses Wort Gottes umfasst unser ganzes Sein. Gott hingegeben zu lieben, heißt, ihm mit größter Leidenschaft zu dienen, ihn in unserem Herzen anzubeten und ihn an die erste Stelle in unserem Leben zu setzen.

Glaube ist nicht in erster Linie eine mentale Sache, sondern eine lebendige, persönliche Liebesbeziehung zu Gott, die unsere Gefühle und Empfindungen mit einschließt. Gott freut sich über unsere spürbare Wertschätzung. Gerne hört er von uns: »Ich liebe dich, Vater, ich danke dir für mein Leben, ich danke dir für deine Gegenwart, ich danke dir, dass du es so gut mit mir meinst. Ich bin so glücklich, dein Kind zu sein und zu wissen, dass du mich liebst wie deinen Sohn Jesus Christus. Ich danke dir, dass du mich erwählt und adoptiert hast und mich nichts mehr aus deiner Liebe reißen kann. Ich bin dein dankbares Kind und vertraue dir mit allem in meinem Leben. Herr Jesus, ich bin dein und du bist mein, und das soll immer so sein.«

Schreib dem himmlischen Vater doch einmal einen Liebesbrief und lass die Worte aus deinem Herzen fließen. Es wird dir sehr wohltun und dich in die Gegenwart Gottes bringen.

22. DEZEMBER

Doch alles, was auch immer ihr tut oder sagt, soll im Namen von Jesus, dem Herrn, geschehen!

Kolosser 3,17

Unser Gott ist ein Gott zum Verlieben! Gott bewusst zu lieben, bedeutet, dass wir ihm unsere ganze Aufmerksamkeit schenken. Unser Denken, unser Wollen, unser Herz, unser Gemüt, unsere gesamte Lebenseinstellung soll geprägt und durchdrungen sein von seiner Liebe.

Ein Gott, der uns für eine intime Liebesbeziehung mit sich selbst bestimmt hat, möchte nicht, dass wir nur mechanisch fromme Regeln befolgen oder rituelle Gebete verrichten. Er will mit uns Gemeinschaft pflegen, eine intime Herzensbeziehung haben, tiefe Herzenskommunikation.

Unser Denken und Wollen wird durch das Lesen des Wortes Gottes geprägt. Es ist der Liebesbrief Gottes an uns; wenn wir täglich Zeit damit verbringen und wenigstens einen Abschnitt konzentriert lesen, den Heiligen Geist um die Erleuchtung unserer Sinne bitten, dann wird uns das sehr helfen, zu lernen, Gott bewusst zu lieben und allezeit mit ihm zu leben.

Bitte den Heiligen Geist, dir zu zeigen, wie du diesen Tag bewusst und ganz praktisch in der Liebe Jesu leben kannst.

23. DEZEMBER

Wir wollen lieben, weil er uns zuerst geliebt hat. Wenn jemand sagt: »Ich liebe Gott«, aber seinen Bruder hasst, dann ist er ein Lügner; denn wer die Menschen nicht liebt, die er doch sieht, wie kann er da Gott lieben, den er nie gesehen hat? Gott selbst hat uns geboten, nicht nur ihn, sondern auch unseren Nächsten zu lieben.

1. Johannes 4,19-21

Bloßes Interesse ist nie ausreichend, wenn es um das Reich Gottes geht. Um eine Aufgabe gut zu erfüllen, braucht es Hingabe und Treue. Diese zwei Eigenschaften werden wir immer wieder dort finden, wo Menschen in ihrem Leben Besonderes geleistet haben.

Gott macht uns mit diesem Wort deutlich, dass Liebe weiter reicht als zu denen, die wir ohnehin mögen. Es braucht Durchhaltevermögen. Auch daran zeigt sich die Qualität echter Liebe. Unsere Beziehung zu Gott steht in einem klaren und engen Zusammenhang zu unserem Umgang mit anderen Menschen.

Manchmal schickt uns Gott in schwierige Situationen, damit unsere Liebe reifen kann, denn das geht nicht ohne Bewährung. Durch Schwierigkeiten wird unser Charakter geprüft, gereinigt, gestärkt und vertieft.

»Herr Jesus Christus, bitte hilf mir, dass ich ein Mensch werde, dessen Leben von Liebe gekennzeichnet ist. Ich möchte anderen nicht oberflächlich begegnen. Zeig mir, wie ich echte, tief gehende Beziehungen aufbauen kann. Ich habe erkannt, dass Liebe das Wichtigste in meinem Leben sein soll. Amen.«

24. DEZEMBER

Maria gebar ihr erstes Kind, einen Sohn. Sie wickelte ihn in Windeln und legte ihn in eine Futterkrippe, weil es im Gasthaus keinen Platz für sie gab.

Lukas 2,7

Ich hatte einen Traum, Josef. Ich verstehe ihn nicht ganz, aber ich denke, es ging um die Geburtstagsfeier für unseren Sohn.

Die Menschen bereiteten sich viele Wochen darauf vor. Sie schmückten ihr Haus und kauften neue Kleidung. Sie gingen oft zum Einkaufen und erstanden erlesene Geschenke. Es war seltsam, denn diese Geschenke waren nicht für unseren Sohn bestimmt. Sie verpackten sie mit wundervollem Papier, banden herrliche Schleifen darum und legten sie unter einen Baum. Ja, unter einen Baum, Josef, direkt in ihrem Haus.

Sie hatten den Baum auch geschmückt. Die Zweige hingen voller glänzender Kugeln und glitzernder Ornamente. Auf die Spitze des Baumes steckten sie eine Figur, die bei manchen wie ein Engel aussah, bei anderen wie ein Stern. Oh, der Baum sah wunderschön aus, Josef.

Jeder freute sich und schien glücklich zu sein. Alle waren sie so aufgeregt wegen der Geschenke. Sie beschenkten sich gegenseitig, doch an unseren Sohn dachten sie nicht. Ich glaube, sie kannten ihn nicht einmal, denn sein Name wurde überhaupt nicht erwähnt. Ist es nicht eigenartig, dass Menschen all diesen Aufwand für einen Geburtstag betreiben, wo sie doch das Geburtstagskind gar nicht kennen? Ich hatte das seltsame Gefühl, dass unser Sohn nur gestört hätte, wäre er zu dieser Feier erschienen. Alles war so wunderschön, Josef, und jeder war so fröhlich, aber ich hätte am liebsten geweint. Wie traurig für unseren Sohn Jesus Christus, dass er nicht zu seiner eigenen Geburtstagfeier eingeladen wurde!

Ich bin froh, dass es nur ein Traum war, Josef. Wie schrecklich, wenn dieser Traum Wirklichkeit wäre![6]

6 Autor unbekannt

25. DEZEMBER

Aber ihr seid anders, denn ihr seid ein auserwähltes Volk. Ihr seid eine königliche Priesterschaft, Gottes heiliges Volk, sein persönliches Eigentum. So seid ihr ein lebendiges Beispiel für die Güte Gottes, denn er hat euch aus der Finsternis in sein wunderbares Licht gerufen.

1. Petrus 2,9

Weißt du eigentlich, dass du adelig bist, ein Priester im Reich Gottes?

Letzte Woche habe ich meiner Tochter ein Plakat an ihre Zimmertüre geheftet, da hieß es: »Ich bin eine Prinzessin, nicht weil ich einen Prinzen habe, sondern weil mein Vater der König aller Könige ist, und er ist mein Gott.«

In der Welt bemühen sich viele Menschen um Positionen und Ansehen. Als Bürger des Reiches Gottes bekommen wir das alles geschenkt, wenn wir nur Gott und seinem Wort vertrauen und glauben. Hier ist die Verheißung Gottes, die für dich gilt. Willst du sie in Anspruch nehmen?

Lob sei ihm, der uns liebt und uns von unseren Sünden befreit hat, indem er sein Blut für uns vergoss. Er hat uns zu seinem Reich und zu seinen Priestern gemacht, um Gott, seinem Vater, zu dienen. Gebt ihm Ehre bis in alle Ewigkeit! Er herrscht für immer und ewig! Amen (Offenbarung 1,5b-6).

26. DEZEMBER

Denkt an Gottes Zusage, die er Abraham gab. Weil Gott bei keinem Größeren schwören konnte, schwor er bei seinem eigenen Namen und sagte: »Ich werde dich reich segnen, und deine Nachkommen sollen zahllos sein.«

Hebräer 6,13-14

Wenn Gott uns etwas verspricht, dann hält er es hundertprozentig. Alle Verheißungen, die er mir in meinem Leben gegeben hat, haben sich erfüllt – auch wenn es manchmal viele Jahre gedauert hat. Gott ist ein segnender, ein gebender Gott, sonst hätte er uns nicht sein Allerliebstes, seinen eingeborenen Sohn geschenkt. Warum sollte er uns dann nicht alles schenken, was wir in diesem Leben brauchen, um seinen Willen zu erfüllen und das zu tun, wozu er uns den Auftrag gibt?

Was ist unser Anteil dabei?

- Lass dich vom Heiligen Geist leiten. Überlass dem himmlischen Vater die Führung deines Lebens.
- Gib acht, dass Anbetung dein Lebensstil ist – auf diese Weise bleibt Gott immer im Zentrum.
- Lass alles los, was du mit Druck erreichen willst. Nur selbstsüchtige Dinge kannst du erzwingen, die wesentlichen Dinge dürfen wir aus Gnade empfangen.
- Sei fleißig und tue das, was du als richtig erkannt hast.
- Halte dich nicht selbst für klug, sondern erlaube der Weisheit Gottes, dich zu überraschen.
- Nur wer ein reines Herz hat, wird Gott schauen. Halte darum jede Bitterkeit von dir fern.

- Mach dich immer wieder von Gott abhängig, werde demütig und respektiere die Heiligkeit Gottes – auf diese Weise bleibst du in seiner Nähe und kannst auch barmherzig mit den Schwächen deiner Mitmenschen umgehen.
- Lass deine Sorgen zu Gebetsanliegen werden und überlass diese Gottes Wirken.
- Hüte deine Zunge davor, durch Tratsch, Lüge, Gehässigkeit und Schärfe andere zu verletzen.
- Komm immer wieder in der Stille vor Gott – bleib in ständiger Verbindung mit ihm!

27. DEZEMBER

Ich will vor Gott bezeugen, dass ihr nicht mehr leben sollt wie Menschen, die Gott nicht kennen und deren Denken ohne Sinn und Ziel ist. Lasst euch stattdessen einen neuen Geist und ein verändertes Denken geben.

Epheser 4,17.23

Wenn ich erkenne, dass ich vom König aller Könige geliebt, gewollt und geschätzt bin, dann werde ich nicht mehr:

- klagen, sondern danken,
- resignieren, sondern erwarten,
- fliehen, sondern warten,
- fordern, sondern geben,
- schimpfen, sondern loben,
- weinen, sondern mich freuen,
- mich sorgen, sondern vertrauen,
- unruhig sein, sondern Frieden im Herzen haben,
- mich als arm sehen, sondern als reich beschenkt,
- jammern, sondern mir meine Segnungen bewusst machen,
- mich einsam fühlen, sondern die Gemeinschaft mit Gott und den Menschen suchen,
- Verlust sehen, sondern Gewinn,
- den Fluch wählen, sondern Segen,
- den Tod wählen, sondern das Leben,
- über Leere klagen, sondern mich über Fülle freuen,
- zweifeln, sondern glauben.

Und das alles in Jesus Christus, unserem Herrn!

28. DEZEMBER

Der Geist des Herrn ruht auf mir, denn er hat mich gesalbt, um den Armen die gute Botschaft zu verkünden. Er hat mich gesandt, Gefangenen zu verkünden, dass sie freigelassen werden, Blinden, dass sie sehen werden, Unterdrückten, dass sie befreit werden und dass die Zeit der Gnade des Herrn gekommen ist.

Lukas 4,18-19

Gott hat seinen Nachfolgern hier auf Erden einen Auftrag gegeben. In vielen Gemeinden finden wir – bewusst oder unbewusst – zwei extreme Auffassungen davon: Entweder ist alles von Gott abhängig oder alles von Menschen. In Wahrheit haben wir denselben Auftrag auf Erden, den Jesus auch hatte, nämlich das Reich Gottes zu suchen. Das können wir in Lukas 10 und Matthäus 10 nachlesen. Weil wir Jesus in allem gleich sind, haben wir Anteil an Gottes Herrlichkeit.

Jesus bestand nicht auf seinem Vorrecht, Gott zu sein. Er verzichtete darauf und wurde rechtlos wie ein Sklave. Er wurde wie jeder andere Mensch geboren und lebte als Mensch unter Menschen. Er erniedrigte sich selbst und war Gott gehorsam bis zum Tod am Kreuz.

Jesus tat Wunder durch die Kraft des Heiligen Geistes. Er war der Erstgeborene seiner Brüder, also von uns Christen, und wir haben die gleiche Stellung wie Jesus vor Gott.

Adam war der erste Mensch, er hatte eine vertraute Verbindung zu Gott und ewiges Leben – biologisch und geistlich gesehen. Jesus war der zweite Adam – ein Mensch wie der erste

Adam, aber in einer sündigen Umwelt. Gott wurde wirklich Mensch und am Ende wie ein Opfertier geschlachtet.

Ist dir das bewusst? Willst du dich in die Armee Gottes einbeziehen lassen, die das Reich Gottes baut und die Werke des Teufels zerstört?

29. DEZEMBER

Bisher kannte ich dich nur vom Hörensagen, doch jetzt habe ich dich mit eigenen Augen gesehen.

Hiob 42,5

Als Hiob anfängt, für seine Feinde zu beten, wendet sich sein Schicksal (Hiob 42,10). Er wird gestärkt, als er Gott mit den Augen seines Herzens erkennt und schaut. Mitten in seinem Unheil und Leid hat er eine tiefe Begegnung mit Gott.

Sein Leid ist noch nicht vorbei, seine Fragen bleiben noch unbeantwortet. Aber Hiob scheint von nun an nicht mehr fragen zu müssen. Die Schau Gottes bringt in ihm etwas zur Ruhe, sie hat seine Fragen »erlöst«, und bald werden aus allen Fragezeichen seines Lebens Ausrufezeichen.

In seinem Herzen bricht eine Ahnung auf, dass es eine Zeit geben wird, in der es nicht mehr lebensgefährlich ist, Gott zu schauen, sondern dass ununterbrochene Gemeinschaft von Angesicht zu Angesicht mit ihm möglich sein wird.

Bitte Gott um diese unmittelbare, direkte Gotteserfahrung. Sie wird dein Leben zum Besten verändern.

30. DEZEMBER

Und unsere Liebe kennt keine Angst, weil die vollkommene Liebe alle Angst vertreibt. Wer noch Angst hat, rechnet mit Strafe, und das zeigt, dass seine Liebe in uns noch nicht vollkommen ist.

1. Johannes 4,17b-18

Hiob wurde durch Prüfungen geläutert. Ich glaube, dass er selbst die Tür für seine »Schicksalsschläge« öffnete: Was ich immer gefürchtet habe, ist eingetreten; wovor ich entsetzt zurückschrak, ist mir zugestoßen (Hiob 3,25).

Angst öffnet dem Feind die Tür in unserem Leben. Glauben hingegen öffnet die Tür für die erfahrbare Liebe Gottes. Wir müssen uns nicht sorgen, denn Gott ist unser Versorger! Er hat Hiob alles um ein Vielfaches zurückerstattet, was er verloren hatte, und er starb alt und lebenssatt.

Strecke dich heute nach der Liebe Gottes aus und lass deine Angst vertreiben!

31. DEZEMBER

Seht, wie viel Liebe unser himmlischer Vater für uns hat, denn er erlaubt, dass wir seine Kinder genannt werden – und das sind wir auch! Meine lieben Freunde, wir sind schon jetzt die Kinder Gottes, und wie wir sein werden, wenn Christus wiederkommt, das können wir uns nicht einmal vorstellen. Aber wir wissen, dass wir bei seiner Wiederkehr sein werden wie er, denn wir werden ihn sehen, wie er wirklich ist. Und jeder, der diese Hoffnung hat, achtet darauf, dass er rein bleibt, so wie Christus rein ist.

1. Johannes 3,1a; 2-3

Wenn wir Gott wirklich erkennen, dann wird ununterbrochen Liebe zwischen ihm und uns fließen. Wir werden voller Leben und Freude sein.

Gott ist schon jetzt in Jesus sichtbar. Wer Jesus nicht kennt, kann Gott nicht sehen. Wer aber Jesus kennt und erkennt, schaut schon jetzt die Herrlichkeit Gottes. Paulus schreibt in 2. Korinther 3,18 von etwas Gegenwärtigem, das nicht erst in der kommenden neuen Welt Gottes geschieht, sondern bereits jetzt, hier und heute, beginnt. Es ist nötig, dass wir hier auf der Erde durch den Heiligen Geist mehr und mehr verwandelt werden. Gott hat uns alle dazu bestimmt, sein Ebenbild, sein Spiegel zu sein. Das ist keinem von uns möglich, wenn wir es aus unserer eigenen Kraft heraus versuchen. Nur durch die Umgestaltung durch den Heiligen Geist wird dieses Ebenbild in uns immer stärker sichtbar. Was wir anschauen, prägt sich so sehr in uns ein, dass wir es schließlich widerspiegeln.

»Gott schauen« kann beispielsweise bedeuten:

- sein Handeln im Herzen empfangen,
- seine Liebe spüren,
- Kraft in seiner Gegenwart tanken,
- seinen Willen erkennen und tun,
- sich durch den Heiligen Geist in den eigenen Werten und im Handeln verändern lassen.

Jesus steht jeden Tag an deiner Herzenstür und klopft an. Lass ihn in alle Situationen hinein und du wirst sehen, wie dein Leben sich verändert (besonders im Rückblick!).

ÜBER DIE AUTORIN

Maria Luise Prean-Bruni mit ihrer Familie im Juni 2016.

Maria Luise Prean-Bruni wurde 1939 in Tirol in Österreich geboren und wuchs in einer katholischen Familie auf. Bereits bei ihrer Erstkommunion, mit 7 Jahren, entschied sie sich, ihr Leben Jesus Christus anzuvertrauen. Ihre Kindheit und Jugend war stark von dem Bedürfnis geprägt, immer ein guter und braver Mensch zu sein und vieles für Gott zu tun. Schon früh kümmerte sie sich um ihre drei jüngeren Geschwister und besuchte – dem Wunsch ihrer Eltern entsprechend – eine Handelsakademie. Hier wurde sie kaufmännisch ausgebildet und machte gleichzeitig die Matura (das Abitur). Es folgte eine dreijährige Festanstellung als Lehrerin für die Fächer Betriebswirtschaft, Stenographie und Maschinenschreiben. Anschließend verbrachte sie ein Jahr in London als Au-pair und legt am Ende dieser Zeit eine Prüfung für das Hauptschullehramt im Fach Englisch ab. Prompt bekam sie eine Stelle in Innsbruck. Je mehr sie allerdings mit den Kindern arbeitete, desto größer wurde ihr Wunsch, selbst Mutter zu sein. So beschloss sie, nach Dornbirn zu ziehen, um dort als SOS-Kinderdorfmutter zu arbeiten. Hier opferte sie sich auf und ging weit über die Grenzen ihrer Kraft hinaus. Erst nach einem schlimmen Zusammenbruch machte sie die Erfahrung, dass Gott am Besten durch sie wirken kann, wenn sie ganz aus seiner Gnade lebt, anstatt aus ihrer eigenen kleinen Kraft.

1972 zog Maria in die USA, wo sie fast 14 Jahre lang lebte und arbeitete. Im Ausland kam sie mit einer neuen, lebendigen Art des christlichen Glaubens in Berührung und lernte Gott auf andere Weise kennen und vertrauen. In Amerika arbeitete sie zunächst als Hotelmanagerin. Später leitete sie ein christliches Buchgeschäft, bevor sie als Sekretärin in einem Seelsorgeausbildungshaus tätig wurde. Während der letzten beiden Jahre ihres USA-Aufenthalts arbeitete sie schließlich als selbstständige Seelsorgerin.

Nach ihrer Rückkehr in die Heimat lernte sie ihren inzwischen verstorbenen Mann Herbert Prean kennen. Als Herbert ein Jahr nach der Hochzeit in den Ruhestand ging, wurden die beiden miteinander missionarisch aktiv und gründeten eine Gemeinde im Zentrum von Innsbruck sowie das Missionswerk »Leben in Jesus Christus«. Später zogen sie nach Imst/Tirol und konnten dort Häuser für Seminare, Vorträge und Schulungen kaufen. Als Herbert im November 1992 an Krebs erkrankte, ermutigte er Maria, dennoch mit der Arbeit des Missionswerks weiterzumachen. Und so leitete sie auch nach dem Tod ihre Mannes weiterhin Seminare und hielt evangelistische und seelsorgerliche Vorträge, um Menschen zu Jesus Christus zu führen.

Im Jahr 1995 reiste sie zum ersten Mal nach Uganda und entdeckte ihre große Liebe zu den Menschen in diesem Land. 2001 war sie wieder zu einer Konferenz im Süden Ugandas eingeladen und fühlte sich im Gebet von Gott angesprochen. Er fragte sie, ob sie ihm vertraue, eine Arbeit in Uganda aufzubauen, um 1000 Kindern eine gute Ausbildung zu ermöglichen. Bewegt reiste Maria zurück nach Europa und besprach diese neue Berufung mit dem Vorstand des bestehenden Missionswerks. Wenig später wurde der Verein »Vision für Afrika« gegründet. Bereits ein Jahr später begann sie, auf einem 65 Hektar großen Landstück Schulen und Waisenhäuser zu bauen.

Inzwischen lebt Maria Prean mehr als die Hälfte des Jahres in Uganda, um sich vor Ort intensiv um die Belange der Kinder kümmern zu können. Der Verein unterstützt 11 000 Kinder, die ersten eigenen Bildungseinrichtungen und Kinderhäuser sind fertiggestellt und das Lachen vieler Kinder erfüllt die Räume. Viele Tausend Sponsoren aus Europa ermöglichen diesen Kindern eine gute Ausbildung, mit der sie die Zukunft des von Kriegen gezeichneten Landes verändern können.

Maria Prean hat drei angenommene Kinder, die Zwillinge Richard und Patrick sowie Angel, die bei ihr lebt, seit sie ein Baby ist. Sie ist im letzten Jahr zweimalige freudige »Schwiegermutter« geworden und in diesem Jahr sehr glückliche »Großmutter«. Kurz vor Drucklegung kam Richard bei einem Autounfall ums Leben. Ihm ist dieses Buch gewidmet.

WIDMUNG

Richard mit Abigail.

Mein geliebter Sohn Richard!

Hieronymus, der große Mann Gottes, der zwischen 331 und 420 lebte, sagte folgende tröstende Worte: »Wir sollen nicht trauern, dass wir die Toten verloren haben, sondern dankbar dafür sein, dass wir sie gehabt haben, ja, auch jetzt noch haben, denn wer heimkehrt zum Herrn, bleibt in der Gemeinschaft der Gottesfamilie und ist uns vorausgegangen.«

Wenn wir nicht zutiefst glauben würden, dass Gott keine Fehler macht, wären wir ohne Hoffnung! Wir sind so dankbar, dass wir dich wenigstens bis zum 30. Geburtstag in unserer Familie haben durften. Obwohl wir sehr schockiert und traurig über deine für uns viel zu frühe Abberufung in die Ewigkeit sind, wissen wir, dass du jetzt in die Herrlichkeit eingetreten bist, von der Gott uns sagte, dass kein Auge gesehen, kein Ohr gehört und kein Verstand erdacht hat, was er denen vorbereitet hat, die ihm bedingungslos vertrauen.

Geliebter Richard, ich widme dir dieses Andachtsbuch, weil du so viel dazu beigetragen hast, dass ich erkennen durfte, wie wertvoll jeder von uns im Herzen und in den Augen Gottes ist.

Als ich dich vor Jahren im Internat der Mittelschule angerufen habe und gefragt habe, wie es dir geht, meintest du nur: »Mama, ich bin äußerst geliebt, besonders bevorzugt und wunderbar gemacht.« Zuerst empfand ich deine Worte als etwas überheblich, aber Gott sei Dank war meine Antwort dann: »Genau wie deine Mutter!«

Eine weitere sehr ermutigende und lehrreiche Erfahrung mit dir war es, als die Königin von Buganda, mit der wir befreundet sind, sich zu einem Besuch bei uns zu Hause anmeldete und ich das ganze Haus umgestaltete, um es besonders schön für diesen königlichen Besuch zu machen. Als du vom Internat nach Hause kamst, fragtest du mich, was los sei, denn alles sei so schön und neu. Auf meine Antwort, dass uns bald eine Königin besuchen werde, meintest du nur ganz nüchtern: »Weiß diese Königin auch, dass der König aller Könige schon lange bei uns wohnt?«

Mein lieber Sohn Richard, ich danke dem Herrn, dass er uns durch dich meine wunderbare Schwiegertochter Angel und meine einzigartige Enkelin Abigail geschenkt hat, genau wie den kleinen David, dem du durch deine Liebe und Fürsorge das Leben gerettet hast, weil du entgegen der Meinung der Ärzte nach den schrecklichen Verbrennungen an sein Überleben geglaubt hast.

Wir danken dem Herrn für dein Leben, deine Liebe zu Gott, zu uns, zur Musik, zum Lobpreis, für die Armen, für Afrika, besonders für Uganda, und für deine so sprudelnde Kreativität und deinen Humor. Du bist uns vorausgegangen. Wir werden den »Marathon«, der uns bestimmt ist, noch vollenden und uns in aller Liebe und Dankbarkeit wiedersehen.

Deine Mama mit deiner Schwester Angel
Dein Zwillingsbruder Patrick mit seiner lieben Frau Damaris
Und vor allem deine Frau Angel
mit unseren Lieblingen Abigail und David